Adobe® Illustrator
CS6 Grundlagen

Diesem Buch liegen Illustrator CS6 und Windows 7 zugrunde. Wenn Sie mit anderen Versionen arbeiten, kann sich der Aufbau der Programme unter Umständen unterscheiden. Wenn Sie das Programm auf einem Mac installiert haben, unterscheiden sich z. B. die Handhabung von Dateien und die Tastaturbefehle.

Übungsdateien herunterladen

Im Lieferumfang dieses Buches sind Übungsdateien auf einer CD-ROM enthalten. Die Dateien sind im Ordner Illustrator CS6 Grundlagen abgelegt. Kopieren Sie den Ordner an einen geeigneten Ort auf Ihrer Festplatte (z. B. auf das Desktop). Sie können die Übungsdateien auch von unserer Webseite www.docendoverlag.de herunterladen.

1. Starten Sie den Browser, geben Sie www.docendoverlag.de im Adressenfeld ein und betätigen Sie die Enter-Taste.
2. Geben Sie die Artikelnummer 3003 im Suchfeld ein und klicken Sie auf Suchen.
3. Klicken Sie auf den Titel Illustrator CS6 Grundlagen.
4. Folgen Sie den Anweisungen auf der Webseite, um die Übungsdateien herunterzuladen und zu speichern.

Illustrator CS6 Grundlagen

Copyright © Docendo GmbH

Docendo GmbH, Goethestraße 85, DE-10623 Berlin, www.docendoverlag.de

info@docendoverlag.de

Dieses Werk ist urheberrechtlich geschützt.

Bibliografische Information der Deutschen Nationalbibliothek

Die Deutsche Nationalbibliothek verzeichnet diese Publikation in der Deutschen Nationalbibliografie; detaillierte bibliografische Daten sind im Internet über http://dnb.d-nb.de abrufbar.

Unsere Bücher und die dazu gehörenden Produkte werden sorgfältig geprüft und kontrolliert, dennoch ist es möglich, dass Fehler vorkommen. Wir sind für Anregungen und Verbesserungsvorschläge jederzeit dankbar.

Produkt- und Produzentennamen, die im Buch verwendet werden, sind Warenzeichen des Eigentümers oder eingetragene Warenzeichen.

Druckerei: Elanders - Fälth & Hässler, Schweden 2013

Erste Auflage, erster Druck

ISBN: 978-3-95492-005-1

Artikelnummer: 3003

Autor/Autoren: Kristina Lundsgård, Iréne Friberg

Umschlag: Malina Andrén

Inhaltsverzeichnis

1 Vektorbasierte Grafik 7
Vektorbasierte Grafik 7
    Vektoren, Objekte und Pfade 8
    Bézierkurven 8
Auflösung von aus Punkten aufgebauten Bildern 10
Die Bildschirmauflösung 10

2 Arbeitsbereich 11
Das Programmfenster 11
    Die Programmleiste 12
    Programm-Schaltflächen 12
    Der Arbeitsbereichswechsler 12
Zeichenflächen 13
    Arbeiten mit mehreren Zeichenflächen 13
Das Werkzeugbedienfeld 14
Bedienfelder 18
    Bedienfeldmenüs 19
    Bedienfelder anzeigen und verbergen 19
Kontextmenüs 20
Steuerung 20
Die Hilfe-Funktion 21

3 Voreinstellungen 22
Allgemeine Voreinstellungen 22
Dokument- und Farbeinstellungen 22
Farbeinstellungen 23
    Dokumentfarbmodus 23
    Farbmodelle 24
    Druckfarben 25
    Einstellungen für mehrere Zeichenflächen 26
Dokumentenformat anpassen 27
Allgemeine Voreinstellungen 29
    Voreinstellungen für Auswahl und Ankerpunkt-
    Anzeige 32
    Voreinstellungen für Schrift 33
    Voreinstellungen für Einheiten 33
    Voreinstellungen für Hilfslinien und Raster 34
    Voreinstellungen für Intelligente Hilfslinien
    und Slices 35
    Einstellungen für Silbentrennung, Zusatzmodule
    und virtuelle Speicher 36
    Voreinstellungen für Benutzeroberfläche 37
    Voreinstellung für Dateiverarbeitung und
    Zwischenablage 37
    Voreinstellungen für Aussehen von Schwarz .. 38

Tastaturbefehle 38

4 Objekte und Konturen zeichnen 40
Geometrische Objekte zeichnen 40
    Rechteck und abgerundetes Rechteck 41
Gezeichnete Objekte transformieren 42
Ellipsen, Kreise, Polygone und Sterne 43
    Das Ellipse-Werkzeug 43
    Das Polygon-Werkzeug 44
    Das Stern-Werkzeug 45
Liniensegmente 45
    Gerade Linien 46
    Das Bogen-Werkzeug 46
    Das Spirale-Werkzeug 47
Übungsaufgaben 48

5 Objekte auswählen 49
Die Auswahl-Werkzeuge 49
    Das Auswahl-Werkzeug, der schwarze Pfeil .. 49
Direktauswahl-Werkzeug 51
Auswählen einzelner Ankerpunkte 52
Gruppenauswahl-Werkzeug 54
    Arbeiten mit dem Gruppenauswahl-Werkzeug . 56
Isolationsmodus 56
Auswahl mit dem Lasso-Werkzeug 57
Auswahl mit dem Zauberstab 57
    Einstellungen für den Zauberstab 58
Begrenzungsrahmen 60
    Auswahl über die Menüzeile 60
Markierungen verbergen 62
Flächenfarbe ändern 63
Auswahl sperren 63
Auswahl speichern 64
Übungsaufgaben 65

6 Hilfslinien und Raster 66
Lineale 66
Hilfslinien 67
    Intelligente Hilfslinien 68
    Arbeiten mit intelligenten Hilfslinien 69
Raster 69
    Werkzeuge zum Handhaben von Rastern 70
Perspektivenraster 72
    Perspektivische Objekte erstellen 74
Übungsaufgaben 77

7 Konturen und Flächen 78
Kontur und Fläche im Werkzeugbedienfeld 78
    Konturfarbe 78
    Konturstärke mit dem Breitenwerkzeug justieren .. 82
    Mithilfe des Breitenwerkzeugs ein Blatt zeichnen .. 83
Konturfarbe 84
    Farbe eines vorhandenen Pfads 84
    Das Bedienfeld Farbwähler 86
Farbfläche 87
    Das Bedienfeld Farbfelder 87
    Pipetten- und Mess-Werkzeug 88
    Pipette zum Färben von Flächen verwenden 88
    Eigene Farben im Bedienfeld Farbfelder 89
    Eine Farbe importieren 90
    Eigenes Farbfeld als Füllfarbe 91
Grafikstile 92
Das Bedienfeld Aussehen 94
Über das Bedienfeld Aussehen Effekte hinzufügen 95
Frei verzerren im Bedienfeld Aussehen 96
Übungsaufgaben 98

8 Muster 99
Muster 99
Muster im Bedienfeld Farbfelder 99
Eigene Muster erstellen 100
Nahtlose Muster erstellen 102
    Das Bedienfeld Muster 102
    Musterelemente bearbeiten 105
    Inhalt der Musterelemente bearbeiten 107
    Muster speichern 108
    Muster auf Objekte applizieren 108
Muster und Grafikstile kombinieren 109

9 Die Zeichenwerkzeuge 111
Die Bestandteile der Objektgrafik 111
Der Buntstift 112
    Pfade verlängern und verkürzen 114
Die Zeichenstift-Werkzeuge 115
    Weiter Ankerpunkte hinzufügen 117
    Ankerpunkte löschen 118
    Ankerpunkte konvertieren 118
Bézierkurven zeichnen 120
    Mit Bézierkurven einen Kreis zeichnen 121
Übungsaufgaben 124

10 Mit Pfaden arbeiten 125
Pfade justieren (Pfadsegmente) 125
    Einen Pfad auswählen und justieren 126

    Form eines Pfadsegments ändern 126
Pfade teilen 127
Pfade verbinden 128
    Das Messer 129
    Spiegeln 130
Bilder nachzeichnen 133
Das Bedienfeld Bildnachzeichner 133
Pfade vereinfachen 136
Pfade und Objekte löschen 138
Übungsaufgabe 140

11 Die Pinsel-Werkzeuge 141
Das Pinsel-Werkzeug 141
    Das Bedienfeld Pinsel 141
    Pinselformen ändern 143
Eigene Pinsel erstellen 144
Pinselstriche auf Objekten 145
Spezial-Pinsel 146
Der Tropfenpinsel 147
    Mit dem Tropfenpinsel arbeiten 148
    Mit dem Tropfenpinsel zusammenhängende
    Pfade erstellen 148
Übungsaufgaben 150

12 Objekte transformieren 151
Allgemeines 151
Objekte in der Größe verändern 151
Objekte verschieben 152
Objekte transformieren 153
Objekte drehen 154
    Mit Muster gefüllte Objekte drehen 155
    Erneut transformieren 155
Objekte skalieren 157
Objekte verbiegen 157
Frei transformieren 158
Angleichen 159
    Mit festgelegten Stufen angleichen 159
    Angleichen von gefüllten Objekten 161
    Pfad in Angleichung justieren 161
    Angleichen innerhalb eines Objekts 162
    Mithilfe von regelmäßigen Stufen einen
    kreisförmigen Pfad zeichnen 162
Das Formerstellungswerkzeug 164
Objekte zusammenfügen 165
    Entfernen 166
Objekte farbig machen 166
Übungsaufgaben 167

13 Objekte ordnen und handhaben .. 168
Objekte ausrichten 168
    Waagrechtes Ausrichten 168
    Vertikal ausrichten 169
    Objekte verteilen 169
    Abstand verteilen 170
    Ausrichten an 170
    Basisobjekte 171
Objekte sortieren 171
Pathfinder 172
Pfade und Objekte kombinieren 172
Zeichenmodi 177
Übungsaufgaben 177

14 Text 179
Das Bedienfeld Zeichen 179
Typographische Grundbegriffe 180
    Kontur- und Füllfarbe einer Schriftart ändern 181
Textkonturen erstellen 182
Vertikaler Text 183
Flächentext 183
    Textblöcke verketten 184
Zeilen und Spalten 185
Das Bedienfeld Absatz 186
Text auf Pfad 187
    Typographische Finessen 187
Die Grundlinie 188
Silbentrennung 188
Umfließen 189
Text mit Konturlinien 190
Grafikstile für Text 191
Schriftarten ersetzen 192
Rechtschreibprüfung 193
Pipette auf Text 194
    Einstellungen für die Pipette 194
Übungsaufgaben 195

15 Symbole 197
Ein Symbol erstellen 198
    Symbole in der Symbol-Bibliothek auswählen 198
Die Symbol-Werkzeuge 198
    Symbole aufsprühen 198
    Symbole verschieben 200
    Symbole zusammenziehen 201
    Die Größe eines Symbols angeben 201
    Symbole drehen 202
    Symbole färben 203
    Symbole transparent gestalten 204
    Symbole gestalten 204
    Eigene Symbole erstellen 205
    Die Farbe eines existierenden Symbols ändern 206
Übungsaufgaben 207

16 Verläufe 208
Was ist ein Verlauf? 208
    Das Bedienfeld Verlauf 208
    Unterschiedliche Arten von Verläufen 209
    Eigene Verläufe erstellen 210
    Die Verlaufsregler 211
    Farben zu einem Verlauf hinzufügen 214
    Das Verlaufwerkzeug 214
    Verläufe auf einer Kontur erstellen 216
    Verläufe in einem Textobjekt erstellen 217
    Pinselstriche mit Verläufen versehen 219
    Verläufe in Objekten erstellen 219
Übungsaufgaben 220

17 Ebenen 221
Das Bedienfeld Ebenen 221
    Mit Ebenen arbeiten 222
Grundlagen zum Arbeiten mit Ebenen 223
    Ändern der Ebenenreihenfolge 224
Ebenen löschen 224
Ebenen kopieren 225
Objekte zwischen Ebenen verschieben 225
Unterebenen und Ebenengruppen 226
    Unterebenen benennen 227
Aussehen-Attribute zwischen Ebenen verschieben 227
Ebenen auf eine Ebene reduzieren 227
Übungsaufgabe 228

18 Effekte 229
Arbeiten mit Effekten 229
Das Menü Effekt 229
    Effekte über das Bedienfeld Aussehen wählen 230
Effekte für Flächen und Konturen 231
3D-Effekte 233
    Schlagschatten 234
Objekt mit einem Schlagschatten versehen 235
Zusammenziehen und aufblasen 235
Text mit Effekten 236
Übungsaufgaben 237

Sachregister 238

1 Vektorbasierte Grafik

Vektorbasierte Grafik

In Adobe Illustrator arbeiten Sie mit vektorbasierter Grafik, die auch *Vektorgrafik* oder *Objektgrafik* genannt wird. Vektorbasierte Grafik ist ein Sammelbegriff für Grafik, die aus mathematischen Formeln aufgebaut ist, die Linien und Kurven als Vektoren, so genannte *Bézierkurven,* beschreiben. Der große Vorteil dieses Grafiktyps ist, dass er vergrößert und verkleinert werden kann, ohne dass hierbei die Qualität beeinträchtigt wird.

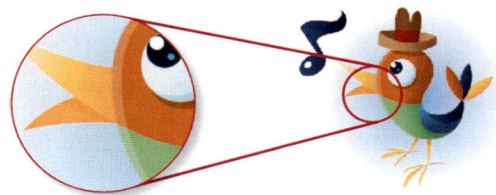

Beispiele für Vektor- und Objektgrafik. Bilder können ohne Qualitätsverlust vergrößert werden.

In einem Bildverarbeitungsprogramm wie z. B. Adobe Photoshop sind die Bilder aus Punkten aufgebaut, d. h. die Bilder bestehen aus einem Muster aus kleinen Quadraten, Bildpunkten oder *Pixeln.* Das Bildpunktmuster wird auch *Raster* genannt. Wenn Sie ein solches Bild stark vergrößern, werden die Pixel sichtbar, es entsteht ein Mosaikeffekt.

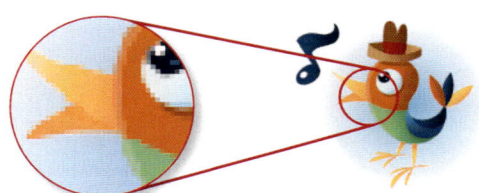

Beispiele für ein aus Punkten aufgebautes Bild. Bei der Vergrößerung sind die Pixel deutlich zu erkennen.

Da ein Bildschirm aus Bildpunkten aufgebaut ist, kann er keine vektorbasierte Grafik darstellen, daher wird sie als gerasterte Grafik dargestellt, damit sie auf dem Bildschirm sichtbar wird. Dies ist der Grund, weshalb vektorbasierte Grafik auf dem Bildschirm zackig oder pixelliert aussehen kann, als Ausdruck aber gestochen scharf ist.

Vektoren, Objekte und Pfade

Ein **Vektor** ist, etwas vereinfacht ausgedrückt, eine gerade Linie zwischen zwei Punkten. Ein **Objekt** kann aus mehreren Vektoren bestehen, d. h. aus Linien mit unterschiedlicher Länge und Richtung. Objektgrafik, die ausschließlich aus Vektoren besteht, wird *Vektorgrafik* genannt.

Das eigentliche Wort „Vektor" kommt aus dem Lateinischen und bedeutet Linie oder Pfad. Diese Linie – oder der **Pfad** (das Pfadsegment), beginnt und endet mit einem Ankerpunkt. Aber es können auch auf dem Pfad Ankerpunkte vorkommen.

Ein Vektor besteht aus einer Strecke zwischen zwei Ankerpunkten.

Vektorbasierte Grafik besteht aus Objekten und wird somit auch *Objektgrafik* genannt. Ein Objekt kann z. B. eine Linie, ein Kreis oder eine Figur mit beliebiger Form sein. Es ist die Kombination aus Kurven und Linien, die es ermöglichen, dass vektorbasierte Grafik auch bei extremer Vergrößerung scharf bleibt.

Bézierkurven

Die geschwungenen Linien in einer Objektgrafik basieren auf so genannten Bézierkurven und nicht auf Vektoren. Eine Bézierkurve ist eine mathematisch beschriebene Kurve, die vom Mathematiker Pierre Bézier erfunden wurde. Fast alle Objekte, die in Illustrator erstellt werden, bestehen aus Bézierkurven.

Eine Bézierkurve besteht aus Ankerpunkten und Griffen.

Jeder Ankerpunkt in einer Bézierkurve hat zwei Griffe. Einer der Griffe legt den Verlauf des Pfades zum Ankerpunkt hin fest, der andere bestimmt den Verlauf vom Ankerpunkt weg.

In Ausdruck sind weder Ankerpunkte noch Griffe zu sehen.

Durch Verlängern oder Verkürzen des Griffs oder durch Verändern des Winkels legen Sie das Aussehen des Pfads fest. Das klingt vielleicht etwas umständlich, aber in Illustrator geht das kinderleicht und ist nichts, worüber Sie beim Arbeiten nachdenken müssen. Sie klicken und ziehen mit dem Zeichenstift-Werkzeug oder arbeiten mit dem Direktmarkierungs-Werkzeug, um einen Pfad zu zeichnen.

Beispiele für markierte Ankerpunkte

Das Auswahl-Werkzeug, der schwarze Pfeil.

Dies ist ein gerader Pfad. Die Ankerpunkte auf einem Pfad werden als gefüllte Quadrate dargestellt. Wenn ein Quadrat gefüllt ist, bedeutet dies, dass der Ankerpunkt markiert wurde. Der Pfad ist mit dem Auswahl-Werkzeug (schwarzer Pfeil) markiert, und die Alternative Ansicht, Begrenzungsrahmen ausblenden, ist aktiviert.

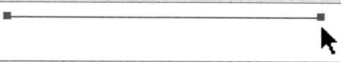

Derselbe Pfad wie oben, mit dem Auswahl-Werkzeug (schwarzer Pfeil) markiert, aber diesmal mit Ansicht, Begrenzungsrahmen einblenden, aktiviert.

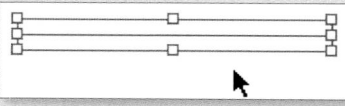

Das Direktauswahl-Werkzeug, der weiße Pfeil.

Derselbe Pfad wie oben, diesmal jedoch mit dem Direktauswahl-Werkzeug (weißer Pfeil) markiert. Beachten Sie, dass keiner der Ankerpunkte markiert ist, da sie als leere Quadrate angezeigt werden.

Das Beispiel oben ist ein geschlossener Pfad, d. h. ein Pfad, bei dem Start- und Endpunkt aufeinander treffen. Der Pfad wurde mit dem Auswahl-Werkzeug (schwarzer Pfeil) markiert, daher sind sämtliche Ankerpunkte markiert.

Dies ist derselbe Pfad wie der auf der Abbildung links, diesmal jedoch mit dem Direktauswahl-Werkzeug (weißer Pfeil) markiert. Es wurde nur ein Ankerpunkt markiert.

Ein Pfad kann liniert, d. h. farbig gemacht werden oder auch unsichtbar, indem man dessen Markierung entfernt. Ein unsichtbarer Pfad kann z. B. für Text verwendet werden, wie im Beispiel rechts zu sehen ist.

Der Bereich, der von einem Pfad abgegrenzt wird, wird Objekt genannt und kann mit Farbe oder einem Verlauf gefüllt werden, unabhängig davon, ob er offen oder geschlossen ist.

Ein offener Pfad ohne Flächenfarbe.   Derselbe Pfad mit schwarzer Flächenfarbe.

Auflösung von aus Punkten aufgebauten Bildern

Da Sie in Ihrem Illustrator-Dokument unter anderen mit einigen aus Punkten aufgebauten Bildern arbeiten werden, ist es sinnvoll, zu wissen, wie die Auflösung dieser Bilder funktioniert.

Soll das Dokument auf dem Bildschirm dargestellt werden, z. B. als Website, oder auf andere Art elektronisch verbreitet werden, reicht es, wenn das Bild eine Auflösung von 72 Punkten pro Inch (ppi – engl.: *Pixel per Inch*) hat. Soll das Dokument jedoch gedruckt werden, ist diese Auflösung zu gering. Das Bild pixelliert, d. h. die einzelnen Pixel sind sichtbar und das Bild erscheint grobkörnig.

Die Bildschirmauflösung

Wenn man von Bildschirmauflösung spricht, gibt man an, wie viele Pixel insgesamt auf dem Bildschirm angezeigt werden. Ist Ihre Bildschirmauflösung auf 1280 × 1024 eingestellt, entspricht dies 1280 Pixeln in der Breite und 1050 in der Höhe. Insgesamt werden auf dem Bildschirm also 1280 x 1024, d. h. 1310 720 Pixel angezeigt.

Je nach der Qualität Ihrer Grafikkarte können Sie eine höhere Auflösung, d. h. eine höhere Pixelanzahl einstellen. Die Größe der Pixel auf dem Bildschirm kann also geändert werden, sie haben keine festgelegte Größe, aber es gibt eine Untergrenze. Die für den Bildschirm eingestellte Auflösung und dessen Größe bestimmen also, wie groß das Bild auf dem Bildschirm angezeigt wird.

Wie viele Farben auf dem Bildschirm angezeigt werden können, hängt von der Qualität Ihrer Grafikkarte ab. Bedenken Sie jedoch, dass sich dies nur auf den Bildschirm auswirkt und nicht auf die Anzahl der Farben, die gedruckt werden können.

> *Die Auflösung des Bildschirms hat nichts damit zu tun, wie der Ausdruck aussieht.*

Beispiele für unterschiedliche Bildschirmauflösungen

Sie haben den Bildschirm auf eine Auflösung von 1280 × 1024 eingestellt. Wenn Sie ein Bild von einem Bildbüro oder einer Foto-CD wählen, ist dieses meist in fünf verschiedenen Dateigrößen verfügbar. Wenn Sie die kleinste Bildgröße, in diesem Fall 0,5 MB d. h. 485 × 351 Pixel wählen, wird das Bild bei einer Größe von 100 % recht klein angezeigt, ca. 4 × 3 cm. Wenn Sie dasselbe Bild in der mittleren Größe, d. h. 10 MB, 2198 × 1590 Pixel öffnen, wird es bei einer Größe von 100 % ca. 18 × 13 cm groß angezeigt. Warum? Ganz einfach – alle Pixel müssen Platz auf dem Bildschirm bekommen!

Ein Bildschirm zeigt Bilder in einer Auflösung von 72 ppi (Mac) und 96 ppi (PC) an. Bilder, die nur auf dem Bildschirm dargestellt werden sollen, benötigen keine höhere Auflösung.

2 Arbeitsbereich

Das Programmfenster

1. Starten Sie das Programm Illustrator CS6 (falls Sie es noch nicht getan haben). Klicken Sie auf den Doppelpfeil **Bedienfelder erweitern** rechts oben im Programmfenster, um die Bedienfelder im Bedienfeldblock anzuzeigen.

2. Wählen Sie **Datei**, **Neu** und klicken Sie im Dialogfeld auf **OK**, um ein neues Dokument zu erstellen.

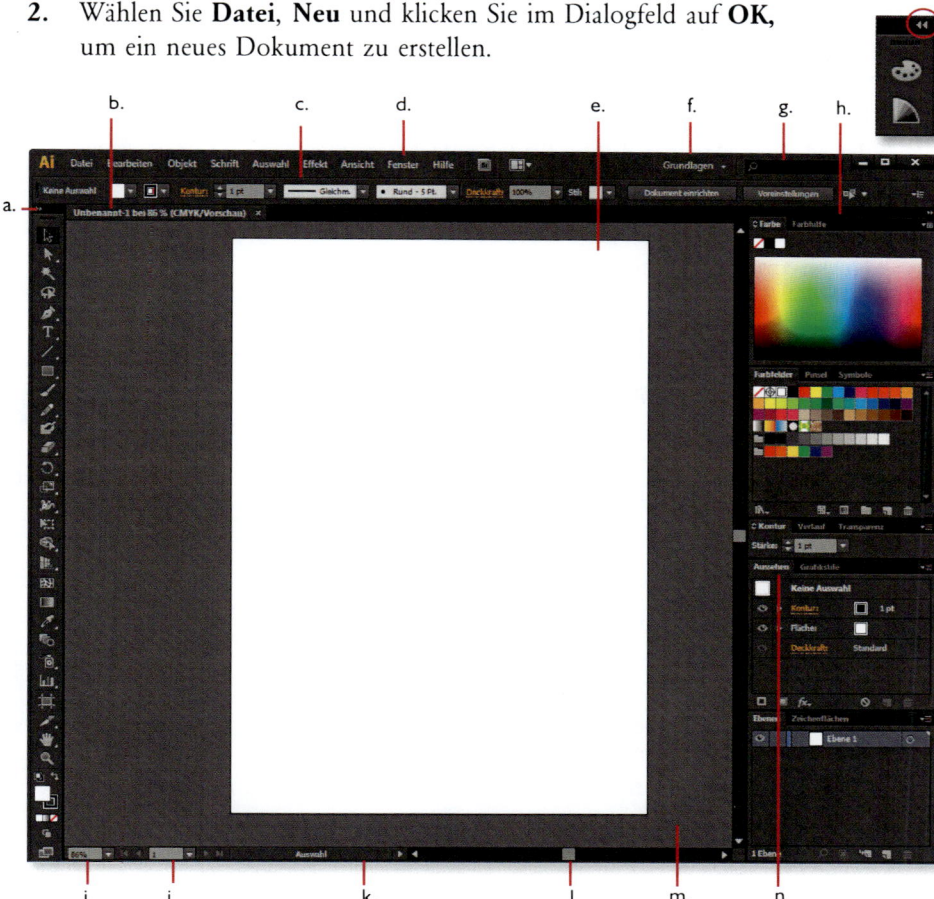

a. Werkzeugbedienfeld, b. Dokumentenfenster mit Register c. Steuerung, d. Programmfeld,
e. Zeichenfläche, f. Arbeitsbereichswechlser, g. Sucheingabefeld, h. Bedienfeldgruppe, i. Zoomfeld,
j. Zeichenflächennavigation k. Statuszeile, l. Rollleiste, m. Arbeitsbereich/Bearbeitungsfläche,
n. Zwei Bedienfelder in einer Bedienfeldgruppe.

Die Programmleiste

Ganz oben im Programmfenster ist die so genannte **Programmleiste** angeordnet, in der Menüleisten mit Schaltflächen, Arbeitsbereichswechsler und ein Sucheingabefeld angeordnet sind, siehe unten.

Programm-Schaltflächen

In der Gruppe mit den Programm-Schaltflächen gibt es zwei Schaltflächen, um Programme anzuordnen und Dokumente anzuzeigen.

- Durch Anklicken der Schaltfläche **Gehe zu Bridge** wird der Medien-Manager Adobe Bridge aufgerufen.

- Die Schaltfläche **Dokumente anordnen** ist hilfreich, wenn Sie gleichzeitig mehrere Dokumente im Programmfenster anzeigen möchten.

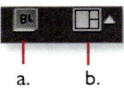

a. b.

a. Gehe zu Bridge
b. Dokumente anordnen.

Der Arbeitsbereichswechsler

Rechts in der Menüzeile sind die Schaltflächen **Arbeitsbereichswechsler** und **Sucheingabe** angeordnet. Wenn Sie den Arbeitsbereichswechsler anklicken, der im Standardmodus **Grundlagen** anzeigt, wird Ihnen eine Auswahl unterschiedlicher Arbeitsbereiche angezeigt, siehe unten rechts.

Durch Wahl des Arbeitsbereiches wird das Programmfenster mit vordefinierten Bedienfeldansichten und Einstellungen an den jeweiligen Einsatzzweck angepasst. Der Arbeitsbereich **Malen** zeigt Bedienfelder an, mit denen Sie direkt im Programm malen können, und der Arbeitsbereich **Web** ist an das Arbeiten mit webbasierten Objekten angepasst.

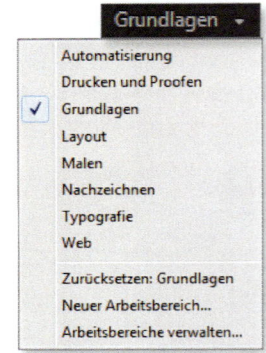

Arbeitsbereich speichern

Wenn Sie eine bestimmte Konfiguration aus Bedienfeldern und Menüs speichern möchten, die für das Arbeiten mit einem bestimmten Dokumententyp besonders geeignet ist, können Sie diese als eine eigene Arbeitsfläche speichern. Klicken Sie hierzu auf den Arbeitsbereichswechsler und wählen Sie **Arbeitsbereiche verwalten**. Klicken Sie auf **Neuer Arbeitsbereich** und geben Sie im darauf erscheinenden Dialogfenster im grauen Feld den Namen ein. **Klicken** Sie anschließend auf **OK**.

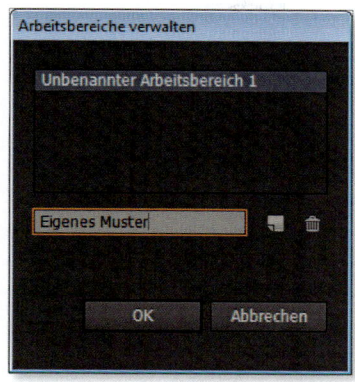

Arbeitsbereiche löschen

Wenn Sie einen angepassten Arbeitsbereich zurücksetzen möchten, klicken Sie auf **Arbeitsbereiche verwalten**. Markieren Sie den Arbeitsbereich in dem darauf erscheinenden Dialogfenster und klicken Sie auf das Symbol für **Arbeitsbereich löschen**.

Zeichenflächen

In Illustrator arbeiten Sie auf so genannten *Zeichenflächen*. Wenn Sie möchten, können Sie in einem Dokument mehrere Zeichenflächen erstellen, die zudem unterschiedliche Formate haben können. Zweck des Arbeitens mit mehreren Zeichenflächen ist unter anderem, Inhalte und Objekte übersichtlicher aufteilen zu können, außerdem haben Sie die Möglichkeit, mehrere unterschiedliche Objekte in ein und demselben Dokument zu erstellen.

> *Die Einstellungen für die Anzahl der Zeichenflächen nehmen Sie vor, wenn Sie ein neues Dokument erstellen. Mehr hierzu im nächsten Kapitel.*

Arbeiten mit mehreren Zeichenflächen

In einer Dokumentendatei mit mehreren Zeichenflächen markieren Sie die Zeichenfläche, mit der Sie arbeiten möchten, indem Sie diese einmal anklicken. Eine aktive Zeichenfläche hat einen schwarzen Rahmen, während die anderen, inaktiven Zeichenflächen leicht ausgegraut sind.

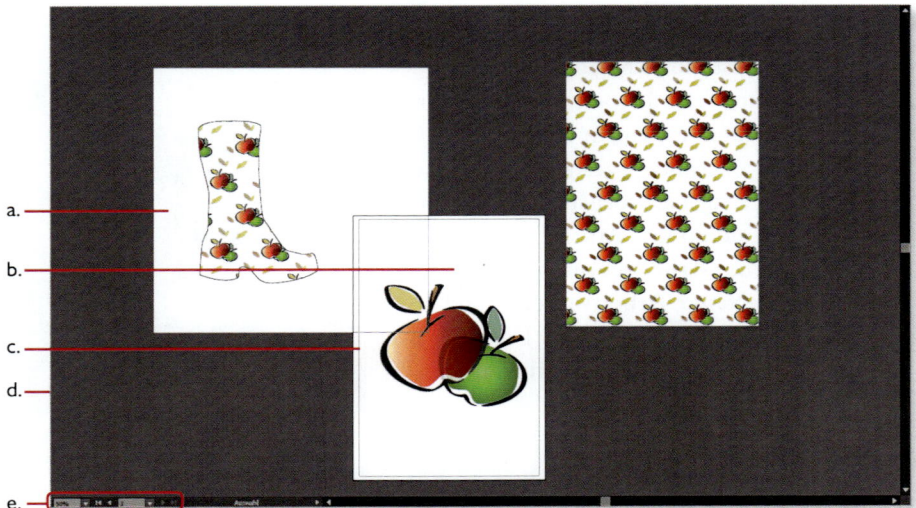

a. Deaktivierte Zeichenfläche, b. Aktive Zeichenfläche, c. Druckbarer Bereich, d. Arbeitsbereich, e. Zoom und Navigation.

Der Druckbereich, der von dem von Ihnen gewählten Drucker abhängt, ist die Fläche, die sich innerhalb der gepunkteten Linie befindet. Da nicht alle Drucker die gesamte Fläche eines Papierbogens bedrucken können, wird durch diese Linie der druckbare Bereich angezeigt. Wenn der Versatz nicht sichtbar ist, können Sie diesen mithilfe von **Ansicht** und **Druckaufteilung einblenden**.

Um zwischen den einzelnen Zeichenflächen zu wechseln, verwenden Sie die Funktion **Zeichenflächennavigation**, die in der Statuszeile angeordnet ist. Sie können die aktive Zeichenfläche zentrieren und in der Größe verändern, indem Sie die entsprechende Zeichenfläche unter **Zeichenflächennavigation** auswählen und im Zoom-Feld der Statuszeile einen Wert eingeben.

Zum Ein- oder Auszoomen im eigentlichen Dokument verwenden Sie am besten den Tastaturbefehl **Alt** + **Umschalt-Taste** + **Strg** + ***** zum Einzoomen und **Strg** + **-** zum Auszoomen.

Das Werkzeugbedienfeld

Nachfolgend ist das **Werkzeugbedienfeld** abgebildet. Wenn Sie das Programm zum ersten Mal starten, wird das *Werkzeugbedienfeld* links im Programmfenster als schmaler Streifen angezeigt. Um das Werkzeugbedienfeld zu expandieren, klicken Sie auf den kleinen Pfeil in der oberen linken Ecke des Bedienfelds.

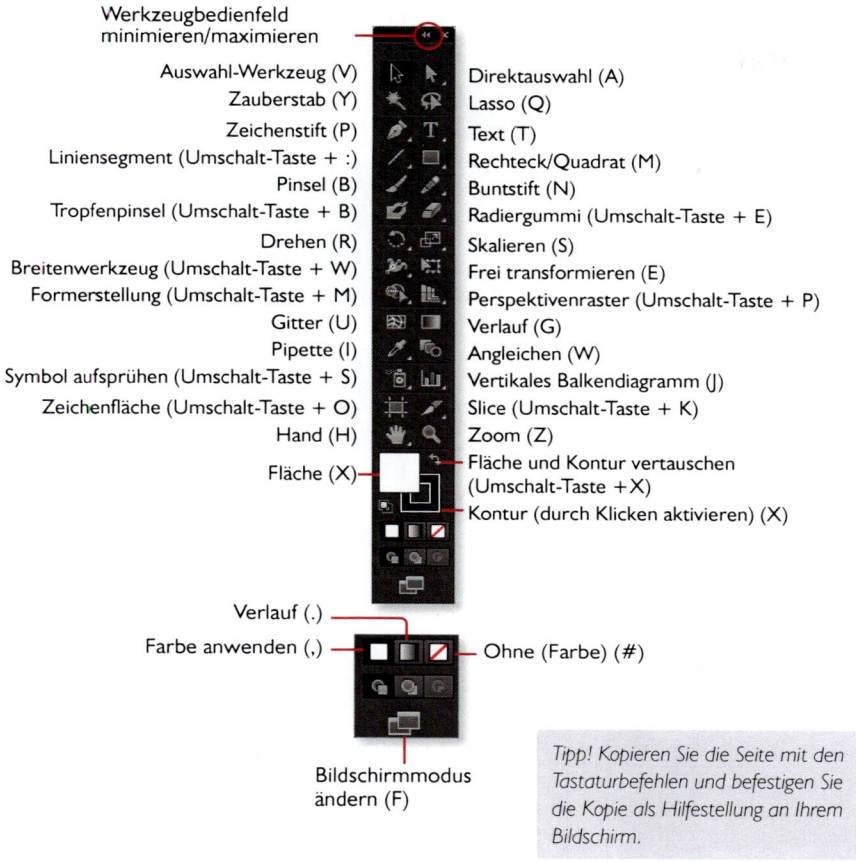

Tipp! Kopieren Sie die Seite mit den Tastaturbefehlen und befestigen Sie die Kopie als Hilfestellung an Ihrem Bildschirm.

Den meisten Werkzeugen sind Tastaturbefehle zugeordnet. (Die Buchstaben, die nach dem jeweiligen Werkzeugnamen in der Klammer angegeben sind.) Durch mehrfaches Eingeben des Tastaturbefehls werden die unterschiedlichen Werkzeuge, die unter der Schaltfläche abgelegt sind, angezeigt.

Der schwarze Pfeil unten rechts, der auf einigen Schaltflächen zu finden ist, gibt an, dass die Schaltfläche noch weitere Werkzeuge enthält. Um diese Werkzeuge anzuzeigen, klicken Sie auf die Werkzeugschaltfläche und halten die Maustaste einen Moment gedrückt. Wenn Sie Illustrator neu starten, werden die Werkzeuge im Werkzeugbedienfeld angezeigt, die Sie zuletzt verwendet haben, da das Aussehen des Werkzeugbedienfelds in der Einstelldatei von Illustrator gespeichert wird.

Nachfolgend und auf der nächsten Seite werden sämtliche Werkzeuge des Werkzeugbedienfelds vorgestellt.

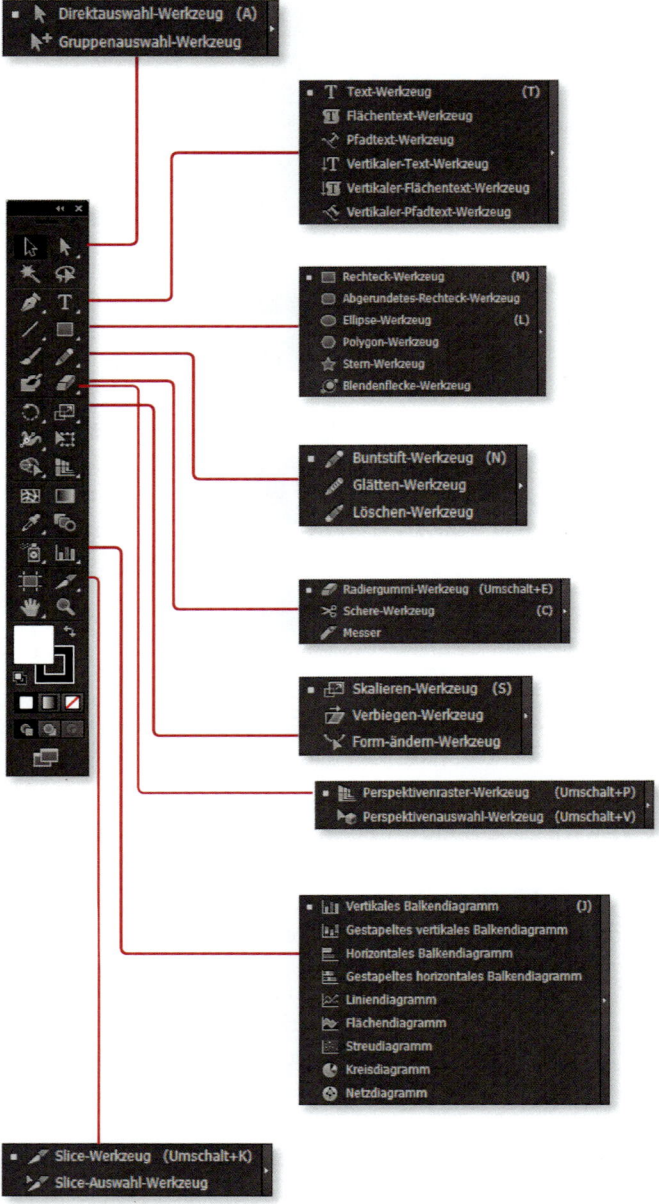

2 Arbeitsbereich

Unabhängig davon, mit welchem Werkzeug Sie arbeiten, können Sie immer das zuletzt verwendete Auswahl-Werkzeug durch Betätigen der Strg-Taste aufrufen. Wenn Sie z. B. als letztes das Auswahl-Werkzeug verwendet haben, wird dies angezeigt, wenn Sie die Strg-Taste betätigen.

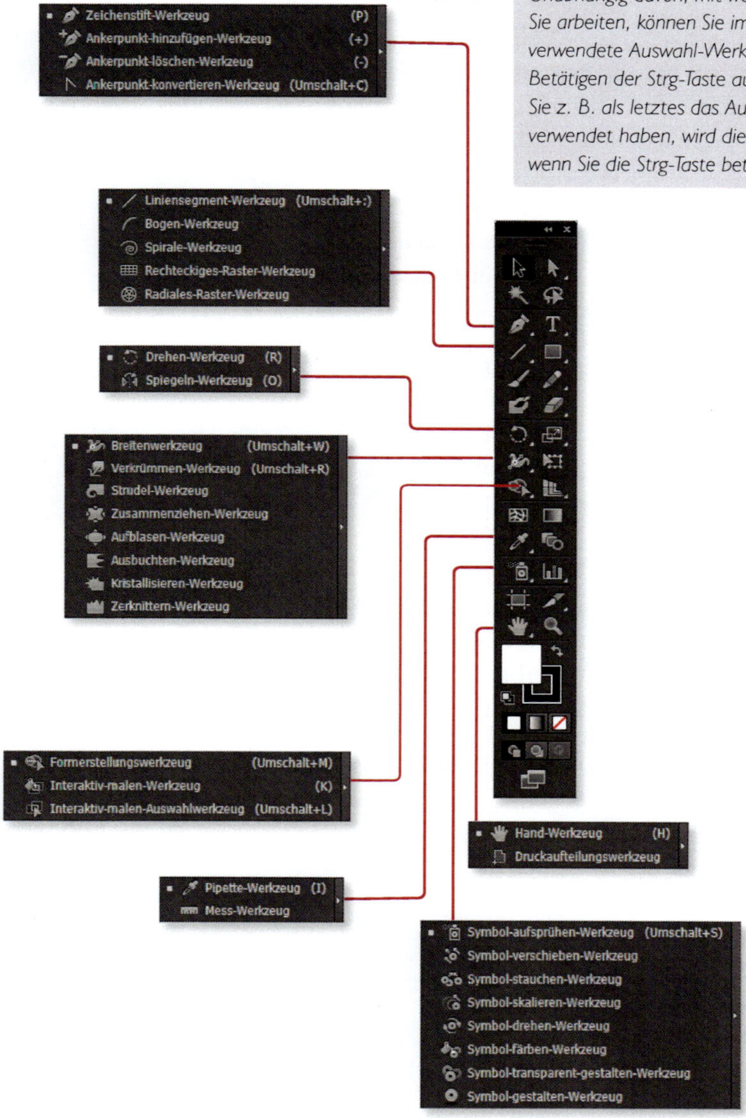

Beachten Sie den kleinen Streifen mit Pfeil ganz rechts. Durch Anklicken dieses Pfeils wird das Werkzeug vom Werkzeugbedienfeld getrennt und bildet ein eigenes, schwebendes Bedienfeld. Um die Werkzeuge im Werkzeugbedienfeld zurückzusetzen, klicken Sie auf **Schließen** wie in der Abbildung rechts.

Bedienfelder

Ein Bedienfeld ist eine „Fläche", die z. B. Funktionen für das Handhaben von Breite und Farbe einer Linie enthält. Wenn mehrere Bedienfelder rechts oder links im Bildschirm verankert sind, wird dies *Bedienfeldblock* genannt. Sie können ein Bedienfeld schweben lassen, indem Sie es anklicken und vom Bedienfeldblock wegziehen. In Illustrator gibt es zahlreiche Bedienfelder, von denen die meisten über das Menü **Fenster** geöffnet werden können.

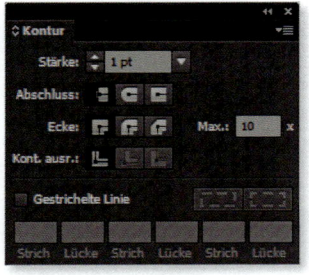

Einige Bedienfelder haben im Register einen Doppelpfeil. Durch Anklicken des Pfeils können Sie das Bedienfeld komprimieren oder erweitern. Um ein Bedienfeld auf sein Symbol zu minimieren, klicken Sie auf die Bedienfeldleiste oder auf den Doppelpfeil.

Neue Bedienfeldgruppe erstellen

Sie können ein Bedienfeld an einer bereits existierenden Bedienfeldgruppe verankern und so eine weitere Bedienfeldgruppe erstellen. Außerdem können Sie Bedienfelder auch miteinander verbinden. Auf diese Art passen Sie den Arbeitsbereich genau an Ihre Arbeitsweise an.

Um eine neue Bedienfeldgruppe zu erstellen, müssen Sie als Erstes eine der Alternativen unter **Fenster** aktivieren und danach das Bedienfeld zur linken Bedienfeldgruppe ziehen und genau an der Kante loslassen. Eine graublaue, senkrechte Linie zeigt an, wo Sie ein neues Bedienfeld an einer existierenden Bedienfeldgruppe verankern können.

Auf Symbole minimieren

In Illustrator haben Sie die Möglichkeit, Bedienfelder zu minimieren und zu verbergen. Am einfachsten geht das mit dem Doppelpfeil ganz oben rechts, über den Sie zwischen **Auf Symbole minimieren** und **Bedienfelder erweitern** wählen können.

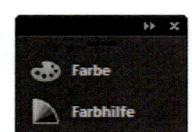

Eine Bedienfeldgruppe, auf Symbole minimiert.

Ein Bedienfeld, das geöffnet sein sollte, ist der Navigator (**Fenster**, **Navigator**) siehe Abbildung rechts, mit dessen Hilfe Sie schnell ein- bzw. auszoomen und sich im Arbeitsbereich bewegen können. Sie können über Fenster, Arbeitsbereich und z. B. Grundlagen immer zur Standardansicht der Bedienfelder zurückkehren.

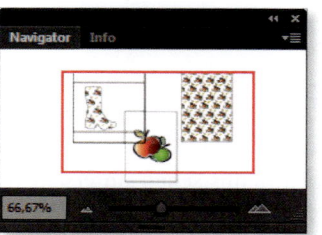

Das rote Rechteck zeigt den gezoomten Bereich, und durch Anklicken und Ziehen des roten Rechtecks können Sie sich schnell durch das Dokument bewegen.

Durch Ziehen am Schieber können Sie schnell Ein- bzw. Auszoomen.

Bedienfeldmenüs

Wie Sie sehen, ist ganz oben rechts in jedem Bedienfeld eine Schaltfläche mit einem schwarzen Pfeil und einigen Strichen angeordnet.
Wenn Sie diese Schaltfläche anklicken, erscheint ein Kontextmenü für das gewählte Bedienfeld. Die Bedienmenüs unterscheiden sich von Bedienfeld zu Bedienfeld.

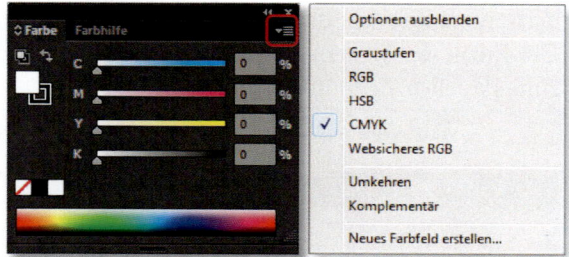

Wenn Sie die Menüschaltfläche des Bedienfelds Farbe anklicken, können Sie z. B. zwischen verschiedenen Farbmodi wählen.

Bedienfelder anzeigen und verbergen

In Illustrator gibt es, wie bereits erwähnt, zahlreiche Bedienfelder und die Zeichenfläche hat die Tendenz, kleiner zu werden, je mehr Bedienfelder Sie geöffnet haben. Um alle Bedienfelder zu verbergen, betätigen Sie die **Tabulator-Taste**. Leider verschwindet dadurch auch das Werkzeugbedienfeld. Um dies zu verhindern, verwenden Sie die Tastenkombination **Umschalt-Taste** + **Tabulator**. Um sich die Bedienfelder erneut anzeigen zu lassen, betätigen Sie dieselbe Taste, die Sie zum Verbergen verwendet haben. Das heißt, Sie verwenden die **Tabulator-Taste** oder **Umschalt-** + **Tabulator-Taste**, um die Bedienfelder anzuzeigen und zu verbergen.

Sie können die Größe der meisten Bedienfelder ändern, indem Sie den Cursor über eine der Ecken des Bedienfelds führen. Dadurch wird der Cursor zu einem Doppelpfeil, mit dem Sie durch Klicken und Ziehen die Größe des Bedienfelds verändern können. (Mac-Nutzer müssen an der rechten unteren Ecke des Bedienfelds ziehen.)

Kontextmenüs

Um ein Kontextmenü mit den gebräuchlichsten Funktionen aufzurufen, die für ein bestimmtes Werkzeug verfügbar sind, klicken Sie mit der rechten Maustaste (Mac-Nutzer; **Strg**-Klick). Die Kontextmenüs sehen unterschiedlich aus, je nachdem, mit welchem Werkzeug oder welcher Markierung Sie gerade arbeiten.

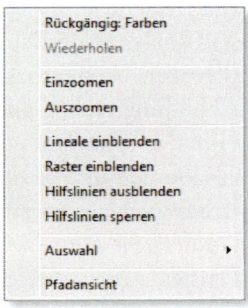

Steuerung

Die Steuerung, die im Normalmodus direkt oberhalb der Dokumentenregister angezeigt wird, kann genutzt werden, um schnell auf die Funktionen und Alternativen zuzugreifen, die für bestimmte Funktionen oder Objekte verfügbar sind. Der Inhalt der Steuerung variiert, je nachdem, welches Werkzeug aktiv oder was zum aktuellen Zeitpunkt markiert ist.

Wenn Sie ein Rechteck oder eine Linie mit dem Auswahl-Werkzeug (schwarzer Pfeil im Werkzeugbedienfeld) markieren, werden in der Steuerung unterschiedliche Einstellungsmöglichkeiten für den Pfad angezeigt, siehe unten.

Wenn Sie einen Ankerpunkt mit dem Direktauswahl-Werkzeug (weißer Pfeil) markieren, werden die Alternativen für den Ankerpunkt gezeigt. Da die Steuerung mit unterschiedlichen Objekten verbunden ist, werden diese Funktionen in Zusammenhang mit den jeweiligen Objekten weiter hinten im Buch erklärt. Um die Steuerung *schweben* zu lassen, klicken Sie diese an und ziehen sie am grauen Streifen auf deren linker Seite.

Außerdem haben Sie die Möglichkeit, die Steuerung an der oberen Kante (Standard) oder unten im Programmfenster zu verankern.

Die Hilfe-Funktion

In der Hilfe-Funktion von Illustrator finden Sie Antworten auf die meisten Fragen. Um die Hilfe-Funktion zu öffnen, wählen Sie **Hilfe, Illustrator-Hilfe**. Sie können die Hilfe-Funktion auch mit dem Tastaturbefehl **F1** starten, die darauf in Ihrem Browser geöffnet wird.

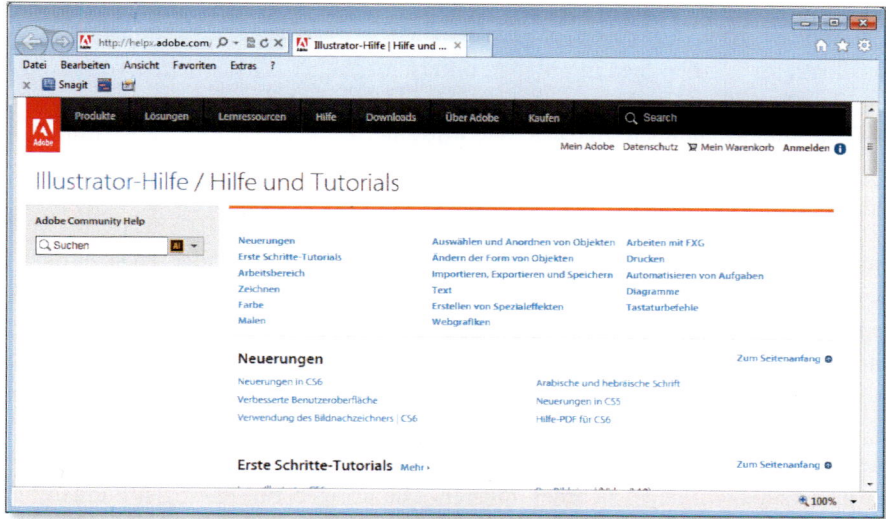

Im Hilfe-Fenster sind verschiedene Kategorien abgelegt, in denen Sie selbst Antworten auf Ihre Fragen finden können. Alternativ können Sie einen Suchbegriff im Feld **Suche** rechts im Hilfe-Fenster eingeben und die **Eingabe-Taste** betätigen oder auf die Schaltfläche mit dem Vergrößerungsglas klicken, dann sucht das Programm nach möglichen Antworten. Sie können auch direkt über das Sucheingabefeld im Programmfeld nach Antworten auf Ihre Frage suchen.

3. Schließen Sie das Dokument, das Sie erstellt haben, über **Datei, Schließen** oder mithilfe des Tastaturbefehls **Strg** + **W**. (Es ist nicht erforderlich, das Dokument zu speichern.)

3 Voreinstellungen

Allgemeine Voreinstellungen

In Illustrator können Sie eine Menge unterschiedlicher Einstellungen vornehmen, um das Programm an Ihre persönlichen Vorlieben und Ihre Arbeitsweise anzupassen. Voreinstellungen, die z. B. das Aussehen Ihrer Zeichenfläche beeinflussen oder festlegen, wie weit ein Objekt durch Betätigen der Tabulator-Taste verschoben werden soll.

In diesem Kapitel erhalten Sie einen Einblick, wie Sie die Standardeinstellungen des Programms ändern können. Anfangs funktionieren die Standardeinstellungen jedoch ausgezeichnet. Je besser Sie sich mit dem Programm auskennen, desto mehr werden Sie die Tatsache zu schätzen wissen, dass Einstellungen geändert werden können. Nachfolgend wird eine wichtige Einstellung beschrieben, mit der Sie das Aussehen Ihrer Zeichenfläche festlegen, die immer angezeigt wird, wenn Sie ein neues Dokument erstellen. Des Weiteren ist es wichtig zu wissen, welche Farbeinstellungen Sie vornehmen müssen. Die übrigen Einstellungen können Sie (falls Sie lieber mit dem nächsten Kapitel und den darin enthaltenen, praktischen Übungen weitermachen möchten) zu einem späteren Zeitpunkt vornehmen. Wir empfehlen dennoch, dass Sie dieses Kapitel zumindest durchlesen, da es einen guten Überblick darüber gibt, wie Sie die Funktionen des Programms genau an Ihre Bedürfnisse anpassen können.

Dokument- und Farbeinstellungen

Beim Arbeiten mit Illustrator werden Sie vermutlich als Erstes das Aussehen des Arbeitsbereichs und der Zeichenfläche für das Dokument festlegen, mit dem Sie arbeiten wollen.

1. Starten Sie Illustrator, falls Sie dies noch nicht getan haben.

2. Wählen Sie **Datei**, **Neu**, um ein neues Dokument zu erstellen. Rechts ist ein Teil des Dialogfelds zu sehen, das daraufhin angezeigt wird.

Unter **Profil** können Sie die Voreinstellungen wählen, die Sie für Ihre Arbeit benötigen. Sie können zwischen Druck, Web, Geräte, Video und Film, Einfaches RGB oder Flash Builder wählen.

Sämtliche Dokumentenprofile enthalten voreingestellte Werte, die für das geplante Resultat geeignet sind.

Bei der neusten Illustrator-Version ist ein weiteres Profil hinzugekommen. Es trägt die Bezeichnung **Geräte** und enthält Voreinstellungen für iPad, iPhone, Xoom, Fire/Nook und Galaxy. Diese sind nach **Größe** im Dialogfenster **Neues Dokument** angeordnet.

Farbeinstellungen

Unter **Erweitert** haben Sie die Möglichkeit, den **Farbmodus** zu ändern. Wählen Sie den Farbmodus entsprechend dem Einsatzzweck, für den Ihre Illustration verwendet werden soll. Soll Ihre Illustration nur auf dem Bildschirm gezeigt oder mit einem Tintenstrahldrucker gedruckt werden, ist der **RGB**-Modus am besten geeignet. Für Arbeiten, die an die Druckerei gehen sollen, verwenden Sie **CMYK**.

Der Wechsel zwischen unterschiedlichen Farbmodi sollte unbedingt vermieden werden. Wenn Farben zwischen den verschiedenen Farbräumen konvertiert werden, kann das Ergebnis ganz anders aussehen, als Sie es erwartet haben. Daher empfiehlt es sich, die Farbmoduseinstellung vorzunehmen, bevor Sie mit Ihrem Projekt beginnen.

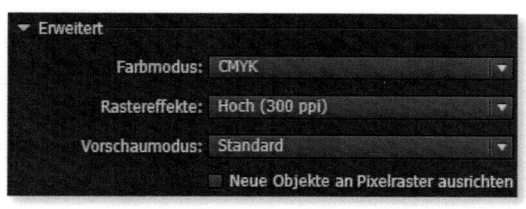

Dokumentfarbmodus

Ganz unten unter **Datei** ist die Funktion **Dokumentenfarbmodus** angeordnet, mit der Sie einfach zwischen CMYK- oder RGB-Farben wechseln können.

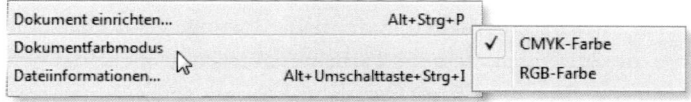

Farbmodelle

Das RGB-Modell

Das RGB-Modell wird für Dokumente verwendet, die auf einem Monitor oder einem TV-Bildschirm gezeigt werden sollen. Das System verwendet die Farben Rot, Grün und Blau. In jedem Bildpunkt auf dem Bildschirm können 256 Nuancen von Rot, Blau und Grün gezeigt werden, was ungefähr 16,7 Millionen Farben ergibt. Die RGB-Farben sind additive Farben, was einfach ausgedrückt bedeutet, dass Rot, Grün und Blau zusammen die Farbe Weiß ergeben.

Bei einem Dokument, das nur im Internet gezeigt werden soll, ist es besser, websichere Farben zu verwenden. Auf diese Art vermeiden Sie, dass die Farben gerastert werden.

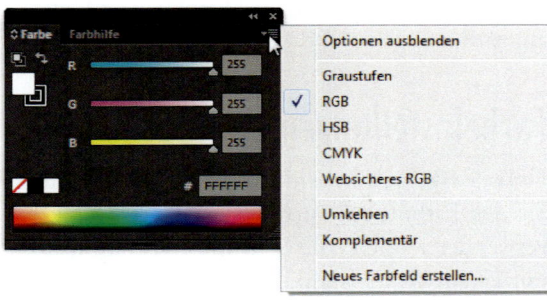

Eine Farbe, die auf dem Schirm angezeigt aber nicht gedruckt werden kann, wird nicht-druckbare Farbe genannt, die in Illustrator mit einem Warndreieck markiert wird, wenn Sie z. B. eine neue Farbe erstellen. Direkt rechts neben

Wenn man ein Bild rastert, teilt man es in ein gedachtes Raster auf, das mit unterschiedlich großen, schwarzen oder farbigen Punkten gefüllt wird. Dieses Punktmuster ergibt das, was wir als Bild wahrnehmen.

dem Warndreieck wird die nächstliegende, druckbare Farbe angezeigt. Durch Anklicken des kleinen Farbfelds wird der nicht-druckbare Farbton durch den druckbaren ersetzt.

Das CMYK-Modell

Bei diesem Farbmodell werden Prozessfarben verwendet. Diese Prozessfarben, die transparent sind, werden als Rasterpunkte gedruckt. Bei den verwendeten Druckfarben handelt es sich um C für Cyan (Blau), M für Magenta (Rot) und Y für Yellow (Gelb). Die CMYK-Farben sind substraktive Farben, d. h. dass Cyan, Magenta und Gelb zusammen eine fast schwarze Farbe ergeben. Um beim Drucken ein tiefes Schwarz zu erhalten, wäre man gezwungen, für einen Bildpunkt so viel Farbe zu verwenden, dass die Farbe auslaufen und nicht das gewünschte Ergebnis bringen würde. Um feine Details in Schwarz sowie dunkle Partien eines Bildes drucken zu können, wurde Reinschwarz hinzugefügt. Diese schwarze Farbe trägt die Bezeichnung K (key color).

Druckfarben

Wenn man von Druckfarben spricht, unterscheidet man zwischen Volltonfarben und Prozessfarben. Um das Dialogfeld **Neues Farbfeld erstellen** zu öffnen, wählen Sie **Fenster**, **Farbfelder**, **Neues Farbfeld erstellen** (im Bedienfeldmenü).

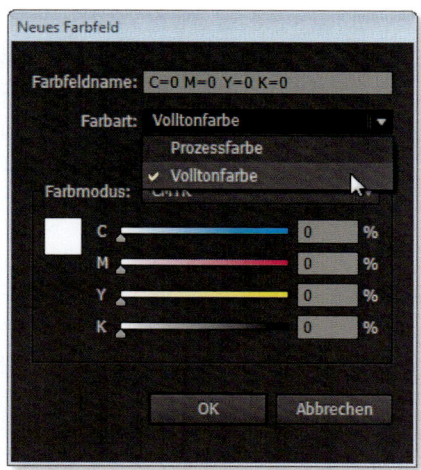

Volltonfarben

Volltonfarben werden mit *fertig gemischten* Druckfarben gedruckt, d. h. dass die Farbe vor dem Drucken gemischt wird und jede Farbe ihre eigene Druckplatte erhält.

Eine Volltonfarbe, die mit 100 % gedruckt wird, ist volldeckend und wird nicht gerastert. Volltonfarben werden vor allem für Effekte in einer Drucksache verwendet, z. B. für Logotypen, oder wenn Spezialfarben wie z. B. Metallictöne benötigt werden. Um ein gutes Druckergebnis zu erhalten, müssen Sie eine Volltonfarbe aus dem Farbauswahlsystem wählen, mit dem Ihre Druckerei arbeitet.

Um die optimale Übereinstimmung zwischen einem Bild auf dem Bildschirm und dem Ausdruck zu erhalten, muss der Bildschirm kalibriert, d. h. so eingestellt werden, dass er die Farben korrekt wiedergibt. Das bedeutet, dass der Bildschirm die Farben auf kontrollierte und bekannte Art wiedergibt. Normalerweise wird hierzu ein spezielles Kalibrierungsprogramm verwendet. Diese Kalibrierungsprogramme können vom Internet heruntergeladen werden, sowohl kostenpflichtig als auch gratis.

Prozessfarben

Die Prozessfarben sind Cyan, Magenta, Gelb und Schwarz, die zusammen das Farb-modell CMYK bilden. Für ein optimales Druckergebnis sollten Sie CMYK-Werte von den Farbkarten der Prozessfarben wählen, die bei Druckereien verwendet werden.

Wenn Sie eine CMYK-Farbe nach dem Aussehen auf dem Bildschirm definieren, müssen Sie Ihr Farbmanagementsystem korrekt eingestellt und den Bildschirm kalibriert haben.

Voreinstellungen für den professionellen Illustrator-Nutzer

Damit die Farben von Bildschirm und Druck bei der Farbwiedergabe einander möglichst ähnlich sind, müssen Sie ein Farbmanagementsystem verwenden. Ein Farbmanagementsystem gleicht die Farbunterschiede zwischen den Geräten aus, so dass Sie relativ sicher sein können, dass die Farben des Endprodukts korrekt sind.

Illustrator aktiviert das Farbmanagement automatisch. Ab den CS (Creative Suite)-Versionen können die Voreinstellungen auch zwischen unterschiedlichen Programmen synchronisiert werden. Dies ermöglicht eine programmunabhängige, einheitliche Wiedergabe der RGB- und CMYK-Farben innerhalb der CS-Versionen mit denen Sie arbeiten. Aber für den routinierten oder professionellen Illustrator-Nutzer, der z. B. Farbdokumente an unterschiedliche Druckereien schicken will, ist es besser, das Farbmanagement des Programms individuell einstellen zu können.

Das gebräuchlichste System ist CMS (Color Management System). Wenn Sie mit CMS arbeiten, müssen Sie das System mit Information über die Ausrüstung versorgen, die in den Arbeitsprozess eingeht, dies wird als Profil bezeichnet. Für das einfachste Niveau müssen Sie korrekte Profile für Ihren Bildschirm, Ihren Drucker und Ihren Scanner erstellen.

Das Festlegen eigener Farbmanagementeinstellungen erfordert Kenntnisse über das Farbmanagementsystem, die jedoch über den Rahmen dieses Grundlagenbuches hinaus gehen. Außerdem muss der Bildschirm kalibriert sein.

Einstellungen für mehrere Zeichenflächen

In Illustrator können Sie eine Datei erstellen, die mehrere Zeichenflächen enthält (bis zu 100). Das Anordnen mehrerer Zeichenflächen in einem Dokument erleichtert Ihnen den Überblick und ist besonders praktisch, wenn Sie z. B. mit einem Konzept oder Projekt arbeiten, für das unterschiedliche Druckprodukte erstellt werden sollen: PDF-Dateien, ausgedruckte Seiten, Visitenkarten, Flyer, unabhängige Elemente für Websites usw.

Sie können die Zeichenflächen stapeln, überlappen lassen oder nebeneinander (Standardeinstellung) anzeigen. Sie können die Zeichenflächen unabhängig voneinander bearbeiten, ihnen unterschiedliche Größen geben sowie Zeichenflächen hinzufügen und entfernen.

Wie viele Zeichenflächen Sie erstellen möchten, können Sie über **Anzahl an Zeichenflächen** im Dialogfeld **Neu** festlegen.

3 Voreinstellungen

1. Öffnen Sie das Dialogfeld **Neu**, wählen Sie das Profil Druck und geben Sie 4 in das Feld neben **Anzahl an Zeichenflächen** ein oder ändern Sie den Wert mithilfe der Pfeiltasten.

Wenn Sie mehrere Zeichenflächen erstellen, können Sie auf weitere Voreinstellungsoptionen zugreifen, die zuvor nicht zugänglich waren und so zusätzliche Einstellungen vornehmen.

2. Klicken Sie auf die Schaltfläche **Raster nach Zeile**, um festzulegen, wie die Zeichenflächen im Dokument angeordnet werden sollen.

3. Verändern Sie den Wert neben dem Feld **Abstand** nicht, der den Abstand zwischen den Zeichenflächen festlegt.

4. Stellen Sie sicher, dass neben **Spalten 2** angegeben ist, wenn nicht, ändern Sie den Wert. Dieser Wert legt fest in wie viele Spalten die Zeichenflächen aufgeteilt werden.

Wenn Sie alles richtig gemacht haben, sind die Zeichenflächen wie im folgenden Beispiel angeordnet.

Um die Maßeinheit zu ändern, wählen Sie Bearbeiten, Voreinstellungen, Einheit und ändern die Maßeinheit im Feld Allgemein.

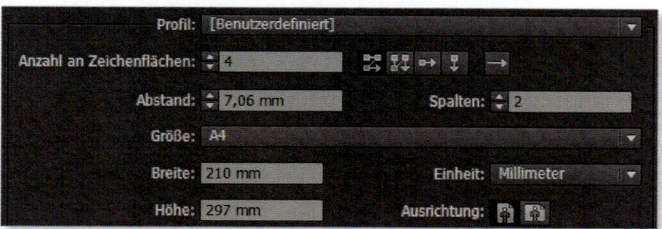

5. Verändern Sie die anderen Einstellungen nicht, klicken Sie auf **OK** und sehen Sie sich das Ergebnis an.

Der Arbeitsbereich sollte jetzt in vier Zeichenflächen unterteilt sein, die in zwei Spalten mit einem Zwischenraum von 7,06 mm angeordnet sind, genau, wie Sie es in den Voreinstellungen eingegeben haben. Sie können die Zeichenflächen und das Dokument auch im Nachhinein verändern, was Sie in der folgenden Übung lernen werden.

Dokumentenformat anpassen

1. Wählen Sie **Datei, Dokument einrichten**.

Im Dialogfeld **Dokument einrichten**, das jetzt angezeigt wird, haben Sie die Möglichkeit, einige der Vorgaben zu ändern, die Sie im Dialogfeld **Neu** akzeptiert haben.

Sie können in diesem Dialogfeld auch weitere Veränderungen des Dokuments vornehmen wie z. B. die Transparenz der Raster oder die Textoptionen und typografischen Anführungszeichen usw., die Sie verwenden möchten.

Im Feld **Einheit** legen Sie die Maßeinheit fest.

Außerdem können Sie den Anschnitt in den Feldern neben **Anschnitt** ändern oder anpassen.

Durch Markieren des Optionsfelds **Bilder in Pfadansicht anzeigen**, werden alle Farben im Bild entfernt und es werden nur dessen Konturen angezeigt, siehe Beispiel rechts.

Die Optionsfelder **Ersetzte Schriftarten hervorheben** und **Ersetzte Glyphen hervorheben** markieren die Bereiche, in denen Schriftarten oder Glyphen ersetzt wurden.

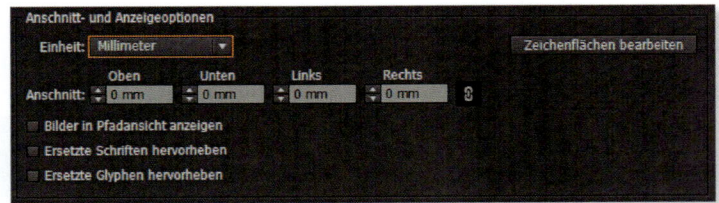

2. Markieren Sie die Optionsfelder unter **Anschnitt- und Anzeigeoptionen** sowie die Felder nach **Anschnitt** nicht.

Unter **Transparenz** werden die Größe und die Farbe der Raster angegeben. Wenn Sie farbiges Papier zum Ausdrucken verwenden, können Sie das Optionsfeld  **Farbiges Papier simulieren** markieren und die Papierfarbe wählen, indem Sie auf das oberste Farbfeld (meist weiß) klicken, um sich den so genannten **Farbwähler** anzeigen zu lassen.

3. Klicken Sie auf die Schaltfläche **Benutzerdefiniert** unter **Transparenz** im Dialogfeld.

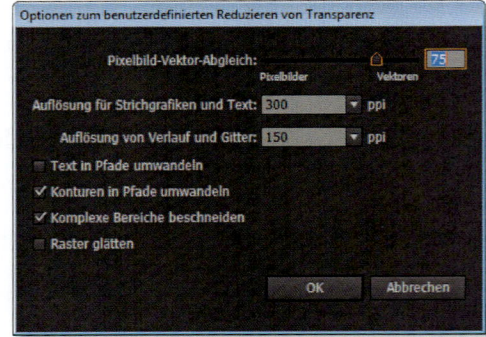

Hierdurch wird ein weiteres Dialogfeld geöffnet, in dem Sie die gewünschte Auflösung von Zeichnung und Text angeben sowie den Abgleich zwischen Pixelbild und Vektoren einstellen können.

Mit dem Schieber ganz rechts (Vektoren 100) legen Sie fest, dass alles im Dokument als Vektor behandelt werden soll. Wird der Schieber nach links in Richtung **Pixelbilder** (Vektoren 0) verschoben, wird alles im Dokument gepixelt, was ein schnelleres Drucken aber eine schlechtere Bildqualität mit sich bringt. Sie können auch festlegen, ob Text/Konturen in Pfade umgewandelt werden sollen.

4. Kontrollieren Sie die Einstellungsoptionen im Dialogfeld **Optionen zum benutzerdefinierten Reduzieren von Transparenz** ohne Einstellungen vorzunehmen und klicken Sie auf **Abbrechen**.

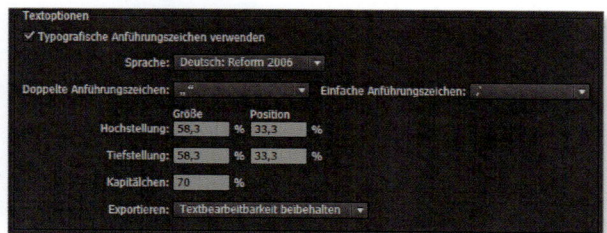

Unter **Textoptionen** geben Sie unter anderem an, welche Sprache und welche typografischen Anführungszeichen Sie verwenden möchten.

5. Stellen Sie sicher, dass das Optionsfeld **Typografische Anführungszeichen verwenden** markiert ist.

Sie können auch die Größe der hoch- oder tiefgestellten Zeichen, deren Position sowie die Größe der Kapitälchen verändern.

6. Verändern Sie die Werte für **Größe** und **Position** nicht. Ändern Sie also keine der voreingestellten Werte und klicken Sie auf **OK**, um die Einstellungen zu bestätigen.

Die Einstellungen, die Sie vornehmen, wenn ein Dokument geöffnet ist, gelten nur für dieses Dokument. Wenn Ihre Einstellungen für alle Dokumente gelten sollen, nehmen Sie die Einstellungen vor, wenn der Arbeitsbereich leer ist, d. h. bevor ein Dokument und eventuelle Zeichenflächen definiert wurden.

Allgemeine Voreinstellungen

Die allgemeinen Voreinstellungen sind unter **Bearbeiten**, **Voreinstellungen** angeordnet. Der Dialog ist in unterschiedliche Kategorien aufgeteilt. Wählen Sie die jeweilige Kategorie links im Dialogfeld aus und nehmen Sie die entsprechenden Änderungen im Programm vor.

1. Wählen Sie **Bearbeiten**, **Voreinstellungen**.

Über das Menü, das nun erscheint, können Sie die Arbeitsumgebung in Illustrator genau an Ihre Anforderungen anpassen. Folgende Einstellungen sind die gebräuchlichsten, die Sie natürlich auch individuell anpassen können.

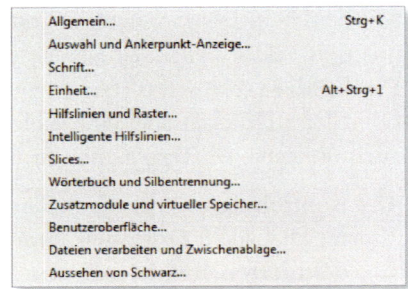

2. Wählen Sie die Kategorie **Allgemein** im Menü. Darauf wird ein Teil des folgenden Dialogfelds angezeigt.

Im Feld **Schritte per Tastatur** geben Sie ein, wie weit ein Objekt verschoben werden soll, wenn Sie eine der Pfeiltasten betätigen. Das Verschieben von Objekten geht häufig mit den Pfeiltasten wesentlich einfacher als mit der Maus.

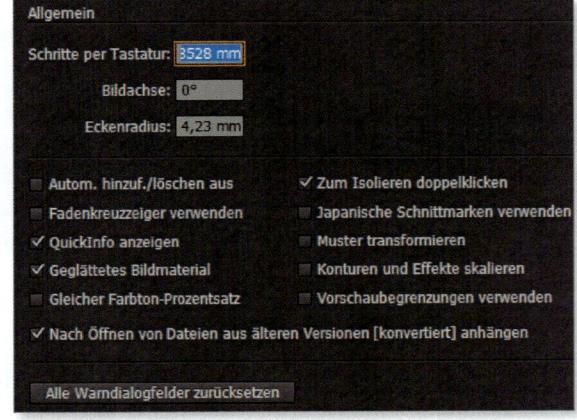

Hinweis! Sie können auch Werte von weniger als 1 mm verwenden.

> Wenn Sie stattdessen den Abstand in Punkten angeben möchten, ändern Sie dies über Bearbeiten, Voreinstellungen, Einheit. Dort wählen Sie die Maßeinheit im Feld neben Allgemein.

Bildachse bedeutet, dass alles, was Sie nach dem Ändern des Wertes in diesem Feld tun, in dem Winkel von der Horizontalen geneigt ist, den Sie angegeben haben. Siehe die Abbildung rechts. Im Beispiel wurden **30°** im Feld Bildachse angegeben, darauf wurde ein Quadrat gezeichnet und Text eingegeben. Alles ist in einem Winkel von 30° geneigt. Dies ist eine praktische Einstellung für ein geneigtes Logo.

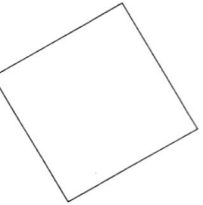

So sieht es bei 30° aus.

Eckenradius gibt schlicht und einfach an, wie rund die Ecken werden, wenn Sie ein Rechteck mit abgerundeten Ecken zeichnen. Lassen Sie bis auf weiteres die Grundeinstellungen unverändert. Es gibt einfachere Wege, den Eckenradius zu ändern als über dieses Feld.

Im unteren Teil des Dialogfelds sind unterschiedliche Alternativen angegeben, die durch Markieren des jeweiligen Optionsfelds aktiviert werden können. Durch Deaktivieren von **Autom. hinzuf./löschen aus** werden Ankerpunkte nicht automatisch hinzugefügt oder entfernt. Illustrator öffnet automatisch **Ankerpunkt-hinzufügen-Werkzeug/Ankerpunkt-löschen-Werkzeug**, wenn das Programm der Meinung ist, dass dies erforderlich ist.

☐ Autom. hinzuf./löschen aus	✓ Zum Isolieren doppelklicken
☑ Fadenkreuzzeiger verwenden	☐ Japanische Schnittmarken verwenden
✓ QuickInfo anzeigen	☐ Muster transformieren
✓ Geglättetes Bildmaterial	☐ Konturen und Effekte skalieren
☐ Gleicher Farbton-Prozentsatz	☐ Vorschaubegrenzungen verwenden
✓ Nach Öffnen von Dateien aus älteren Versionen [konvertiert] anhängen	

Fadenkreuzzeiger verwenden zeigt das gewählte Werkzeug als Fadenkreuz anstelle des Symbols an. Zu Anfang ist es jedoch besser, mit den Werkzeugsymbolen zu arbeiten. Wenn Sie dennoch den Fadenkreuzzeiger aufrufen möchten, betätigen Sie einfach die **Feststelltaste**.

✕ Fadenkreuz

▶ Werkzeugsymbol

QuickInfo anzeigen bedeutet, dass die Bezeichnung des Werkzeugs und dessen Tastaturbefehl angezeigt werden, wenn Sie den Cursor langsam über das Werkzeugsymbol führen. Lassen Sie diese Option aktiviert, bis Sie mit Illustrator besser vertraut sind.

Geglättetes Bildmaterial zeigt Striche und Konturen glatter auf dem Bildschirm an. Wenn alle Farben Ihrer Zeichnung die gleiche Stärke (den gleichen Ton) haben sollen, markieren Sie das Feld **Gleicher Farbton-Prozentsatz**. (Dies kommt jedoch selten vor.)

Zum Isolieren doppelklicken ist eine Funktion, mit der Sie einen Teil des Bildes durch Doppelklick isolieren können. Der isolierte Bereich kann dann beliebig bearbeitet werden, ohne dass Sie hierbei aus Versehen andere Teile des Bildes verändern.

Japanische Schnittmarken verwenden zeigt kleine Schnittmarken an, die angeben, wie die Zeichnung in Japan geschnitten wird.

Muster transformieren bedeutet, dass beim Drehen eines mit Muster gefüllten Objekts auch das Muster gedreht wird. Wenn dieses Feld nicht markiert ist, bleibt das Muster unverändert, siehe Abbildungen auf der nächsten Seite.

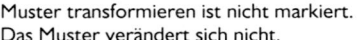 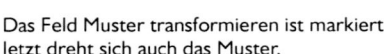

Konturen und Effekte skalieren bedeutet, dass sich beim Skalieren eines Objekts auch die Kontur ändert, die das Objekt umgibt. Siehe nachfolgende Abbildung.

 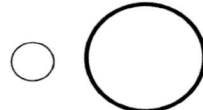

Die Option Konturen und Effekte skalieren ist nicht markiert. Die Konturenstärke des großen Kreises verändert sich nach dem Vergrößern nicht.

Die Option Konturen und Effekte skalieren ist markiert. Die Kontur wird beim Vergrößern des Kreises ebenfalls stärker.

Vorschaubegrenzungen verwenden zeigt die berechneten Abmessungen eines markierten Objekts im Bedienfeld **Info** an. Die Abmessungen basieren z. B. auf den Attributen wie Konturenbreite und Schatten.

Voreinstellungen für Auswahl und Ankerpunkt-Anzeige

1. Gehen Sie zu **Auswahl und Ankerpunkt-Anzeige**.

Hier stellen Sie das Aussehen der Ankerpunkte und Griffe ein, die beim Zeichnen von Bézierkurven angezeigt werden.

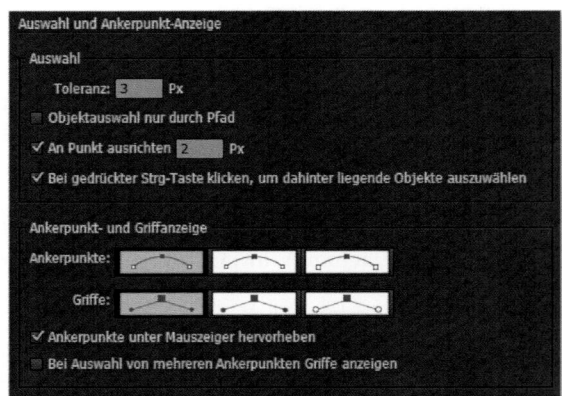

2. Stellen Sie sicher, dass die Alternative **Ankerpunkte unter Mauszeiger hervorheben** aktiviert ist. Hierdurch werden die Ankerpunkte vergrößert, wenn Sie mit dem Cursor darüber fahren. Auf diese Art sind die Ankerpunkte leichter zu finden und zu markieren.

Voreinstellungen für Schrift

1. Wählen Sie **Schrift**, siehe Abbildung rechts.

Schriftgrad/Zeilenabstand legt fest, wie groß der Abstand zwischen den Zeilen, in Punkten gemessen, wird, wenn Sie die Tastaturbefehle **Alt + Pfeil nach oben** bzw. **Alt + Pfeil nach unten** (Option + Pfeil bei Mac) verwenden.

Laufweite gibt an, wie viel die Buchstaben gesperrt bzw. enger zusammen gerückt werden (Kerning), wenn Sie die Tastaturbefehle **Alt + Linker Pfeil** bzw. **Alt + Rechter Pfeil** (Option + Pfeil bei Mac) verwenden. Die Bezeichnung **Geviert** ist das Breitenmaß für den Großbuchstaben M.

Grundlinienversatz gibt an, um wie viele Punkte Sie die Grundlinie mit den Tastaturbefehlen **Alt + Umschalt-Taste + Pfeil nach oben** und **Alt + Umschalt-Taste + Pfeil nach unten** (Option + Umschalt-Taste + Pfeil bei Mac) nach oben oder nach unten verschieben.

Textobjektauswahl nur über Pfad sollte immer deaktiviert sein, wenn Sie nicht den Text von dessen Grundlinie aus markieren möchten.

Voreinstellungen für Einheiten

1. Wählen Sie **Einheit**.

Unter **Allgemein** stellen Sie die Einheiten ein. Manche ziehen es vor, mit Millimetern zu arbeiten, aber Sie können auch Zentimeter, Zoll, Pica, Pixel oder Punkt angeben.

Unter **Kontur** legen Sie die Einheit für die Konturenstärke fest.

Unter **Asiatische Schrift** ist es am besten, Punkte zu verwenden, da dies das gebräuchlichste Maß für Text in allen Computerprogrammen ist.

2. Klicken Sie auf **Hilfslinien und Raster**.

In Illustrator können Sie in den Bedienfeldern und Dialogfenstern unterschiedliche Maßeinheiten verwenden. Das Programm führt dann automatisch die Berechnungen durch, sofern Sie die korrekten Maßeinheiten angegeben haben.

Voreinstellungen für Hilfslinien und Raster

Hilfslinien und Raster dienen als Hilfe, um Objekte korrekt zu montieren.

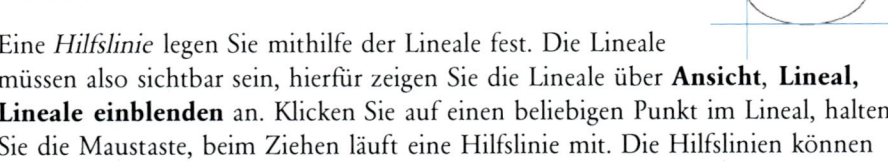

Eine *Hilfslinie* legen Sie mithilfe der Lineale fest. Die Lineale müssen also sichtbar sein, hierfür zeigen Sie die Lineale über **Ansicht**, **Lineal**, **Lineale einblenden** an. Klicken Sie auf einen beliebigen Punkt im Lineal, halten Sie die Maustaste, beim Ziehen läuft eine Hilfslinie mit. Die Hilfslinien können Sie auch über das Kontextmenü **Sperren** und **Ausblenden** anzeigen.

Ein *Raster* teilt die Seite in ein Gitternetz ein, siehe Abbildungen rechts.

Unter **Farbe** wählen Sie die Farbe, in der die Hilfslinien und Raster angezeigt werden sollen. Durch Anklicken des Listenpfeils können Sie zwischen voreingestellten Farben wählen.

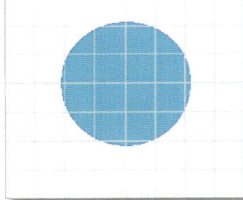
Raster im Vordergrund

Raster im Hintergrund

Wenn Sie eine eigene Farbe verwenden möchten, klicken Sie auf das farbige Quadrat. Darauf wird ein Farbwähler angezeigt, in dem Sie die gewünschte Farbe auswählen können.

Unter **Stil** geben Sie an, ob die Linien durchgehend oder unterbrochen angezeigt werden sollen.

Unter **Rasterlinie alle** geben Sie an, wie dicht die Hauptlinien im Raster liegen und unter **Unterteilungen** legen Sie die Anzahl der Quadrate zwischen den Hauptlinien fest. Ändern Sie die Voreinstellungen jetzt noch nicht.

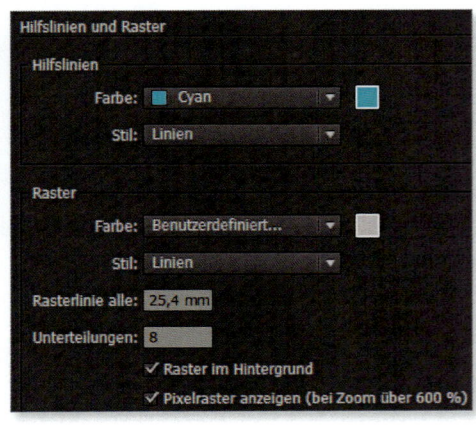

Raster im Hintergrund bedeutet, dass die Objekte vor dem Raster liegen.

Pixelraster anzeigen (bei Zoom über 600 %) bedeutet, dass Sie auf mindestens 600 % vergrößern müssen, um das Pixelraster zu sehen. Dies wird beim Justieren der Pixel verwendet (ermöglicht eine schärfere Grafik z. B. bei Webgrafikproduktionen).

4. Gehen Sie weiter zur nächsten Einstellung **Intelligente Hilfslinien**.

Voreinstellungen für Intelligente Hilfslinien und Slices

Wenn Sie den Cursor über Ihr Bild auf der Zeichenfläche führen, erkennt und betont er Objekte, Seitenbegrenzungen und überlappende Hilfslinien. Sie verwenden die intelligenten Hilfslinien, um z. B. Objekte an einen markierten Punkt zu verschieben, um ein Objekt umzuformen oder um die Ankerpunkte eines neuen Objekts im Verhältnis zu bereits vorhandenen Objekten oder Ankerpunkten zu platzieren. Unter **Farbe** stellen Sie die Farbe der intelligenten Hilfslinien ein.

1. Stellen Sie sicher, dass das Optionsfeld **Ausrichtungslinien** markiert ist. Die Einstellung zeigt an, an welcher Position der Cursor stehen bleibt, wenn Sie ihn bewegen. Dieses Feld muss markiert sein.

2. Stellen Sie außerdem sicher, dass das Optionsfeld **Objekthervorhebung** markiert ist. Das bedeutet, dass Sie ein Objekt oder mehrere durch Anklicken und Ziehen des Cursors markieren können. **Konstruktionslinien** muss ebenfalls markiert sein, damit Sie die Hilfslinien sehen können, wenn Sie die Funktion **Intelligente Hilfslinien** verwenden.

3. Stellen Sie auch sicher, dass **Messbeschriftungen** markiert ist. Hierdurch wird ein graues Feld mit Größenangabe für das Objekt oder die Figur angezeigt, die Sie zeichnen.

4. Wenn Sie die intelligenten Hilfslinien zum Umformen von Objekten einsetzen möchten, muss das Optionsfeld **Transformieren-Werkzeuge** markiert sein. Dies vereinfacht die Arbeit.

Mithilfe des Listenfelds **90°- und 45°- Winkel** legen Sie den Winkel der Hilfslinien fest, wenn sie vom Ankerpunkt eines in der Nähe liegenden Objekts gezogen werden. Sie können vordefinierte Winkel wählen oder einen eigenen Winkel angeben.

Einrasttoleranz gibt an, wie viele Punkte der Cursor von einem Objekt entfernt sein muss, damit die intelligenten Hilfslinien aktiviert werden.

5. Klicken Sie auf die nächste Einstellung **Slices**.

Eine Website kann in unterschiedliche Slices aufgeteilt werden, die individuell auf unterschiedliche Art gespeichert werden können, um die Dateigröße zu verringern. Wenn Sie Material im Internet veröffentlichen möchten, sollte die Option **Slice-Nummern einblenden** markiert sein.

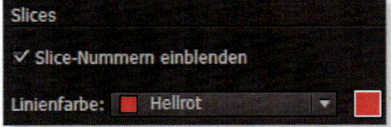

6. Klicken Sie auf die nächste Einstellung **Wörterbuch und Silbentrennung**.

Einstellungen für Silbentrennung, Zusatzmodule und virtuelle Speicher

1. Stellen Sie sicher, dass als **Standardsprache Deutsch** angegeben ist.

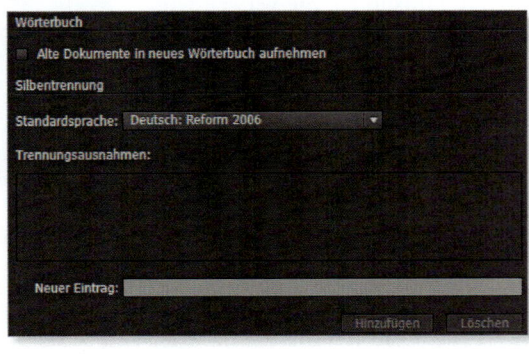

Im Feld **Neuer Eintrag** können Sie Wörter hinzufügen, die nicht im Wörterbuch enthalten sind.

2. Klicken Sie auf die nächste Voreinstellung **Zusatzmodule und virtueller Speicher**.

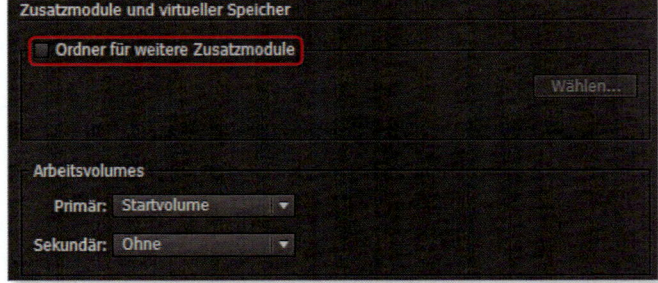

Unter **Ordner für weitere Zusatzmodule werden alle Zusatzmodule** abgelegt, die Sie gekauft oder über das Internet heruntergeladen haben. Wenn Illustrator seine Zusatzmodule nicht findet, müssen Sie dem Programm den Suchpfad angeben. Sie können Ihre Zusatzmodule natürlich auch in einem anderen Ordner ablegen, aber dann müssen Sie den Suchpfad in diesem Dialogfeld ändern, damit das Programm darauf zugreifen kann.

Virtueller Speicher bedeutet, dass alles, was nicht im internen Speicher Platz findet, auf einer Festplatte gespeichert wird. Dadurch läuft der Rechner langsamer.

Unter **Primär** geben Sie an, unter welchem Arbeitsvolume die erste Speicherung abgelegt werden soll. Normalerweise wird dasselbe Laufwerk verwendet, auf dem auch das Programm abgelegt ist, d. h. das Startvolume. Leider ist die Kapazität dieses Laufwerks häufig schnell erschöpft.

Wenn Sie zwei Laufwerke auf Ihrem Rechner installiert haben, geben Sie das zweite unter **Sekundär** an, dadurch wird der Speicherprozess auf diesem Laufwerk fortgesetzt, wenn das Startvolume voll ist. Damit Illustrator, genau wie die anderen Adobe Programme, möglichst schnell arbeiten kann, sollten Sie Ihren Rechner mit einem möglichst großen Arbeitsspeicher ausrüsten. Sollten Sie Probleme damit haben, dass die Programme langsam ablaufen oder häufig abstürzen, kann es helfen, die Festplatte in regelmäßigen Abständen zu defragmentieren.

Voreinstellungen für Benutzeroberfläche

1. Gehen Sie weiter und wählen Sie **Benutzeroberfläche**.

In Illustrator CS6 wird als Standard eine dunkle Benutzeroberfläche verwendet, damit die Bilder deutlicher zu sehen sind. Wenn Sie die Helligkeit der Arbeitsflächenfarbe ändern möchten, gehen Sie wie folgt vor:

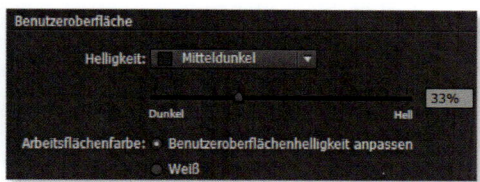

2. Klicken Sie auf die gewünschte Helligkeit im Feld **Helligkeit** (oder verwenden Sie den Schieber, siehe Abbildung oben).

Es stehen also insgesamt vier verschiedene **Helligkeitsstufen** für die Farbe der Arbeitsfläche zur Auswahl. Hinweis! Sie können auch eine fünfte, weiße Variante wählen, siehe Abbildung unten.

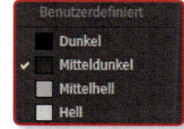

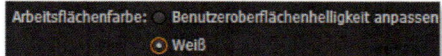

Voreinstellung für Dateiverarbeitung und Zwischenablage

1. Gehen Sie weiter und wählen Sie **Dateien verarbeiten und Zwischenablage**.

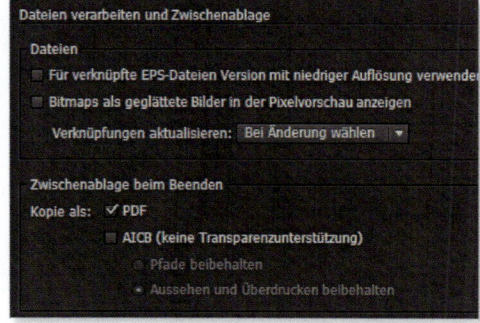

Für verknüpfte EPS-Dateien Version mit niedriger Auflösung verwenden bedeutet, dass diese in Bildschirmauflösung angezeigt werden (spart internen Speicherplatz). Wenn Sie aus irgendeinem Grund den Link unterbrechen, erfolgt auch der Ausdruck mit geringer Auflösung.

Verknüpfungen aktualisieren legt fest, wie die Links gehandhabt werden sollen. Es kann sinnvoll sein, die Alternative **Automatisch** zu wählen, zumindest als Anfänger. Auf diese Art bleiben Ihnen Probleme mit den Links erspart.

Unter **Zwischenablage beim Beenden** können Sie die Kopie entweder als PDF oder als AICB handhaben. (AICB ist ein Dateiformat, das EPS ähnelt, unterstützt jedoch keine Transparenz.) Zeichnungen, die in andere Programme kopiert werden, werden in der Regel in einem PICT-Format eingefügt, was eine gute Bildübertragung zwischen unterschiedlichen Applikationen sicherstellt.

Voreinstellungen für Aussehen von Schwarz

1. Gehen Sie weiter und wählen Sie **Aussehen von Schwarz**.

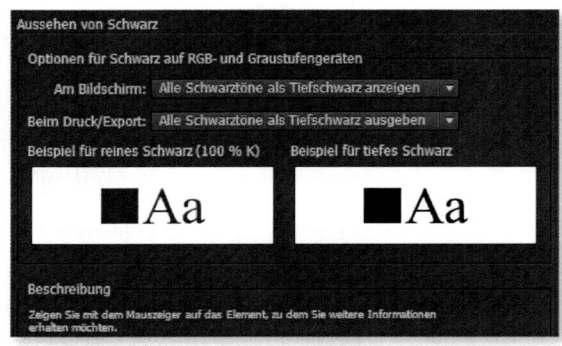

Hier stellen Sie ein, wie Schwarz auf RGB- und Graustufengeräten wiedergegeben werden soll.

2. Schließen Sie das Dialogfeld, indem Sie auf **OK** klicken.

Tastaturbefehle

Die Tastenkombinationen, die rechts neben den unterschiedlichen Alternativen in den Menüs stehen, sind die Tastaturbefehle. Sie können z. B. die **Strg**- + **Z-Taste** betätigen, wenn Sie Ihren letzten Arbeitsschritt rückgängig machen möchten.

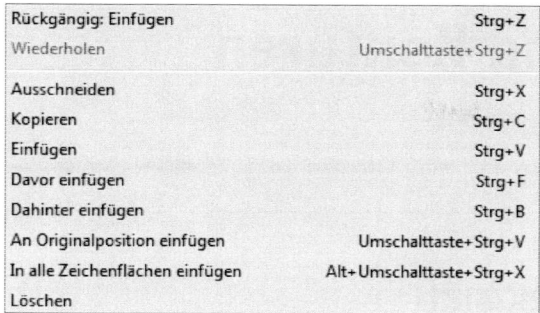

Eine vollständige Liste über alle Tastaturbefehle ist unter **Bearbeiten, Tastaturbefehle** abgelegt. Teile des Dialogs sind in der nachfolgenden Abbildung zu sehen.

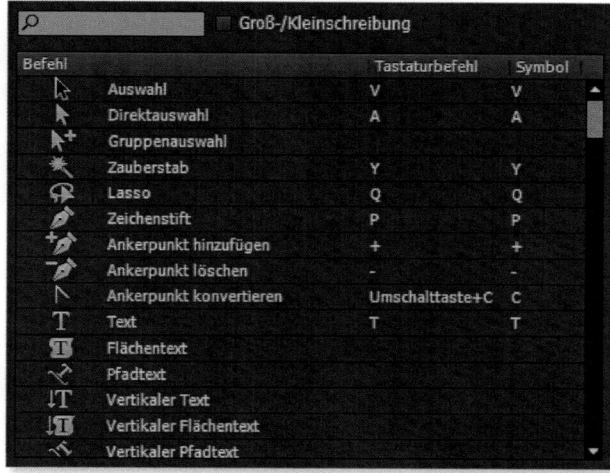

Im Dialogfeld können Sie Ihren eigenen Tastaturbefehle zusammenstellen.

3. Schließen Sie alle offenen Dokumente.

4 Objekte und Konturen zeichnen

Geometrische Objekte zeichnen

Bevor Sie sich mit komplizierteren Techniken wie dem Zeichnen von Bézierkurven befassen, sollten Sie lernen, einfache geometrische Figuren zu zeichnen.

Diese geschlossenen Konturen werden in Illustrator auch *Objekte* genannt. Die Werkzeuge zum Zeichnen von Objekten sind im **Werkzeugbedienfeld** angeordnet. Es stehen Ihnen zahlreiche Zeichenwerkzeuge zur Verfügung. Das Werkzeug, das Sie zuletzt benutzt haben, ist das, was im Werkzeugbedienfeld angezeigt wird. Denken Sie daran, dass Sie das Werkzeug mithilfe der kleinen „Ecke" ablösen und als eigenes Bedienfeld anordnen können.

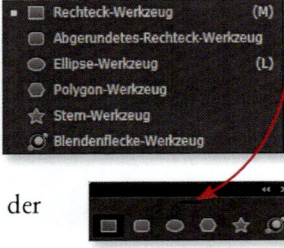

Bevor Sie anfangen, müssen Sie einige Grundeinstellungen kontrollieren.

1. Erstellen Sie ein neues Dokument und eine Zeichenfläche im Standardformat. Stellen Sie sicher, dass die Breite der Kontur 1 Punkt beträgt (unter **Kontur** im Steuerungsbedienfeld).

   Sie können das Bedienfeld Kontur auch über **Fenster**, **Kontur** öffnen und die Angabe kontrollieren oder auf den Link **Kontur** im Steuerungsbedienfeld klicken, um das Bedienfeld Kontur zu öffnen.

2. Stellen Sie sicher, dass der untere Teil des Werkzeugbedienfelds aussieht wie in der Abbildung rechts. Falls nicht, klicken Sie hier.

Als Standard ist die Flächenfarbe Weiß und die Konturenfarbe Schwarz. Die Figuren, die Sie zeichnen, bestehen aus einer schwarzen Kontur in der Stärke 1 Punkt und einer weiße Fläche.

3. Als Letztes rufen Sie die Lineale auf, die immer sichtbar sein sollten. Wählen Sie **Ansicht**, **Lineale**, **Lineale einblenden** (der Tastaturbefehl ist **Strg** + **R**).

Noch einfacher ist es, wenn Sie mit der rechten Maustaste auf den Arbeitsbereich klicken und im Kontextmenü **Lineale einblenden** wählen.

> **Geometrische Figuren**
>
> Trotz ihrer Einfachheit sind geometrische Figuren wie Kreise, Rechtecke, Quadrate und Dreiecke extrem vielseitig einsetzbar und bilden die Grundlage für die meisten, wenn nicht alle, konstruierten Strukturen und Bilder, die uns in unserem Alltag umgeben wie z. B. in Form von Symbolen und Gebäuden bis hin komplexen Stadtplänen.
>
> Eine der bekanntesten Zeichentrickfiguren beispielsweise besteht größtenteils aus einer einzigen geometrischen Figur, siehe Abbildung rechts.

Rechteck und abgerundetes Rechteck

1. Wählen Sie das Rechteck-Werkzeug im Werkzeugbedienfeld.
2. Klicken und ziehen Sie ein Rechteck auf, das dem rechts abgebildeten gleicht.

Dass das Rechteck ausgewählt ist, erkennen Sie daran, dass es von kleinen, gefüllten Quadraten, den so genannten Ankerpunkten, umgeben ist.

3. Zeichnen Sie mit gehaltener **Alt-Taste** ein neues Rechteck. Ziehen Sie das Rechteck von der Mitte aus auf.

Arbeiten mit den Formwerkzeugen

Maßnahme	Vorgehensweise
Eine Form zeichnen	Mit dem gewünschten Formwerkzeug klicken & ziehen.
Eine gleichseitige Form zeichnen	Umschalt-Taste halten und mit gewünschtem Formwerkzeug klicken & ziehen.
Eine Form von der Mitte aus aufziehen.	Alt-Taste halten und mit gewünschtem Formwerkzeug klicken & ziehen.
Eine gleichseitige Form vom Zentrum aus zeichnen	Umschalt-Taste halten und mit gewünschtem Formwerkzeug klicken & ziehen.

4. Wählen Sie **Auswahl, Alles auswählen** und klicken Sie anschließend auf **Löschen**, um alle Formen zu löschen.
5. Zeichnen Sie ein neues Rechteck von ungefähr 80×60 mm. Achten Sie auf das Maßfeld. Wie Sie sehen, ist es so gut wie unmöglich, ein exaktes Maß zu erhalten.

6. Klicken Sie mit gewähltem Rechteck-Werkzeug irgendwo in die Zeichenfläche, darauf öffnet sich der rechts abgebildete Dialog. Die angegebenen Maße sind die des gerade gezeichneten Rechtecks.

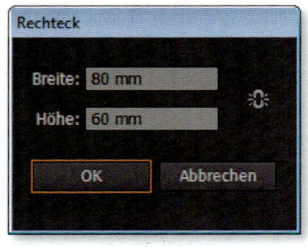

7. Ändern Sie das Maß auf 80 mm Breite und 60 mm Höhe und klicken Sie auf **OK**. (Illustrator wandelt die Einheiten automatisch um.)

Durch Anklicken von **OK** wird ein neues Rechteck mit genau den Maßen erstellt, die Sie angegeben haben. Um die Abmessungen im Nachhinein zu korrigieren, klicken Sie auf das Objekt und ändern die Maße im Steuerungsbedienfeld.

8. Löschen Sie das zuletzt erstellte Rechteck, indem Sie die **entf-Taste** betätigen.

Um direkt ein Objekt mit vorgegebenen Maßen zu erstellen, klicken Sie mit dem gewählten Formwerkzeug in den Arbeitsbereich, darauf wird der Dialog mit den Maßeinstellungen für die Form angezeigt. Geben Sie das gewünschte Maß an und klicken Sie auf **OK**, darauf wird automatisch ein Objekt mit den angegebenen Abmessungen erstellt.

9. Wechseln Sie auf das **Abgerundetes-Rechteck-Werkzeug** (ein Rechteck mit abgerundeten Ecken). Klicken Sie in den Arbeitsbereich und geben Sie nochmals die gleichen Maße ein (80 × 60 mm). **Der Eckenradius** bestimmt die Rundung der Ecken des Rechtecks. Behalten Sie den voreingestellten Wert und klicken Sie auf **OK**.

Der Eckenradius, der im Dialogfenster voreingestellt ist, ist der Radius, der über Bearbeiten, Voreinstellungen und Allgemein eingestellt wurde.

Gezeichnete Objekte transformieren

1. Löschen Sie alle bisher gezeichneten Figuren. Zeichnen Sie ein neues Rechteck mit abgerundeten Ecken. Um eine gezeichnete Figur zu transformieren, klicken Sie diese an.

Über das Kontextmenü (das angezeigt wird, wenn Sie ein Objekt mit der rechten Maustaste anklicken), haben Sie die Möglichkeit, z. B. mehrere markierte Objekte zu gruppieren, eine Schnittmaske und zusammengesetzte Pfade zu erstellen und das Objekt zu transformieren.

4 Objekte und Konturen zeichnen

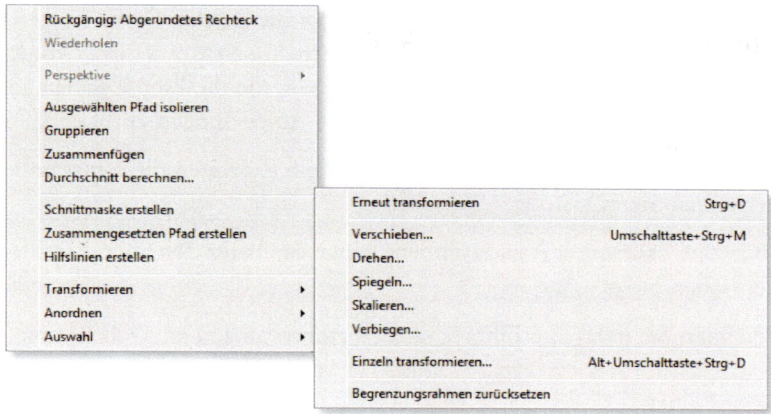

2. Wählen Sie **Transformieren** im Kontextmenü. Darauf wird folgendes Untermenü angezeigt (siehe oben). Hier können Sie wählen, ob Sie das Objekt verschieben, skalieren, drehen, spiegeln oder neigen möchten.

Für jeden Befehl gibt es ein Dialogfenster. Stellen Sie sicher, dass die Option **Vorschau** im Dialogfenster markiert ist, damit Sie das Ergebnis direkt kontrollieren können.

Die Option **Transformieren** im Untermenü gibt Ihnen die Möglichkeit, sämtliche oben stehenden Einstellungen in einem einzigen Dialogfenster vorzunehmen.

3. Klicken Sie irgendwo auf die Arbeitsfläche, um das Kontextmenü zu schließen.

Ellipsen, Kreise, Polygone und Sterne

Die Werkzeuge zum Erstellen von Ellipsen, Kreisen, Polygonen und Sternen sind im selben Bedienfeld wie die Rechtecke angeordnet.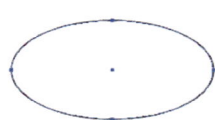

Das letzte Werkzeug in diesem Bedienfeld trägt die Bezeichnung **Blendenflecke-Werkzeug** und wird nicht in diesem Buch behandelt.

Das Ellipse-Werkzeug

1. Wählen Sie das Ellipse-Werkzeug. Zeichnen Sie eine Ellipse wie im nachfolgenden Beispiel.

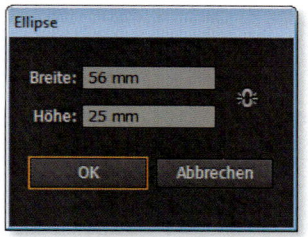

43

Wenn Sie mit dem Ellipse-Werkzeug irgendwo in die Zeichenfläche klicken, wird das Dialogfenster in der Abbildung rechts geöffnet. Genau wie zuvor können Sie auch hier die gewünschten Abmessungen angeben, die die Ellipse haben soll. Vergessen Sie nicht, auf **OK** zu klicken, um die Abmessungen zu bestätigen.

2. Um einen Kreis zu zeichnen, halten Sie beim Zeichnen die **Umschalt-Taste**. Versuchen Sie es!

3. Um vom Zentrum aus zu zeichnen, halten Sie beim Zeichnen die **Alt-Taste**. Versuchen Sie es!

4. Zeichnen Sie jetzt eine Ellipse mit den Abmessungen 64,3 × 41,9 mm.

Das Polygon-Werkzeug

Ein Polygon ist eine Figur mit mehreren Seiten.

1. Wählen Sie das Polygon-Werkzeug.

2. Zeichnen Sie ein Polygon. Da dieses Werkzeug immer vom Zentrum aus zeichnet, ist es nicht erforderlich, die **Alt-Taste** zu halten. Drehen Sie die Figur beim Zeichnen, damit sie der Figur in der Abbildung rechts ähnelt.

3. Klicken Sie mit aktiviertem Polygon-Werkzeug irgendwo auf die Zeichenfläche, darauf öffnet sich das Dialogfenster, Abbildung rechts.

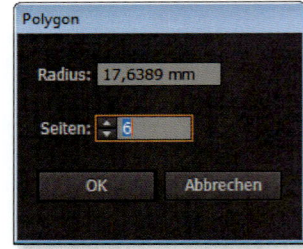

> Im Dialogfenster rechts können Sie eine feste Größe für das Objekt einstellen, indem Sie die Abmessungen für den Radius angeben sowie die gewünschte Seitenzahl.

4. Zeichnen Sie die beiden nachfolgenden Polygone. Polygon A hat 9 Seiten und einen Radius von 6 cm. Polygon B ist ein Dreieck mit einem Radius von 4,5 cm.

5. Versuchen Sie, ein Dreieck in ein Siebeneck umzuwandeln.

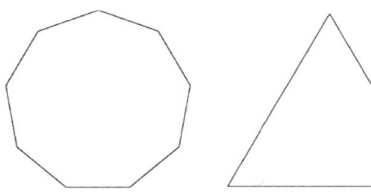

Polygon A   Polygon B

> Wenn Sie die Seitenzahl während des Zeichnens erhöhen oder reduzieren möchten, betätigen Sie die Pfeil nach oben- bzw. Pfeil nach unten-Taste auf der Tastatur. Dies funktioniert, so lange Sie die Maustaste halten.

Das Stern-Werkzeug

1. Wählen Sie das Stern-Werkzeug.

2. Zeichnen Sie einen Stern. Wie Sie sehen, werden genau wie beim Polygon-Werkzeug die Figuren vom Zentrum aus gezeichnet. Sie können den Stern beim Zeichnen auch drehen.

   Wenn im Dokument nicht mehr genug Platz für weitere Objekte ist, können Sie die älteren Objekte löschen.

3. Klicken Sie mit aktiviertem Stern-Werkzeug irgendwo in die Zeichenfläche, darauf wird das Dialogfenster, Abbildung rechts, angezeigt.

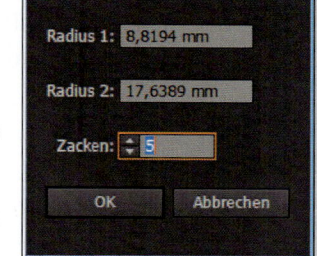

Radius 1 gibt den Abstand von der Mitte des Sterns zu einem inneren Eckpunkt an.

Radius 2 gibt den Abstand von der Mitte des Sterns zu einem äußeren Eckpunkt an.

4. Zeichnen Sie einen Stern genau wie in der Abbildung mit dem **Radius 1**: 60 mm und **Radius 2**: 20 mm sowie 9 Zacken.

5. Verkleinern Sie **Radius 2** auf 10 mm, darauf nimmt der Stern die Form wie im Beispiel rechts an.

Genau wie beim Polygon-Werkzeug können Sie auch hier die Anzahl der Zacken mithilfe der **Pfeil nach oben**- bzw. **Pfeil nach unten**-Tasten auf der Tastatur ändern, während Sie den Stern zeichnen (bevor Sie die Maustaste loslassen). Sobald Sie die Auswahl der Figur aufgehoben haben, ist es nicht länger möglich, die Anzahl der Zacken zu ändern.

Liniensegmente

Mithilfe des **Liniensegment-Werkzeugs** zeichnen Sie gerade, geschwungene oder spiralförmige Linien. Die beiden letzten Werkzeuge in dieser Gruppe werden zum Erstellen von Rastern verwendet. Mit dem einen wird ein rechtwinkliges Raster erstellt, mit dem anderen ein radiales. Mehr dazu erfahren Sie im Kapitel 6.

Gerade Linien

Das Werkzeug zum Zeichnen gerader Linien ist in der Gruppe **Liniensegment** angeordnet.

1. Wählen Sie das Liniensegment-Werkzeug im Werkzeugbedienfeld.

2. Zeichnen Sie einige Linien, um sich mit dem Werkzeug vertraut zu machen.

3. Wenn Sie gerade Linien in einem Winkel von 45° zeichnen möchten, halten Sie beim Zeichnen die **Umschalt-Taste**. Versuchen Sie es!

Durch Anklicken der Zeichenfläche mit aktiviertem Liniensegment-Werkzeug öffnet sich folgender Dialog. Hier können Sie direkt Länge und Winkel der neuen Linie festlegen.

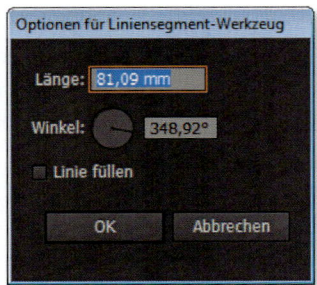

4. Löschen Sie sämtliche Figuren, indem Sie **Auswahl**, **Alles auswählen** wählen und anschließend die **Entf-Taste** betätigen.

Das Bogen-Werkzeug

Dieses Werkzeug ist im selben Bedienfeld angeordnet wie das Liniensegment-Werkzeug. Sie können es zum Zeichnen eines Bogens oder eines Bogensegments verwenden.

1. Wählen Sie das Bogen-Werkzeug.

2. Zeichnen Sie einige unterschiedliche Bögen.

3. Achten Sie darauf, dass die Bögen unterschiedliche Formen annehmen, je nachdem, wie weit Sie ziehen.

4. Klicken Sie mit aktiviertem Bogen-Werkzeug irgendwo in die Zeichenfläche, darauf öffnet sich der Dialog, der oben auf der nächsten Seite abgebildet ist.

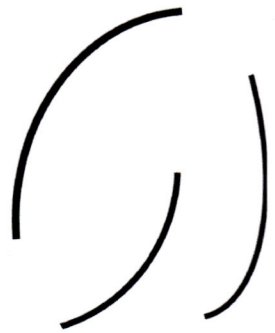

5. In diesem Dialogfenster legen Sie fest, welcher Endpunkt des Bogens fest sein soll, indem Sie einen Ankerpunkt angeben. Wenn Sie den Ankerpunkt verändern möchten, klicken Sie auf eins der leeren Quadrate. Sie legen zudem die Länge der x- bzw. der y-Achse fest.

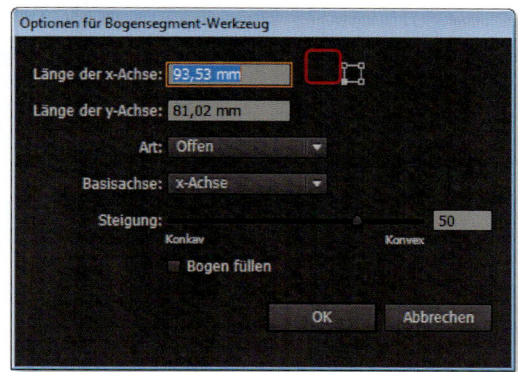

Offen neben der Option **Art** bedeutet, dass der Bogen offen bleibt. **Geschlossen,** dass die Figur geschlossen wird.

Unter Basisachse legen Sie fest, ob die x- oder y-Achse als Basisachse dienen soll.

Mit dem Schieber **Konkav** oder **Konvex** legen Sie die Neigung der Kurve in Grad im Verhältnis zu der gewählten Achse (x- oder y-Achse) im Feld oben fest. Sie können den Wert entweder im Feld **Steigung** angeben oder den Schieber bewegen.

Wenn Ihr Bogen so aussieht wie in der nachfolgenden Abbildung, hat die Figur eine Füllung. Mehr Information hierzu finden Sie im Kapitel Konturen und Flächen.

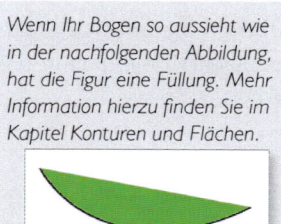

6. Klicken Sie auf **Abbrechen**, um das Dialogfenster zu schließen, ohne Einstellungen vorzunehmen.

Das Spirale-Werkzeug

1. Wählen Sie das Spirale-Werkzeug.

2. Zeichnen Sie eine Spirale. Achten Sie darauf, dass das Werkzeug vom Zentrum aus beginnt. Sie können die Spirale während des Zeichnens drehen.

3. Klicken Sie mit aktiviertem Spirale-Werkzeug irgendwo in den Arbeitsbereich.

Darauf öffnet sich der rechts abgebildete Dialog, in dem Sie den **Radius** einstellen können, d. h. den Abstand vom Zentrum der Spirale bis zum äußeren Endpunkt. Mit **Verjüngung** legen Sie fest, um wie viel sich die Spirale im Verhältnis zur vorhergehenden Rundung verkleinern soll, d. h. wie schnell die Spirale enger wird.

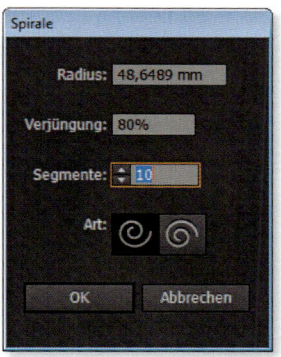

4 Objekte und Konturen zeichnen

Unter **Segment** geben Sie die Anzahl der Segmente an. Unter **Art** legen Sie fest, ob die Spirale sich im oder gegen den Uhrzeigersinn drehen soll.

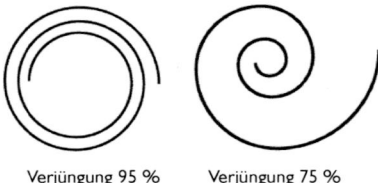

Verjüngung 95 %   Verjüngung 75 %

4. Schließen Sie das Dialogfenster. Schließen Sie das Dokument, ohne es zu speichern.

Übungsaufgaben

Figuren zeichnen

Arbeiten Sie mit den Figurenwerkzeugen, um die nachfolgenden Figuren zu zeichnen. Achten Sie darauf, dass die Stärke der Konturen in ein und der selben Figur variiert.

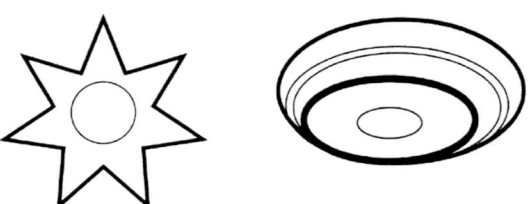

Arbeiten mit dem Spirale-Werkzeug

Versuchen Sie, unterschiedliche Spiralen zu kombinieren, so dass das Ergebnis den beiden abgebildeten Figuren ähnelt. Die Figur rechts besteht aus insgesamt sechs Spiralen.

5 Objekte auswählen

Die Auswahl-Werkzeuge

Um ein Objekt oder einen Pfad in Illustrator ändern zu können, muss dieses/dieser erst ausgewählt werden. Es stehen drei verschiedene Auswahl-Werkzeuge zur Verfügung. Zum einen die herkömmlichen *Auswahl-Werkzeuge* in Form eines schwarzen bzw. weißen Pfeils. Der erste weiße Pfeil ist das *Direktauswahl-Werkzeug*, der zweite weiße Pfeil, der mit einem Pluszeichen gekennzeichnet ist, wird *Gruppenauswahl-Werkzeug* genannt.

Das Auswahl-Werkzeug, der schwarze Pfeil

Dieses Auswahl-Werkzeug wird zum Markieren des gesamten Objekts verwendet. Wenn Sie ein Objekt mit dem Auswahl-Werkzeug anklicken, wird es von einem Begrenzungsrahmen umgeben. Gleichzeitig werden alle so genannten *Ankerpunkte* auf der Kontur des Objekts blau markiert. Wenn ein Ankerpunkt blau gefüllt ist, bedeutet dies, dass er markiert ist.

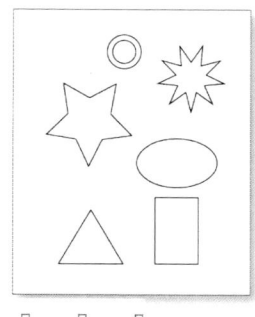

1. Erstellen Sie ein neues, leeres Dokument.
2. Zeichnen Sie unterschiedliche Figuren auf den Arbeitsbereich, ungefähr so wie in der Abbildung rechts.
3. Wählen Sie das Auswahl-Werkzeug (schwarzer Pfeil).
4. Klicken Sie auf die Kontur des Dreiecks.

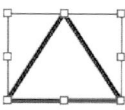

Darauf wird das Objekt von einem Begrenzungsrahmen in Form eines Rechtecks mit acht Griffpunkten, d. h. leeren Quadraten umgeben. (Wenn nicht, wählen Sie **Ansicht, Begrenzungsrahmen einblenden**.)

In Zusammenhang damit, dass Sie ein Objekt oder einen Punkt auswählen, werden die Werkzeuge zum Bearbeiten von

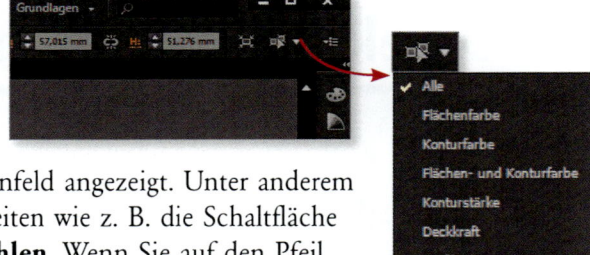

Pfaden im Steuerungsbedienfeld angezeigt. Unter anderem mehrere Auswahlmöglichkeiten wie z. B. die Schaltfläche **Ähnliche Objekte auswählen**. Wenn Sie auf den Pfeil neben der Schaltfläche klicken, öffnet sich ein Menü, in dem Sie unterschiedliche Auswahlkriterien zum Auswählen eines Objekts festlegen können.

5. Stellen Sie den Cursor auf eine Seite des Dreiecks und klicken Sie, um es zu verschieben. Der Cursor wird nun als Pfeilspitze angezeigt. Klicken & ziehen Sie, um das Dreieck in den großen Kreis zu ziehen. Sie können Objekte nur dann über Klicken & Ziehen verschieben, wenn der Cursor als Pfeilspitze angezeigt wird.

6. Wenn Sie den Cursor auf einen der Griffpunkte stellen, wird ein Pfeil mit zwei Spitzen angezeigt. Durch Klicken & Ziehen mit diesem Pfeil können Sie die Größe des Dreiecks verändern. Verringern Sie die Breite des Dreiecks.

7. Um ein Dreieck zu skalieren, d. h. es ohne Veränderung der Proportionen zu verkleinern oder zu vergrößern, ziehen Sie an einem Eckpunkt und halten die **Umschalt-Taste**. Machen Sie das Dreieck etwas kleiner.

Wenn Sie das Auswahl-Werkzeug etwas außerhalb eines Eckpunktes platzieren, verwandelt sich der Cursor in einen gebogenen Doppelpfeil. Sobald dieser Pfeil angezeigt wird, können Sie ein Objekt drehen.

8. Drehen Sie das Dreieck so, dass es auf einer Spitze steht. Platzieren Sie das Dreieck im Inneren einer anderen Figur auf der Zeichenfläche. Wir haben es im Inneren einer Ellipse platziert.

Wenn Sie mehrere Objekte gleichzeitig verschieben möchten, müssen Sie die entsprechenden Objekte auswählen.

9. Sie können das Dreieck und die Ellipse gleichzeitig verschieben. Markieren Sie das Dreieck, indem Sie es anklicken. Halten Sie die **Umschalt-Taste** und klicken Sie auf die Ellipse.

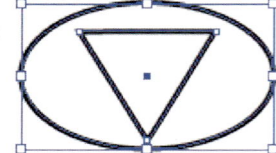

Jetzt sind beide Objekte markiert, d. h. Sie fügen Objekte zu Ihrer Auswahl hinzu, indem Sie die **Umschalt-Taste** halten und die Objekte anklicken.

10. Sie entfernen die Auswahl, indem Sie außerhalb der Ellipse klicken.

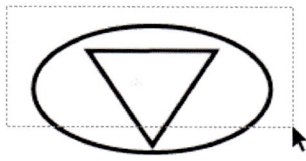

Dicht nebeneinander liegende Objekte können Sie gleichzeitig markieren, indem Sie das Auswahl-Werkzeug mit gehaltener Maustaste über die jeweiligen Objekte führen. Wenn Sie mit dem Auswahl-Werkzeug über die Ellipse und das Dreieck ziehen, wird ein durchbrochener Begrenzungsrahmen angezeigt. Wenn Sie die Maustaste loslassen, sind beide Objekte, die mit dem Rahmen in Kontakt waren, markiert.

Wenn Sie möchten, dass sämtliche Objekte außer einem ausgewählt werden, halten Sie die **Umschalt-Taste** und klicken auf das Objekt, bei dem Sie die Auswahl aufheben möchten. Das heißt, Sie verwenden die **Umschalt-Taste** sowohl zum Hinzufügen zu als auch zum Entfernen eines Objekts aus einer Auswahl.

11. Markieren Sie alle Objekte mithilfe von **Auswahl, Alle**. Klicken Sie anschließend mit gehaltener **Umschalt-Taste** auf ein Objekt. Das Objekt ist jetzt nicht länger markiert. Wenn Sie das ausgewählte Objekt verschieben, dürfen sich die nicht ausgewählten Objekte nicht mit bewegen.

Dass das Auswahl-Werkzeug zum Auswählen ganzer Objekte verwendet wird, wird am deutlichsten, wenn Sie auf die Kontur des Sterns klicken. Sämtliche Ankerpunkte der Kontur des Sterns sind jetzt blau, d. h. alle Ankerpunkte wurden markiert.

Wählen Sie **Ansicht, Begrenzungsrahmen ausblenden**, wenn Sie nicht möchten, dass der Rahmen, der ein ausgewähltes Objekt umgibt, angezeigt werden soll.

Direktauswahl-Werkzeug

Das Direktauswahl-Werkzeug, der weiße Pfeil, wird im Gegensatz zum Auswahl-Werkzeug, das zum Markieren ganzer Objekte verwendet wird, zur Auswahl einzelner Ankerpunkte und Teile eines Objektes eingesetzt. Wenn Sie mit dem Direktauswahl-Werkzeug auf einen markierten Ankerpunkt klicken und ziehen, können Sie die Form des Objekts verändern, ohne dass die anderen, nicht markierten Ankerpunkte davon beeinflusst werden.

Auswählen einzelner Ankerpunkte

1. Entfernen Sie alle Objekte, die Sie in der vorherigen Übung gezeichnet haben (**Auswahl**, **alle** und betätigen Sie die **entf-Taste**).
2. Zeichnen Sie ein Rechteck. Diese Figur wird automatisch markiert.
3. Wählen Sie das Direktauswahl-Werkzeug, den weißen Pfeil.
4. Heben Sie die Auswahl des Rechtecks auf, indem Sie mit dem Direktauswahl-Werkzeug außerhalb des Rechtecks klicken.

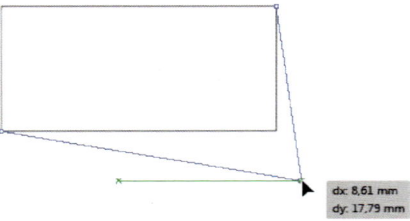

5. Stellen Sie den Pfeil genau auf die rechte untere Ecke des Rechtecks und klicken Sie.

Darauf wird der Ankerpunkt markiert.

6. Zeigen Sie mit dem Direktauswahl-Werkzeug auf den gewählten Ankerpunkt. Klicken und ziehen Sie. Hierdurch verschieben Sie diesen Punkt sowie die beiden Linien, die mit dem Punkt verbunden sind.

Wenn Sie den Cursor stattdessen mitten auf eine Linie stellen und ziehen, verschieben Sie die gesamte Linie. Um eine Linie gerade nach unten zu ziehen, halten Sie beim Ziehen die **Umschalt-Taste**, ansonsten kann es passieren, dass Sie schief ziehen.

- Wenn Sie auf einen Ankerpunkt klicken und anschließend die **Umschalt-Taste** halten, können Sie weitere Ankerpunkte auswählen.
- Durch Ziehen an einem der markierten Ankerpunkte können Sie das Aussehen des Rechtecks komplett verändern.

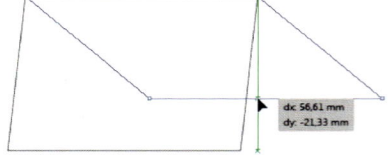

Aussehen des Direktauswahl-Werkzeugs

Das Direktauswahl-Werkzeug hat bisweilen in der rechten unteren Ecke ein kleines Quadrat. Dieses Quadrat kann gefüllt oder leer sein, je nachdem, wo es sich befindet.

Wenn der Auswahlpfeil über einer nicht markierten Linie (Pfad) steht, wird ein gefülltes Quadrat angezeigt.

Wenn der Auswahlpfeil auf einem Ankerpunkt steht, wird ein leeres Quadrat mit einem Punkt in der Mitte angezeigt.

In Illustrator können Sie einzelne Ankerpunkte einfach markieren, auch auf einem nicht ausgewählten Pfad. Wenn das Direktauswahl-Werkzeug über einen Ankerpunkt auf einem nicht ausgewählten (unsichtbaren) Pfad geführt wird, werden die Ankerpunkte als größere Quadrate angezeigt.

In dieser Übung sollen Sie versuchen, mit Ankerpunkten zu arbeiten, indem Sie die Ärmel eines Pullovers verkürzen und anschließend den Kragen verlängern.

1. Öffnen Sie die Übungsdatei **Rollkragenpulli** (über **Datei**, **Öffnen**).

2. Wählen Sie das Direktauswahl-Werkzeug.

3. Führen Sie die Maus über die Kontur des Pullovers ohne zu klicken. Jetzt wird das gefüllte kleine Quadrat neben dem Pfeil angezeigt, siehe Abbildung ganz oben rechts.

Wenn Sie jetzt mit der Maus auf den Pullover klicken, wird der gesamte Pfad mit seinen nicht ausgewählten Ankerpunkten angezeigt, siehe Abbildung rechts.

Wenn das Direktauswahl-Werkzeug auf einen Ankerpunkt auf der Konturlinie trifft, verwandelt sich das gefüllte Quadrat am Auswahlpfeil (weiß) in ein leeres.

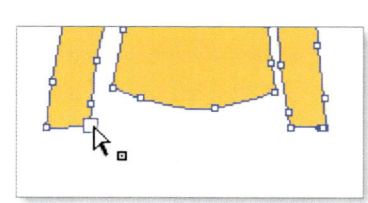

Außerdem können Sie sehen, dass Illustrator einen nicht ausgewählten Ankerpunkt als größeres Quadrat anzeigt, siehe Abbildung rechts.

4. Klicken Sie, wenn ein Ankerpunkt als leeres, größeres Quadrat angezeigt wird.

Es werden alle Ankerpunkte angezeigt, aber nur der Ankerpunkt, den Sie angeklickt haben, ist ausgewählt. Sie können die gewünschten Ankerpunkte auswählen, indem Sie diese nacheinander mit gehaltener **Umschalt-Taste** anklicken. Sie können auch das Direktauswahl-Werkzeug verwenden, indem Sie dieses über den Bereich ziehen, dessen Ankerpunkte Sie auswählen möchten. Ein Tipp, der die Arbeit mit den Ankerpunkten erleichtert, ist, eine Vergrößerung zu wählen, in der die Ankerpunkte deutlich zu sehen sind und nicht zu dicht nebeneinander liegen.

5 Objekte auswählen

5. Führen Sie das Direktauswahl-Werkzeug über die Ankerpunkte der Ärmel, wählen Sie nacheinander die Ankerpunkte mit gehaltener **Umschalt-Taste** aus. Stellen Sie sicher, dass Sie nicht versehentlich andere Ankerpunkte markieren.

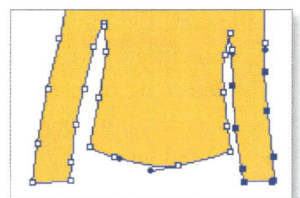

6. Löschen Sie die markierten Ankerpunkte (betätigen Sie die **entf-Taste**), klicken Sie neben die Punkte, um die Auswahl aufzuheben. Das Ergebnis ist in der Abbildung rechts zu sehen.

7. Setzen Sie die Länge der Ärmel zurück, indem Sie den letzten Schritt mithilfe des Tastaturbefehls **Strg** + **Z** rückgängig machen.

8. Markieren Sie vier Ankerpunkte im Halsausschnitt des Rollkragens, siehe Abbildung unten.

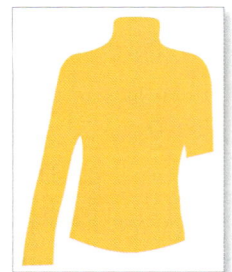

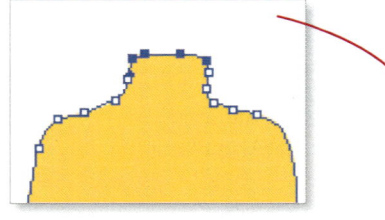

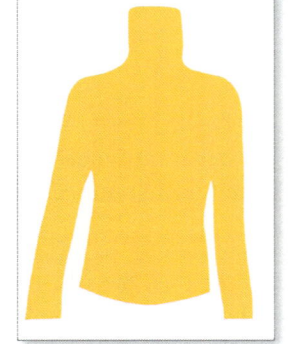

9. Verwenden Sie das Direktauswahl-Werkzeug, um einen der ausgewählten Ankerpunkte zu markieren und ziehen Sie diesen nach oben. Darauf folgen sämtliche markierten Ankerpunkte mit und der Rollkragen wird länger.

10. Speichern und schließen Sie das Dokument.

Gruppenauswahl-Werkzeug

Das Direktauswahl-Werkzeug mit einem Pluszeichen wird *Gruppenauswahl-Werkzeug* genannt. Mit diesem Werkzeug wählen Sie Objekte innerhalb einer Gruppe aus. Mit jedem Klick wird eine neue Gruppe ausgewählt. Um die Funktion dieses Werkzeugs zu verdeutlichen, müssen Sie zunächst eine Gruppe erstellen.

Objekte gruppieren

1. Öffnen Sie ein neues, leeres Dokument.

2. Füllen Sie den oberen Bereich mit Sternen und Quadraten, ordnen Sie die Objekte nebeneinander an, siehe Abbildung rechts. (Arbeiten Sie mit den Funktionen **Kopieren**, **Einfügen**.)

Bei dieser Aufgabe sollen Sie alle Sterne gleich weit nach rechts verschieben. Gehen Sie hierzu wie folgt vor: Sie können natürlich jeden Stern einzeln verschieben, aber das dauert und wird vermutlich nicht ganz exakt. Sie können die Sterne (mit gehaltener **Umschalt-Taste**) nacheinander anklicken,

Sie können mithilfe der Funktionstaste F3 kopieren und mit F4 einfügen.

um sie zu markieren, damit sie gleichzeitig verschoben werden können. Hierzu können Sie sowohl das Auswahl- als auch das Direktauswahl-Werkzeug verwenden. Beginnen Sie damit, aus den ausgewählten Sternen eine Gruppe zu bilden.

3. Markieren Sie alle Sterne mit dem Auswahl-Werkzeug. Gruppieren Sie die Sterne über **Objekt** und **Gruppieren** (oder rechten Mausklick und **Gruppieren** wählen). Jetzt sind alle Sterne zu einem einzigen Objekt gruppiert.

4. Machen Sie die Auswahl rückgängig, indem Sie neben die Gruppe klicken.

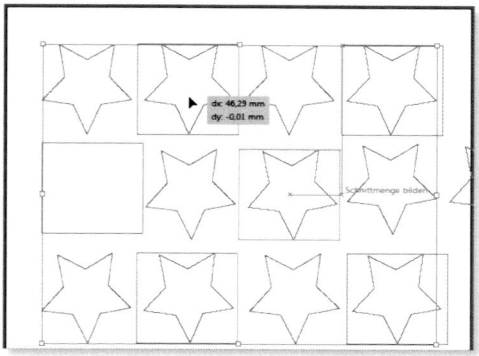

5. Klicken Sie auf einen der Sterne mit dem Auswahl-Werkzeug, daraufhin werden sämtliche Sterne markiert.

6. Verschieben Sie die Sterne so, dass sie im Inneren der Quadrate liegen (einige liegen außerhalb der Zeichenfläche).

Gruppierung aufheben

Wenn Sie eine Gruppe in ihre Bestandteile aufteilen möchten, markieren Sie die Gruppe mit dem Auswahl-Werkzeug und wählen **Objekt**, **Gruppierung aufheben**. Führen Sie diesen Schritt jedoch nicht an der Gruppe aus, die Sie gerade erstellt haben!

Arbeiten mit dem Gruppenauswahl-Werkzeug

Jetzt können Sie sehen, wie das Gruppenauswahl-Werkzeug funktioniert.

1. Stellen Sie sicher, dass nichts markiert ist. Wählen Sie das Gruppenauswahl-Werkzeug, den weißen Plus-Pfeil, und klicken Sie auf einen der Sterne. Jetzt wird nur dieser eine Stern ausgewählt, obwohl er zu einer Gruppe gehört. Durch Wechseln zum Auswahl-Werkzeug können Sie den ausgewählten Stern verschieben, ohne dass sich dies auf die anderen Sterne auswirkt.

Doppelklicken Sie auf einen Stern mit dem Gruppenauswahl-Werkzeug, werden sämtliche Sterne der Gruppe ausgewählt. Wenn Sie drei Mal auf einen Stern klicken, wird die nächste Gruppe markiert unter der Voraussetzung, dass Sie in der Gruppe eine Untergruppe erstellt haben (was bislang noch nicht der Fall ist). Hierzu gehen Sie wie folgt vor:

2. Heben Sie sämtliche Markierungen auf. Wählen Sie das Auswahl-Werkzeug und klicken Sie auf einen Stern. Jetzt werden alle Sterne ausgewählt.
3. Halten Sie die **Umschalt-Taste** und klicken Sie auf sämtliche Quadrate, um diese ebenfalls auszuwählen. Wählen Sie anschließend **Objekt**, **Gruppieren** und heben Sie die Auswahl auf.
4. Wählen Sie das Gruppenauswahl-Werkzeug und klicken Sie auf einen Stern; jetzt wird nur dieser ausgewählt. Klicken Sie noch einmal auf denselben Stern, jetzt wurden alle Sterne ausgewählt.
5. Klicken Sie ein drittes Mal auf denselben Stern, jetzt werden auch alle Quadrate ausgewählt. Machen Sie die Auswahl sämtlicher Gruppen rückgängig.

Isolationsmodus

Eine weitere Möglichkeit, abgesehen vom Gruppenauswahl-Werkzeug, mit einzelnen Objekten einer Gruppe zu arbeiten, ist die Verwendung des *Isolationsmodus* in Illustrator. Sie aktivieren den Isolationsmodus, indem Sie mit dem Auswahl-Werkzeug auf ein Objekt in einer ausgewählten Gruppe klicken. Im Isolationsmodus können Sie frei mit einzelnen Objekten einer Gruppe arbeiten, ohne dass sich dies auf die restlichen Objekte der Gruppe auswirkt.

1. Markieren Sie mit dem Gruppenauswahl-Werkzeug die Gruppe mit den Sternen. Wechseln Sie zum Auswahl-Werkzeug und klicken Sie auf einen der Sterne.

Dass Sie sich jetzt im Isolationsmodus befinden, erkennen Sie daran, dass die Objekte außerhalb des Isolationsmodus ausgegraut sind und ein grauer Streifen unter dem Dokumentenregister erscheint.

5 Objekte auswählen

2. Versuchen Sie jetzt, die Sterne zu verschieben. Verlassen Sie den Isolationsmodus, indem Sie außerhalb des Arbeitsbereichs doppelklicken oder indem Sie auf den nach links weisenden Pfeil **Eine Ebene zurück** (auf der Leiste unter dem Steuerungsbedienfeld) klicken und auf diese Weise zur Arbeitsfläche zurückkehren.

3. Schließen und speichern Sie das Dokument.

Auswahl mit dem Lasso-Werkzeug

Arbeiten Sie mit dem Lasso-Werkzeug, um komplette Pfade oder Objekte zu markieren, indem Sie das Werkzeug um die Bereiche herumführen, die Sie auswählen möchten. Dieses Werkzeug ist äußerst praktisch!

1. Öffnen Sie die Datei **Skotte.**
2. Wählen Sie das Werkzeug **Lasso** und ziehen Sie eine Auswahl um den Hundekopf. Siehe Abb. 1.
3. Darauf werden nur die Ankerpunkte markiert, die innerhalb des Bereichs liegen, den Sie mit dem Lasso-Werkzeug ausgewählt haben. Siehe Abb. 2.
4. Heben Sie die Auswahl des Hundes auf. Ziehen Sie mit dem Lasso-Werkzeug eine Auswahl um den Schwanz des Hundes.
5. Betätigen Sie die **entf-Taste**, um den Schwanz zu coupieren, siehe Abb. 3.

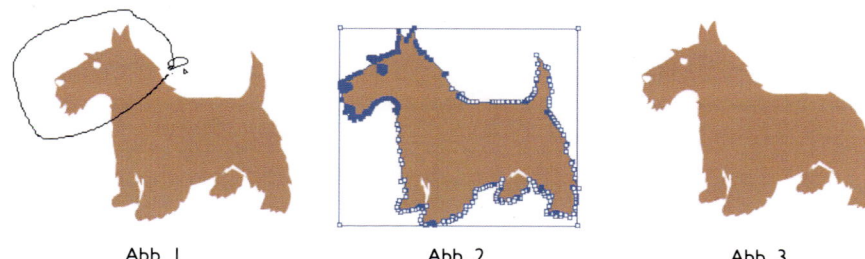

Abb. 1   Abb. 2   Abb. 3

6. Speichern und schließen Sie das Dokument.

Auswahl mit dem Zauberstab

Mit dem **Zauberstab-Werkzeug** markieren Sie Objekte mit gleicher Farbe, Konturstärke, Transparenz oder identischem Mischmodus.

1. Öffnen Sie die Datei **Chesire-Katze.** Wählen Sie den Zauberstab und klicken Sie auf die unterschiedlichen Farbbereiche, mit denen die Katze umgeben ist und löschen Sie diese. (Betätigen Sie die **entf-Taste**.)

Die Farbbereiche, die zur Katze gehören, sollen nicht gelöscht werden. Wenn Teile/Charakteristika der Katze ausgewählt werden, wenn Sie mit dem Zauberstab arbeiten, müssen Sie zum Lasso- oder zum Auswahl-Werkzeug wechseln.

> Hinweis! Es ist nicht möglich, den halben Schirm zu entfernen, egal, welches Auswahl-Werkzeug Sie verwenden. Dieser Teil des Schirms liegt nämlich auf einer gesperrten Ebene. Mehr zum Thema Ebenen erfahren Sie weiter hinten im Buch.

2. Schließen und speichern Sie das Dokument.

Einstellungen für den Zauberstab

Der Zauberstab kann auf unterschiedliche Empfindlichkeit eingestellt werden, je nachdem, ob Sie Farbtöne oder Konturen auswählen möchten. Wenn Sie mit Photoshop gearbeitet haben, sind Sie mit diesen Funktionen vertraut.

1. Öffnen Sie das Zauberstab-Bedienfeld über **Fenster**, **Zauberstab**. (Sie können das Bedienfeld auch durch Doppelklicken auf den Zauberstab im Werkzeugbedienfeld aufrufen.)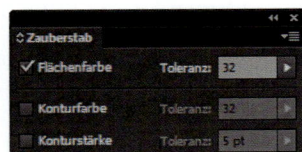

2. Öffnen Sie ein neues, leeres Dokument.

3. Stellen Sie die Kontur- und Flächenfarben entsprechend der Voreinstellung ein, siehe Abbildung rechts. Die Flächenfarbe wird weiß und die Farbe der Kontur schwarz. Klicken Sie hier, um sich die voreingestellten Farben anzeigen zu lassen!

4. Zeichnen Sie vier Ovale, siehe Abbildung rechts.

5. Geben Sie zwei der Figuren eine Konturstärke von 4 Punkt und lassen Sie die Konturenbreite bei den anderen beiden auf 2 Punkt stehen. (Arbeiten Sie mit dem Steuerungsbedienfeld oder dem **Konturbedienfeld**.)

6. Jetzt sollen Sie alle Objekte markieren, die dieselbe Konturfarbe haben. Hierzu darf nur **Konturfarbe** im Bedienfeld gewählt sein, siehe unten.

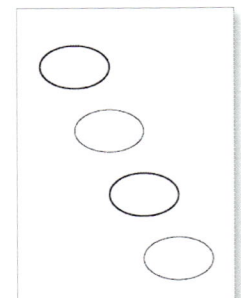

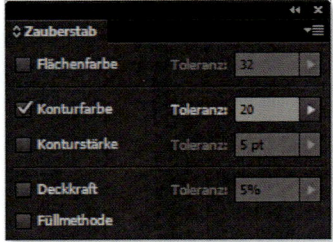

Toleranz bedeutet, dass bei einem niedrigen Wert nur Farbtöne ausgewählt werden, die nahe an dem Farbton liegen, den Sie mit dem Zauberstab angeklickt haben. Beim höchsten Wert 100 werden alle Farbtöne ausgewählt.

7. Klicken Sie eine der Konturen der Figuren mit dem Zauberstab an. Darauf werden sämtliche Konturen ausgewählt, da alle schwarz sind. Machen Sie die Auswahl rückgängig, indem Sie neben die Figuren klicken.

8. Wählen Sie jetzt **Konturstärke** im Zauberstabbedienfeld, siehe rechts. (**Konturfarbe** darf nicht markiert sein, da Sie nur mit der Konturstärke bearbeiten möchten.) Geben Sie neben **Toleranz** den Wert 0 an.

9. Klicken Sie auf die Kontur der Figur. Jetzt werden nur die Figuren markiert, die dieselbe Konturstärke haben.

10. Markieren Sie jetzt die Alternative **Flächenfarbe** im Bedienfeld, siehe Bildbeispiel rechts.

11. Da Sie mit der Flächenfarbe arbeiten möchten, muss das entsprechende Quadrat oben liegen. Ansonsten wirkt sich die Farbe auf die Kontur aus. (Klicken Sie auf das Flächenquadrat, das darauf oben liegt.)

12. Klicken Sie eine der Figuren mit dem Zauberstab an. Es werden sämtliche Figuren ausgewählt.

Wenn diese Alternative nicht funktioniert, ist die Option **Objektauswahl nur durch Pfad** im Voreinstellungsfeld **Bearbeiten**, **Voreinstellungen**, **Auswahl und Ankerpunkt-Anzeige** markiert. Sie können die Einstellung entweder dort ändern, oder auch indem Sie auf die Kontur eines Objekts klicken.

13. Wählen Sie **Fenster**, **Farbfelder**. Klicken Sie auf eine beliebige Farbe in dem Bedienfeld, das darauf geöffnet wird. Die Flächenfarbe, die Sie wählen, wird für alle Objekte verwendet, während die Konturenfarbe Schwarz bleibt.

Ganz unten im **Zauberstabbedienfeld** sind weitere Optionen angeordnet, mit denen das Werkzeug angepasst werden kann, **Deckkraft** und **Füllmethode**. Wenn Sie wollen, können Sie diese Funktionen gerne ausprobieren.

14. Schließen Sie das Dokument, ohne es zu speichern.

Begrenzungsrahmen

Wie Sie wissen, wird ein ausgewähltes Objekt, das mit dem Auswahl-Werkzeug markiert wurde, von einem Rahmen umgeben, wenn die Standardoption **Ansicht**, **Begrenzungsrahmen einblenden** gewählt wurde.

- Sie **verschieben** das Objekt, indem Sie das Werkzeug über das Objekt führen (der Cursor wird zu einer Pfeilspitze).

- Sie **ändern die Größe** eines Objekts, indem Sie eines der Quadrate im Markierungsrahmen anklicken und ziehen. Um ein Objekt zu **skalieren** (die Größe zu verändern, ohne dass die Proportionen beeinflusst werden), klicken Sie in einen Eckpunkt und ziehen mit gehaltener **Umschalt-Taste.**

- Um ein Objekt zu **drehen**, stellen Sie den Cursor in die Nähe eines Quadrats. Darauf nimmt der Cursor die Form eines gebogenen Doppelpfeils an und Sie können das Objekt drehen, indem Sie es anklicken und ziehen.

Objekt verschieben.   Objekt drehen.   Objekt in der Größe verändern.

- Um ein Objekt zu **kopieren** (duplizieren), wählen Sie das Objekt aus. Wenn die Pfeilspitze angezeigt wird, halten Sie die **Alt-Taste** und ziehen eine Kopie des Objekts an einen neuen Platz.

Auswahl über die Menüzeile

Mithilfe des Menüs, das über **Auswahl** in der Menüzeile angezeigt wird, können Sie, wie Sie bereits wissen, alle Objekte in einem Dokument auswählen.
Mit **Auswahl umkehren** können Sie sämtliche Objekte außer den ausgewählten markieren.

Manchmal liegen Objekte übereinander, in diesem Fall kann es schwierig sein, das richtige Objekt auszuwählen. Die Befehle **Nächstes Objekt darüber** und **Nächstes Objekt darunter** vereinfachen das Auswählen bestimmter Objekte.

Mithilfe von **Auswahl**, **Gleich** können Sie Objekte auswählen, die die gleiche **Füllmethode**, **Fläche und Kontur** und so weiter haben. Dies vereinfacht das Arbeiten erheblich, wenn Sie z. B. sämtliche Objekte mit derselben Konturfarbe auswählen möchten.

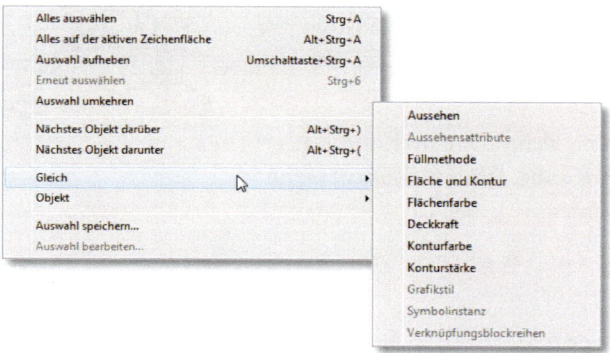

Über **Auswahl** und **Objekt** können Sie verschiedene gemeinsame Nenner markieren, z. B. **Alles auf denselben Ebenen** usw.

Es stehen Ihnen also zahlreiche Alternativen zur Verfügung, mit denen Sie sich das gleichzeitige Auswählen von mehreren, unterschiedlichen Objekten vereinfachen können.

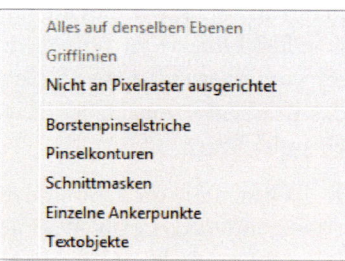

Jetzt folgt eine Übung, mit der Sie das Auswählen von Objekten über die Menüzeile üben können.

1. Öffnen Sie die Übungsdatei **1926**. Es ist ein Bild eines Eishockeyspielers, siehe rechts.

2. Stellen Sie sicher, dass das Optionsfeld **Objektauswahl nur durch Pfad** unter **Bearbeiten**, **Voreinstellungen**, **Auswahl und Ankerpunkt-Anzeige** nicht markiert ist, da sonst alle Pfade ausgewählt werden, obwohl Sie eigentlich Flächen auswählen möchten.

3. Wählen Sie das Direktauswahl-Werkzeug (weißer Pfeil), und klicken Sie auf einen der Handschuhe des Spielers.

4. Wählen Sie **Auswahl**, **Gleich**, **Flächenfarbe**. Darauf werden alle Objekte ausgewählt, die die gleiche Flächenfarbe haben, d. h. sowohl Handschuhe als auch Strümpfe.

5 Objekte auswählen

5. Betätigen Sie die **entf-Taste,** um die Farbe zu entfernen.
6. Entfernen Sie die kleinen Punkte im Umfeld des Spielers mithilfe von **Auswahl**, **Gleich**, **Aussehen**.
7. Entfernen Sie auf die gleiche Art sämtliche Kleider (Farben) des Eishockeyspielers, jedoch nicht die Hosen, siehe Beispiel.
8. Was passiert und warum, wenn Sie eine Kontur auswählen und danach **Auswahl**, **Gleich**, **Konturfarbe** oder **Konturstärke** wählen?
9. Schließen Sie das Bild, ohne es zu speichern.

Markierungen verbergen

Bisweilen, besonders bei komplexen Zeichnungen, kann es schwierig sein, genau den Pfad auszuwählen, den man verändern möchte. Hier ist es hilfreich, ausgewählte Objekte zu verbergen. Sie sind nicht verschwunden, werden aber nicht angezeigt, was z. B. das Bearbeiten von Pfaden vereinfacht, die übereinander liegen.

Abb. 1

1. Öffnen Sie die Übungsdatei **Maus** und klicken Sie diese mit dem Auswahl-Werkzeug an. Wie Sie sehen, enthält das Bild eine Menge Ankerpunkte und somit Pfade, was bei Clipart-Bildern häufig vorkommt. Das Auswählen eines bestimmten Ankerpunkts oder Pfades ist somit nicht leicht.
2. Wählen Sie **Ansicht**, **Pfadansicht**. Sämtliche Farben werden verborgen, nur Pfade und Ankerpunkte sind sichtbar, siehe Abbildung 2.
3. Schließen Sie **Maus** und öffnen Sie die Übungsdatei **Wespe**.

Abb. 2

4. Wählen Sie die Wespe mit dem Auswahl-Werkzeug (schwarzer Pfeil) aus und wählen Sie **Ansicht**, **Pfadansicht**.
5. Mit dem Direktauswahl-Werkzeug (weißer Pfeil) wählen Sie beide Flügel aus (halten Sie die **Umschalt-Taste**, um mehrere Objekte zu markieren) und wählen Sie **Objekt**, **Ausblenden**, **Auswahl**.

6. Vermutlich bleiben einige der Pfade der Flügel sichtbar. Markieren Sie diese und blenden Sie Auswahl aus. Jetzt hat die Wespe keine Flügel mehr, siehe nachfolgendes Beispiel.

7. Wählen Sie **Ansicht**, **Vorschau** (es ist nicht erforderlich, die Wespe vorher auszuwählen) und die Wespe wird erneut farbig aber ohne Flügel angezeigt.

Um die verborgenen Teile (Markierungen) wieder anzuzeigen, wählen Sie **Objekt**, **Alles einblenden**.

8. Setzen Sie das Bild über **Objekt**, **Alles einblenden** in seinen ursprünglichen Zustand zurück.

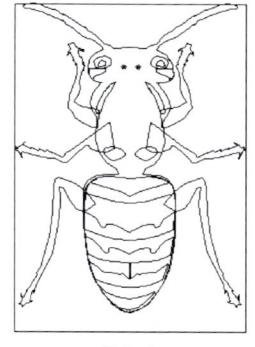
Abb. 1

Abb. 2

Flächenfarbe ändern

Um die Farbe eines Details zu ändern, muss dieses mit dem Direktauswahl-Werkzeug (weißer Pfeil) ausgewählt werden.

1. Klicken Sie mit dem Direktauswahl-Werkzeug auf den orange-gelben Bereich im hinteren Teil des Wespenkörpers.

2. Öffnen Sie das **Bedienfeld Farbe**, klicken Sie auf den Körper der Wespe und wählen Sie einen roten Farbton. Als Letztes machen Sie die Flügel der Wespe blau, siehe Beispiel links.

3. Schließen Sie das Bild, ohne es zu speichern.

Auswahl sperren

Um zu vermeiden, dass Pfade und Objekte versehentlich verschoben werden, wenn Sie mit einer komplexen Zeichnung arbeiten, können Sie Objekte und Pfade sperren. Gesperrte Objekte können weder ausgewählt, verschoben oder bearbeitet werden, ohne dass vorher die Sperre aufgehoben wird.

Sie sperren ausgewählte Objekte über **Objekt**, **Sperren**, **Auswahl** (Tastaturbefehl **Strg-Taste + 2**).

5 Objekte auswählen

Leider ist es nicht möglich, gesperrte Objekte einzeln zu entsperren, sondern es werden immer alle Objekte entsperrt. Zum Entsperren von Objekten wählen Sie **Objekt**, **Alle entsperren**.

1. Öffnen Sie die Übungsdatei **Wespe** erneut. Klicken Sie auf einen der Fühler, um diesen mit dem Gruppenauswahl-Werkzeug auszuwählen. Jetzt werden sowohl Fühler als auch der Körper markiert. Sperren Sie die Auswahl über **Objekt**, **Sperren**, **Auswahl**.

    Tipp! Über Datei, Letzte Dateien öffnen gelangen Sie direkt zu der Datei, mit der Sie zuvor gearbeitet haben.

2. Versuchen Sie, die Ankerpunkte in einem der Fühler mit einem der Auswahl-Werkzeuge zu markieren. Wie Sie merken, ist dies nicht möglich.

Wenn Sie die gesamte Wespe mit dem Auswahl-Werkzeug markieren, können Sie gesperrte und nicht gesperrte Objekte gemeinsam verschieben.

3. Schließen und speichern Sie das Dokument.

Auswahl speichern

Eine Auswahl kann gespeichert werden, dies ist praktisch, wenn man die Auswahl mehrfach verwenden muss. Sie speichern die Auswahl über **Auswahl**, **Auswahl speichern**.

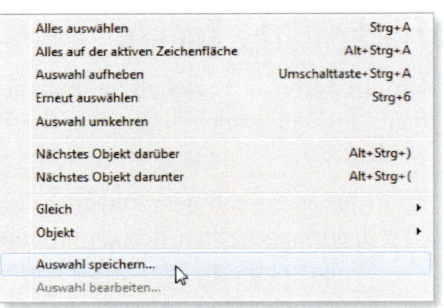

Geben Sie der Auswahl einen Namen, der Aufschluss darüber gibt, was die Auswahl enthält. Die Auswahl wird mit dem Bild gespeichert und kann somit zu einem späteren Zeitpunkt verwendet werden. Die Funktion Gespeicherte Auswahl wird von älteren Illustrator-Versionen nicht unterstützt.

Da die Auswahl mit dem Bild gespeichert wird, ist es wichtig, dass Sie auch das Bild speichern, nachdem Sie die Auswahl gespeichert haben. Ihre gespeicherte Auswahl wird im Menü **Auswahl** abgelegt.

Um mit der gespeicherten Auswahl arbeiten zu können, wählen Sie also **Auswahl** und den Namen der gespeicherten Auswahl ganz unten im Menü, siehe Beispiel rechts. Wenn Sie eine Auswahl gespeichert haben, können Sie diese auch im Nachhinein über **Auswahl**, **Auswahl bearbeiten** verändern.

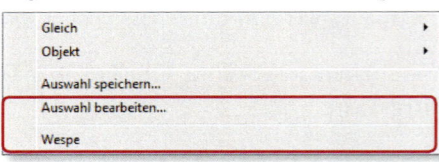

64

Übungsaufgaben

Verwenden Sie für sämtliche Aufgaben die Übungsdatei **Grüner Piepmatz**.

Objekte drehen

Achten Sie darauf, dass alle Pfade vor dem Drehen ausgewählt sind.

Konturen erstellen

Wissen Sie noch, wie man ausschließlich Konturen erstellt?

Flächenfarbe ändern

Arbeiten Sie mit dem Direktauswahl-Werkzeug und ändern Sie die Flächenfarbe von Schnabel und Auge.

Verlängern Sie die Beine

Verlängern Sie die Beine, indem Sie zuerst einzelne Ankerpunkte mit dem Direktauswahl-Werkzeug markieren und anschließend ziehen.

6 Hilfslinien und Raster

Lineale

Mithilfe der Lineale können Sie Objekte genau platzieren und in eine Bild- oder Zeichenfläche einmessen. Der Punkt, an dem die 0 eingezeichnet ist, wird als Nullpunkt des Lineals bezeichnet. In Illustrator können Sie wählen, ob das Lineal für die gesamte Arbeitsfläche angezeigt werden soll (d. h. ein Lineal für alle Zeichenflächen, ein so genanntes *globales Lineal*) oder für jede Zeichenfläche. Sie können aber auch jeweils nur eine der Einstellungen wählen.

Mit Linealen arbeiten

Globale Lineale, die für den gesamten Arbeitsbereich gelten (alle Zeichenflächen), werden ganz oben und links neben dem Arbeitsbereich angezeigt. Der Standardnullpunkt des globalen Lineals ist die linke, obere Ecke der ersten (oder einzigen) Zeichenfläche. Lineale für Zeichenflächen werden auch entlang des oberen und unteren Randes angezeigt. Der Standardnullpunkt liegt in der oberen linken Ecke der Zeichenflächen. Der Unterschied zwischen den Linealen für Zeichenflächen und den globalen Linealen besteht darin, dass sich der Nullpunkt ändert, je nachdem, mit welcher Zeichenfläche Sie arbeiten, bzw. welche Zeichenfläche Sie aktiviert haben. Außerdem werden unterschiedliche Nullpunkte für die Zeichenflächenlineale angezeigt, wenn mehrere Zeichenflächen geöffnet sind.

Wenn Sie Lineale anzeigen (oder verbergen) möchten, wählen Sie **Ansicht, Lineale, Lineale einblenden** (oder **Lineale ausblenden**). Wenn Sie zwischen Zeichenflächen- und den globalen Linealen wechseln möchten, klicken Sie auf **Ansicht, Lineale, In globale Lineale ändern** (oder **In Zeichenflächenlineale ändern**). Die Zeichenflächenlineale werden als Standard angezeigt, daher wählen Sie die Alternative **In globale Lineale ändern** im Untermenü **Lineale**.

Nullpunkt verschieben und zurücksetzen

Um den Nullpunkt zu ändern, stellen Sie den Cursor auf die obere linke Ecke, in der sich die Lineale kreuzen und ziehen anschließend den Cursor an den Platz, an dem der neue Nullpunkt liegen soll. Während Sie ziehen, zeigt ein Fadenkreuz im Fenster und auf den Linealen an, wie sich der Nullpunkt ändert.

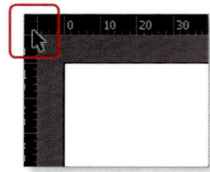

Wenn Sie den Standardnullpunkt zurücksetzen möchten, doppelklicken Sie auf die Ecke ganz oben links, in der sich die Lineale kreuzen.

1. Erstellen Sie ein neues Dokument mit vier Zeichenflächen und testen Sie die unterschiedlichen Linealeinstellungen, um sich mit dem Prinzip vertraut zu machen. Verschieben Sie den Nullpunkt der einzelnen Zeichenflächen.
2. Schließen Sie das Dokument, ohne es zu speichern.

Hilfslinien

Hilfslinien sind einzelne, horizontale/vertikale Linien, die Sie von den Linealen aus ziehen. Achten Sie daher darauf, dass die Lineale im Dokument immer sichtbar sind. Die Hilfslinien können zur Erleichterung beim Montieren verwendet werden und sind auf dem Ausdruck unsichtbar. Wenn Sie die Hilfslinien nicht länger benötigen, können Sie diese mithilfe des Auswahl-Werkzeugs wieder zurück zum Lineal ziehen. Wenn sich die Hilfslinie nicht verschieben lässt, ist sie vermutlich gesperrt; in diesem Fall müssen Sie die Option **Hilfslinien sperren** im Menü **Ansicht** deaktivieren.

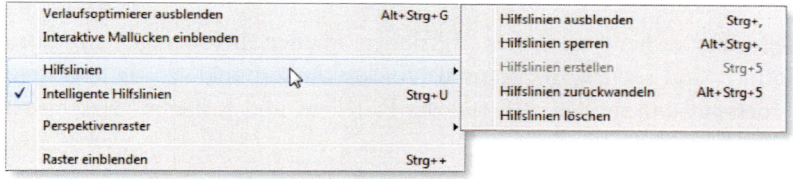

Hilfslinien über das Menü Ansicht bearbeiten

In dem Menü gibt es auch die Möglichkeit, Hilfslinien zu verbergen und Hilfslinien z. B. um ein ausgewähltes Objekt zu legen. Um Hilfslinien zu entfernen, die Sie mit der Option **Hilfslinien erstellen** gezogen haben, müssen Sie **Hilfslinien zurückwandeln** wählen.

Um die Hilfslinien im Dokument zu entfernen, wählen Sie **Hilfslinien löschen**. Durch den Befehl **Hilfslinien löschen** werden sämtliche Hilfslinien aus dem Dokument entfernt, auch die gesperrten.

Die Hilfslinien werden als Standard als blaue, durchgezogene Linien angezeigt. Wenn Sie die Farbe oder die Form der Linie ändern möchten, stellen Sie dies über **Bearbeiten**, **Voreinstellungen**, **Hilfslinien und Raster** ein. Wählen Sie die Farbe im Kontextmenü oder doppelklicken Sie auf das Farbfeld und wählen Sie über den Farbwähler eine neue Farbe.

Ganz unten im Dialog können Sie **Raster im Hintergrund** markieren, hierdurch liegen die Hilfslinien im Dokument hinter dem Objekt.

Im Dialog stellen Sie auch die Farbe und die Unterteilung der Raster ein.

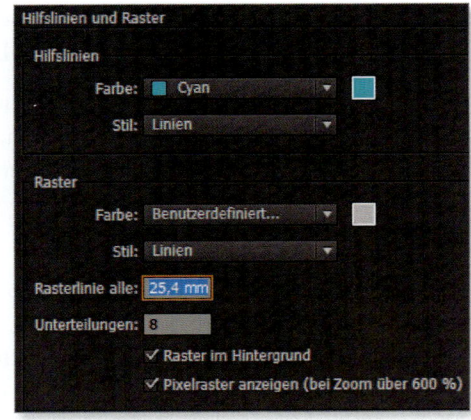

Intelligente Hilfslinien

Ihnen sind sicher schon die grünen Linien aufgefallen, die erscheinen, wenn Sie Objekte erstellen oder verschieben. Sie werden intelligente Hilfslinien genannt. Wenn Sie z. B. mit dem Zeichenstift arbeiten, helfen ihnen die Hilfslinien dabei, die Ankerpunkte im Verhältnis zu anderen Objekten korrekt zu platzieren. Und wenn Sie ein Objekt verschieben, erleichtern Ihnen die intelligenten Hilfslinien das Justieren eines Objekts im Verhältnis zu einem bereits ausgewählten Punkt.

Im Gegensatz zu herkömmlichen Hilfslinien arbeiten die intelligenten Hilfslinien also intuitiv und suchen automatisch Objekte, Ankerpunkte sowie überlappende Hilfslinien auf und werden während des Erstellens und Justierens verschiedener Objekte angezeigt.

Da wir in Kapitel 3 die Einstellung für die Hilfslinien ausführlich besprochen haben, behandeln wir nun nur die Einstellungen, die Sie für die Übungen in diesem Kapitel aktivieren sollen.

Einstellungen für intelligente Hilfslinien

1. Wählen Sie **Bearbeiten**, **Voreinstellungen**, **Intelligente Hilfslinien**, um den Dialog zum Einstellen der intelligenten Hilfslinien zu öffnen.

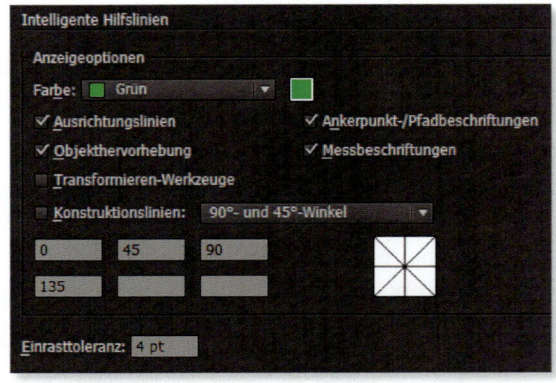

Neben **Einrasttoleranz** wird die Anzahl der Punkte angegeben, die der Cursor von einem anderen Objekt entfernt sein muss, damit die intelligenten Hilfslinien eingeblendet werden.

2. Stellen Sie sicher, dass die Funktion aktiviert ist, indem Sie kontrollieren, ob das Optionsfeld **Ausrichtungslinien** markiert ist.

3. Markieren Sie auch die Optionsfelder **Konstruktionslinien** und **Messbeschriftungen**, falls diese noch nicht aktiviert sind, und klicken Sie auf **OK**.

Arbeiten mit intelligenten Hilfslinien

1. Erstellen Sie ein neues, leeres Dokument.

2. Zeichnen Sie eine Ellipse mit den Abmessungen 90 × 50 mm und ein Rechteck mit den gleichen Abmessungen.

3. Markieren Sie eines der Objekte und führen Sie den Cursor über den Mittelpunkt um zu sehen, wie die Funktionen wie **Ankerpunkt-/Pfadbeschriftungen** und **Messbeschriftungen** funktionieren.

4. Verschieben und drehen Sie eines der Objekte und beobachten Sie, wie die Hilfslinien Ihnen das Verschieben in unterschiedlichen Winkeln erleichtern. Um Objekte zu drehen, müssen Sie das Auswahl-Werkzeug aktivieren.

5. Wenn Sie das Objekt über ein anderes ziehen, werden beide Mittelpunkte angezeigt und Sie können die Objekte auf einfache Art genau übereinander platzieren. Siehe die nachfolgende Abbildung rechts.

6. Schließen Sie das Dokument, ohne es zu speichern.

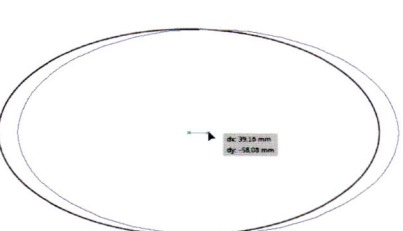

Wenn im Menü Ansicht Pixel gewählt ist, werden die intelligenten Hilfslinien nicht angezeigt. Dies gilt auch, wenn die Alternative Intelligente Hilfslinien im Menü Ansicht markiert ist.

Raster

Ein Raster ist eine gute Hilfe, wenn Sie mehrere Objekte ausrichten und montieren möchten. Sie öffnen das Raster über **Ansicht**, **Raster einblenden** oder indem Sie mit einem rechten Mausklick das Kontextmenü aufrufen und **Raster einblenden** wählen. Die Farbe der Linien und die Größe der Unterteilungen legen Sie über **Voreinstellungen**, **Raster und Hilfslinien** fest.

6 Hilfslinien und Raster

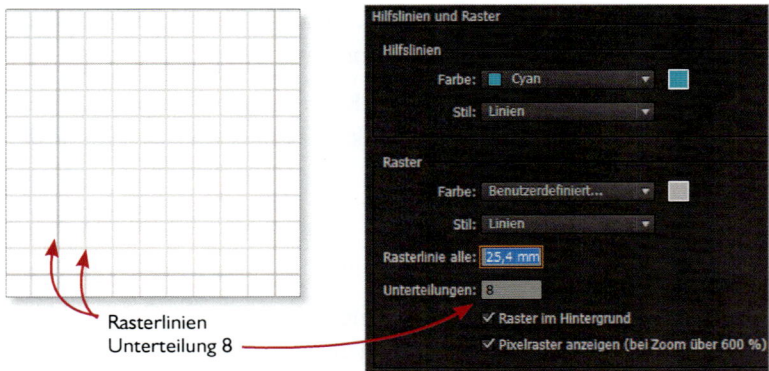

Rasterlinien
Unterteilung 8

Die stärkeren Linien, zwischen denen die Unterteilung des Rasters erfolgt, werden *Rasterlinien* genannt. Beachten Sie, dass bei einem engen Raster und geringer Vergrößerung nicht alle Felder angezeigt werden.

Um sich das Montieren von Objekten noch weiter zu erleichtern, aktivieren Sie den Befehl **Ansicht**, **Am Raster ausrichten**. Hierdurch wird ein Objekt immer zur nächst gelegenen Linie gezogen. Es ist also nicht möglich, ein Objekt zwischen zwei Linien zu platzieren.

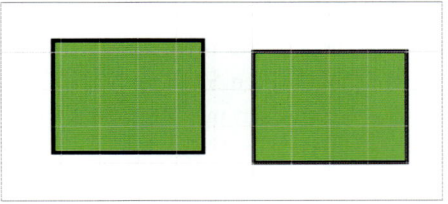

In der Abbildung links ist die Option Am Raster ausrichten nicht aktiviert, im Gegensatz zur Figur in der Abbildung rechts.

Beachten Sie, dass dieser Befehl bei bereits gezeichneten Objekten erst dann funktioniert, wenn Sie diese verschieben.

Werkzeuge zum Handhaben von Rastern

In Illustrator stehen Ihnen zwei Werkzeuge zum Arbeiten mit Rastern zur Verfügung, die in derselben Gruppe wie das **Liniensegment-**, **Bogen-** und **Spirale-Werkzeug** angeordnet sind. Mit diesen Werkzeugen können Sie selbst ein Raster z. B. über ein bestimmtes Objekt legen.

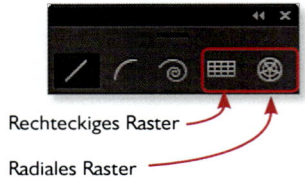

Rechteckiges Raster
Radiales Raster

Rechteckige Raster

1. Öffnen Sie ein neues, leeres Dokument.
2. Wählen Sie das **Rechteckiges-Raster-Werkzeug** und klicken Sie auf die leere Zeichenfläche im Dokument.

Darauf erscheint folgender Dialog, siehe Abbildung rechts.

Neben **Breite** und **Höhe** geben Sie die Abmessungen ein, die das Raster haben soll, wenn Sie auf **OK** klicken. Das gefüllte Quadrat neben **Breite** gibt an, von welchem Punkt die Maßangaben ausgehen.

Mit **Horizontale** oder **Vertikale Unterteilungen** legen Sie fest, aus wie vielen waagrechten und senkrechten Unterteilungen das Raster bestehen soll. Mit **Asymmetrie** haben Sie die Möglichkeit, die Linien nach rechts bzw. links zu verschieben.

3. Stellen Sie sicher, dass alle Werte im Dialog denen im Beispiel oben entsprechen. Klicken Sie auf **OK**.

4. Wenn Sie Konturfarbe gewählt haben, wird darauf das rechts abgebildete Raster angezeigt.

5. Löschen Sie das Raster.

6. Zeichnen Sie mithilfe von Klicken und Ziehen ein neues Raster.

Mit dieser Funktion können Sie festlegen, wie groß das Raster werden soll. Halten Sie beim Zeichnen die **Umschalt-Taste** damit sich die Proportionen nicht verändern.

7. Löschen Sie das Raster. Doppelklicken Sie auf das Werkzeug und stellen Sie **Asymmetrie** wie in der Abbildung zu sehen ein.

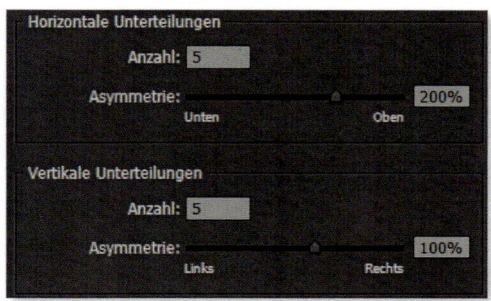

8. Zeichnen Sie ein neues Raster. Das Ergebnis wird nachfolgend angezeigt.

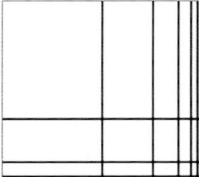

Die Linien verschieben sich proportional nach unten und rechts, was in manchen Situationen praktisch sein kann.

9. Löschen Sie das rechteckige Raster und wählen Sie das **Radiales-Raster-Werkzeug**.

Durch einen Doppelklick auf das Werkzeug wird ein ähnlicher Dialog wie für das Rechteckiges-Raster-Werkzeug angezeigt.

10. Halten Sie die **Umschalt-Taste** und ziehen Sie mit dem Werkzeug einen Kreis auf.

Dieses Raster ist besonders praktisch, wen Sie schnell konzentrische Kreise zeichnen oder Objekte symmetrisch auf der Kontur eines Kreises/Ovals platzieren möchten, siehe Abbildung rechts.

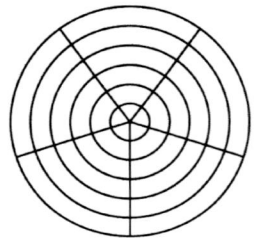

11. Schließen Sie das Dokument, ohne es zu speichern.

Perspektivenraster

Mit dem Werkzeug **Perspektivenraster** können Sie ein Raster aktivieren, das Ihnen das Zeichnen perspektivischer Objekte erleichtert. Sie arbeiten mit dem Perspektivenraster, um Formen und Motive in einer exakten Ein-, Zwei-, oder Dreipunktperspektive zu zeichnen. Mit dem Werkzeug **Raster einblenden** können Sie Objekte verschieben, skalieren, duplizieren und transformieren. Außerdem können Sie Objekte rechtwinklig zur aktuellen Platzierung verschieben, was z. B. das Zeichnen von Gebäuden mit Schildern erleichtert.

Um ein Perspektivenraster zu erstellen, arbeiten Sie mit dem Werkzeug gleichen Namens.

6 Hilfslinien und Raster

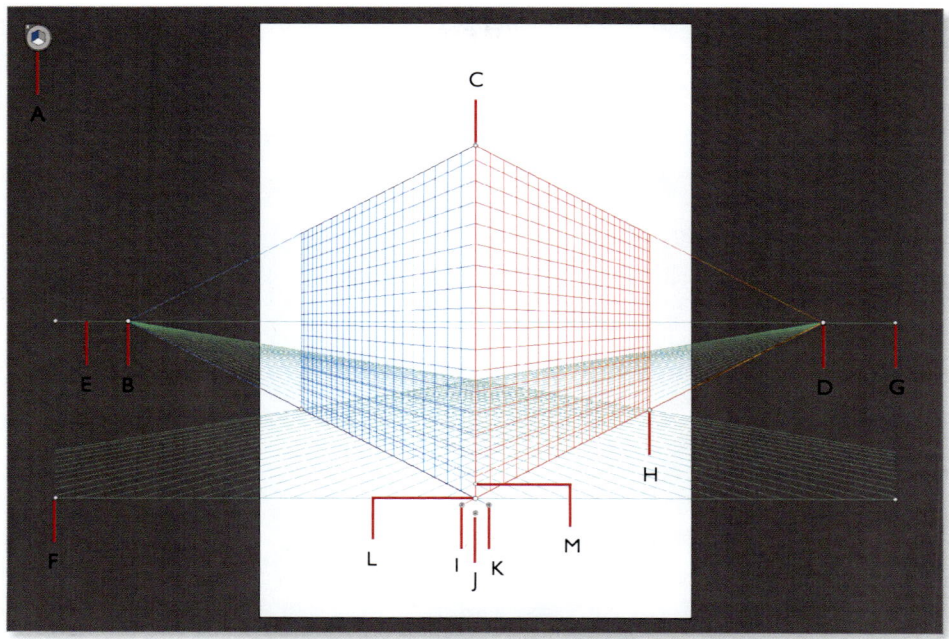

A. Widget zum Wechseln der Ebene B. Linker Grenzpunkt C. Senkrechter Umfang des Rasters D. Rechter Grenzpunkt E. Horizontlinie F Grundebene (Der Abstand zwischen Grundebene und Horizontlinie wird Horizonthöhe genannt.) G. Horizontebene H. Umfang des Rasters I. Schaltfläche für rechte Rasterebene J. Schaltfläche für waagrechte Rasterebene K. Schaltfläche für linke Rasterebene L. Nullpunkt M. Abmessung der Rasterunterteilung

Wenn Sie im Menü **Ansicht Perspektivenraster** wählen, stehen Ihnen einige Alternativen zur Verfügung, wie bzw. ob das Raster angezeigt werden soll.

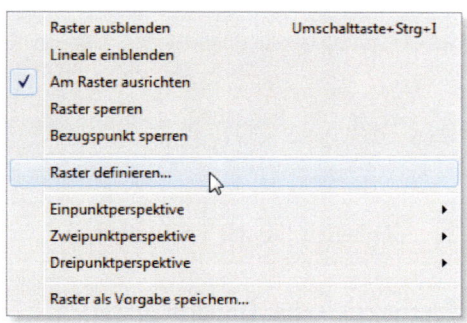

1. Öffnen Sie ein neues, leeres Dokument.
2. Wählen Sie **Ansicht, Perspektivenraster, Raster definieren**.

Darauf wird ein Dialog eingeblendet, in dem Sie das Aussehen des Perspektivenrasters festlegen können. Sie können unter anderem die Rasterunterteilung sowie die Farben für die verschiedenen Ebenen ändern und angeben, wo die Horizontlinie liegen soll.

Sie können eine Reihe von Voreinstellungen vornehmen, die Sie unter verschiedenen Bezeichnungen speichern können. Diese Funktionen und weitere sind im Feld **Vorg.** angeordnet.

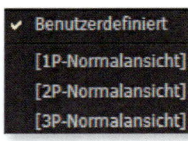

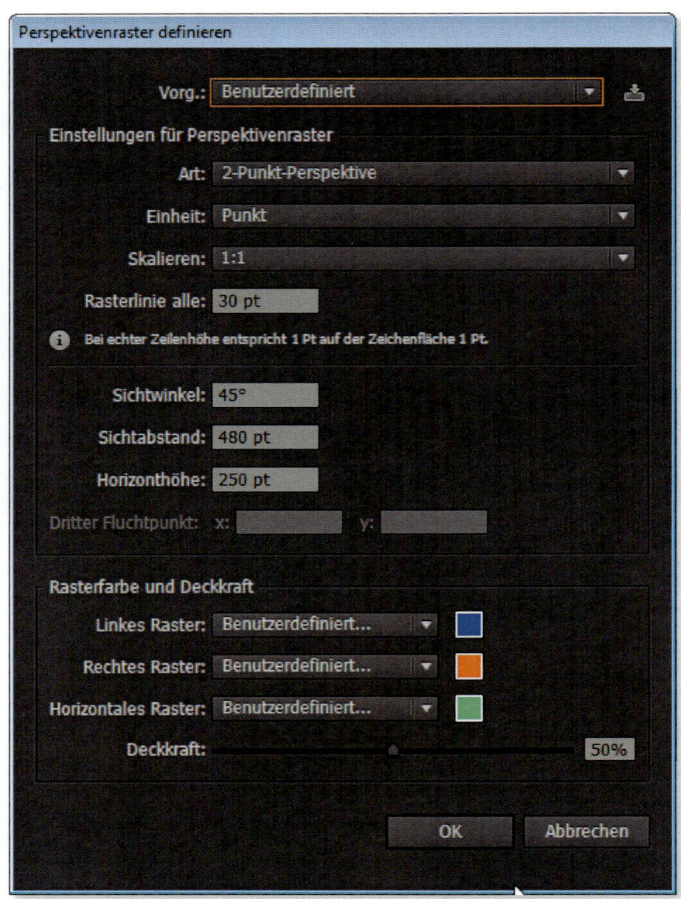

3. Schließen Sie das Dialogfeld, indem Sie auf **OK** klicken.

Perspektivische Objekte erstellen

Jetzt sollen Sie versuchen, mit dem Perspektivenwerkzeug zu arbeiten, indem Sie eine ganz einfache, dreidimensionale Form, d. h. einen Hauskörper mit Fußboden, erstellen.

1. Öffnen Sie ein neues Dokument und aktivieren Sie das Perspektivenraster. Stellen Sie sicher, dass die linke Ebene aktiviert ist (dies wird durch das blaue Feld im Widget angezeigt, das links oberhalb des Rasters angeordnet ist). Sollte die Ebene nicht aktiviert sein, klicken Sie das Widget an.

6 Hilfslinien und Raster

2. Wählen Sie das Rechteck-Werkzeug und zeichnen Sie ein Rechteck. Wie Sie sehen, wird es am blauen Raster ausgerichtet, siehe Abbildung unten links.

3. Wechseln Sie auf **Perspektivenauswahl-Werkzeug** und verschieben Sie das Rechteck mithilfe der Pfeiltasten, so dass die rechte Kante in Linie mit der „Ecke" zwischen den Ebenen liegt, siehe Abbildung unten rechts.
(Außerdem erscheint ein Pfeil am Cursor, der nach links zeigt symbol)
Alternativ können Sie auch mit dem Werkzeug ziehen. Versuchen Sie es!

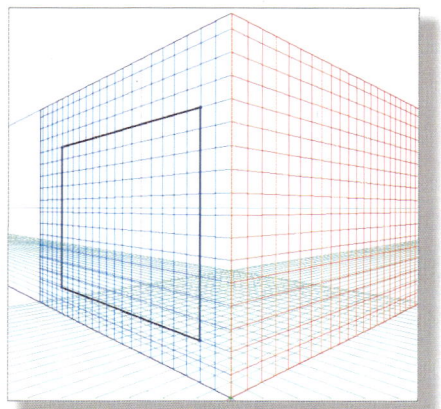
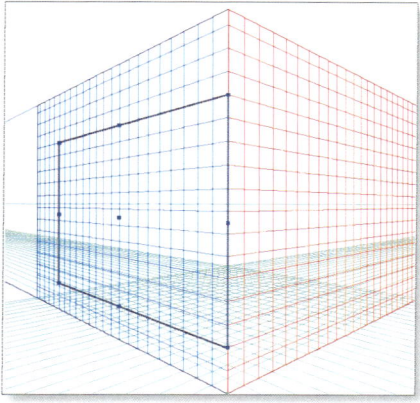

4. Markieren Sie die rechte Ebene im Widget (der Pfeil am Cursor zeigt jetzt nach rechts) und zeichnen Sie auch auf dieser Ebene ein Rechteck ein.

5. Platzieren Sie es Kante an Kante mit dem ersten Rechteck.

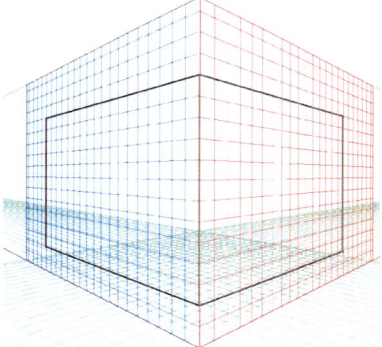

6. Aktivieren Sie die horizontale Ebene.

7. Zeichnen Sie dort den „Fußboden" ein.

8. Aktivieren Sie die rechte Ebene (in unserem Beispiel mit orangefarbenem Raster).

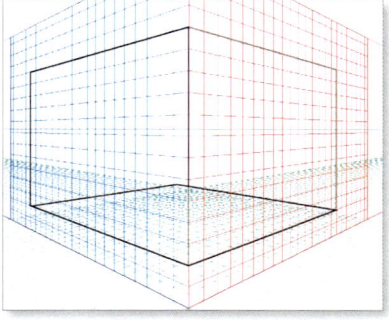

6 Hilfslinien und Raster

9. Halten Sie mit aktiviertem **Perspektivenauswahl-Werkzeug** die **Alt-Taste** und ziehen Sie das Rechteck mit Ziehen und Klicken zu sich hin. Lassen Sie die Maustaste los, wenn Sie das Rechteck ungefähr so platziert haben, wie in der Abbildung unten.

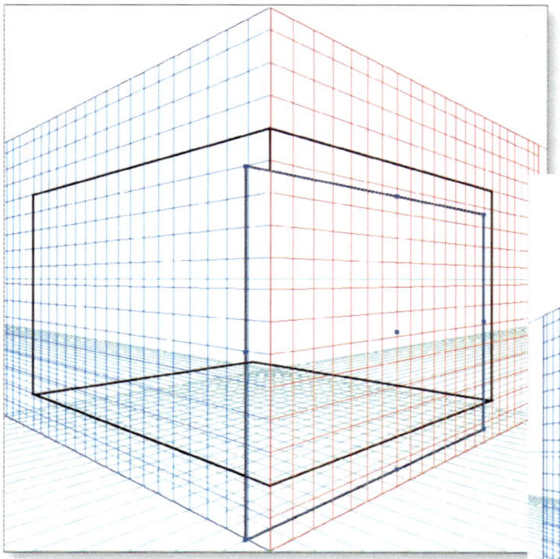

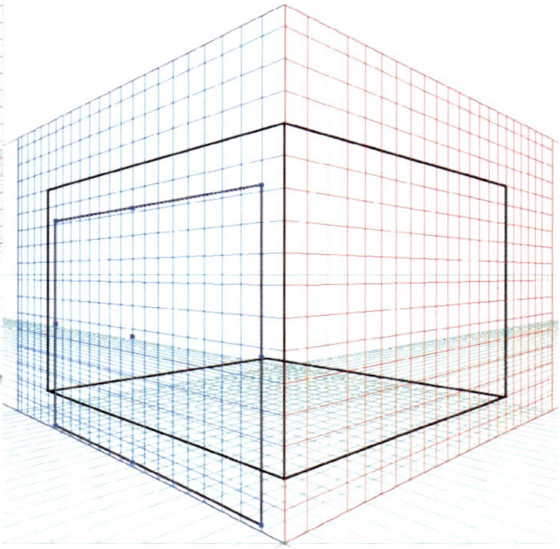

Jetzt haben Sie eine Kopie erstellt. Als Nächstes sollen Sie die Kopie in den Fensterausschnitt der ersten Wand kopieren. Arbeiten Sie mit den Tastaturbefehlen, um die Ebenen zu wechseln. 1 für die linke, 2 für die horizontale, 3 für die rechte und 4, wenn kein Raster angezeigt werden soll.

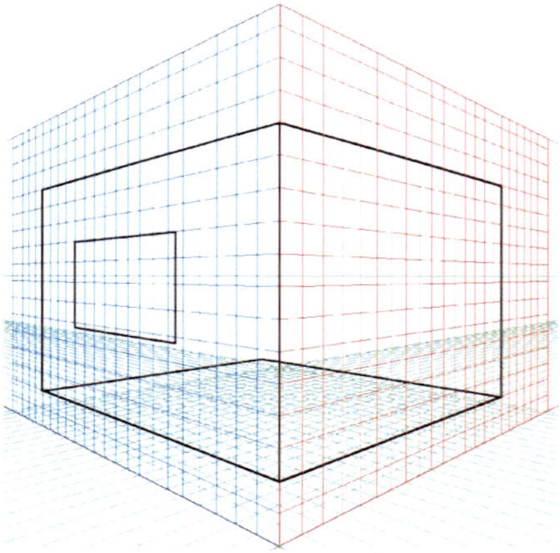

10. Stellen Sie sicher, dass das Rechteck markiert ist. Halten Sie die Zifferntaste **1**, klicken Sie auf das Rechteck und platzieren es auf der linken Wand.

11. Die Größe des Rechtecks können Sie durch Ziehen an den Ankerpunkten verändern. Platzieren Sie das „Fenster" ungefähr so wie in der Abbildung rechts zu sehen. Wenn das Fenster eine bestimmte Größe haben soll, können Sie diese mithilfe der Maßangaben im Steuerungsbedienfeld einstellen.

Sie können sämtliche Ebenen deaktivieren, indem Sie, wie in der Abbildung rechts zu sehen, außerhalb der betreffenden Ebene ins Widget klicken.

Um das Raster zu verbergen, klicken Sie auf das kleine Kreuz im Widget, siehe Abbildung rechts.

12. Lassen Sie sich Ihre Zeichnung ohne Raster anzeigen, indem Sie auf das Kreuz im Widget klicken.

Jetzt haben Sie einen einfachen Hauskörper gezeichnet und können nun das Arbeiten mit Perspektiven üben. Da die Perspektivenwerkzeuge vielseitig einsetzbar sind, lohnt es sich, wenn Sie sich mit den Funktionen und der Arbeitsweise vertraut machen.

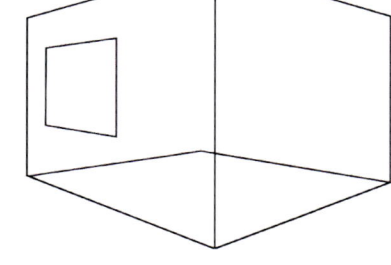

13. Schließen Sie das Dokument, ohne zu speichern.

Übungsaufgaben

Radiale Raster erstellen

Verwenden Sie das **Radiales-Raster-Werkzeug**, um eine Zielscheibe zu zeichnen, siehe Abbildung rechts.

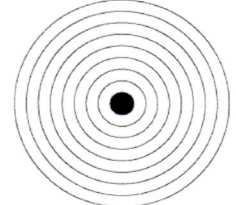

Eine Schachtel mit Sternenmuster zeichnen

Wählen Sie das **Perspektivenraster** und zeichnen Sie die Seiten und den „Deckel" der Schachtel, siehe **Abbildung 1** unten, und dekorieren Sie diese anschließend mit unterschiedlichen Formen. Wechseln Sie zwischen rechtem und linken Raster.

Eine Gruppe zentrierter, übereinander liegender perspektivischer Formen erstellen

Arbeiten Sie mit der einen Ebene des Perspektivenrasters. Erinnern Sie sich, wie man vom Mittelpunkt aus Kreise zeichnet?

Versuchen Sie, die Formen und deren Platzierungen wie in **Abbildung 2** nachzuzeichnen.

Abbildung 1. Sternenschachtel

Abbildung 2. Zentrierte Formen, perspektivisch

7 Konturen und Flächen

Kontur und Fläche im Werkzeugbedienfeld

Die Symbole für *Fläche* bzw. *Kontur* sind ganz unten im Werkzeugbedienfeld angeordnet. Es kann jeweils nur eine der Funktionen aktiv sein. Die aktive Funktion liegt im Werkzeugbedienfeld immer im Vordergrund.

Fläche   Kontur

Um zwischen Kontur und Fläche zu wechseln, klicken Sie entweder auf den gebogenen Pfeil oder direkt auf das Symbol, zu dem Sie wechseln möchten. Alternativ können Sie zum Wechseln zwischen Kontur und Fläche auch den Tastaturbefehl **Umschalt**-Taste + **X** verwenden.

Im Beispiel rechts ist die Konturfarbe aktiv, da sie oben liegt.

Um die Standardeinstellungen von Fläche und Kontur, d. h. weiße Fläche und schwarze Kontur wiederherzustellen, klicken Sie auf dieses kleine Symbol.

Im Beispiel rechts ist **Kontur** aktiviert sowie das Optionsfeld **Ohne**. Wenn keine Konturfarbe gewählt ist, wird dies mit einer roten Linie quer über dem Konturensymbol angezeigt. Beim Zeichnen ist der Pfad nur solange sichtbar, wie er markiert ist, sobald Sie die Markierung entfernen, wird der Pfad unsichtbar.

Die drei Schaltflächen unter **Fläche** und **Kontur** im Werkzeugbedienfeld legen die Bedingungen fest. **Farbe**, **Verlauf** oder **Ohne**, siehe Beispiel rechts.

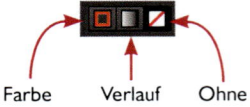
Farbe   Verlauf   Ohne

Ein nicht markierter Pfad, dem keine Farbe zugewiesen wurde, kann unsichtbar sein. Wenn Sie den Pfad markieren, erhält die farblose Linie eine blaue Markierung. Um dem Pfad eine Farbe zu geben, muss Kontur im Werkzeugbedienfeld aktiviert sein.

Konturfarbe

1. Öffnen Sie ein neues, leeres Dokument. Wählen Sie das Rechteck-Werkzeug und zeichnen Sie ein Rechteck.

Das Rechteck wird mit einer blauen Markierungslinie angezeigt, einem Pfad, dem unterschiedliche Farben zugewiesen werden können.

2. Klicken Sie auf das Symbol für Standardmodus für Fläche und Kontur (weiße Fläche und schwarze Kontur). Klicken Sie auf das **Konturensymbol** damit es oben liegt. Klicken Sie auf die Schaltfläche **ohne.**

3. Wählen Sie eines der Auswahl-Werkzeuge und klicken Sie außerhalb des Rechtecks, um die Markierung zu entfernen.

Da der Pfad keine Farbe hat (**Ohne** bedeutet keine Farbe) verschwindet er, kann aber natürlich durch Markieren wieder dargestellt werden.

4. Wählen Sie **Auswahl, Alles Auswählen**, um den Pfad erneut zu markieren und darzustellen.

5. Klicken Sie auf die Schaltfläche **Farbe**, um den Pfad (die Kontur) einzufärben. Das von Ihnen gezeichnete Rechteck hat nun eine schwarze Kontur.

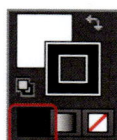

Konturen über das Bedienfeld Kontur anpassen

1. Als Grundeinstellung hat die Kontur eine Breite von 1 Punkt. Um die Konturstärke zu ändern, öffnen Sie das Bedienfeld **Kontur** (über **Fenster, Kontur**). (Wenn das Bedienfeld nicht so aussieht wie in der Abbildung rechts, können Sie auf den Doppelpfeil auf dem Register klicken.) Sie können auch auf den Link **Kontur** im Steuerungsbedienfeld klicken, um die Konturstärke anzupassen.

Die Konturstärke stellen Sie über **Stärke** ein. Ähnlich wie bei den Einstellungen in Illustrator, die wir bereits behandelt haben, können Sie entscheiden, ob die Konturstärke, wie in diesem Beispiel, in Punkten oder in einer anderen Maßeinheit dargestellt werden soll. (Sie ändern die Einheiten über **Bearbeiten, Voreinstellungen, Einheit**.)

2. Ändern Sie den Wert von **Stärke** auf 10 Punkt. Jetzt erhält das Rechteck eine dicke, schwarze Umrandung, siehe Beispiel rechts.

Unter **Abschluss** geben Sie z. B. an, wie das Ende einer Kontur aussehen soll. Im Beispiel rechts sehen Sie drei Linien mit unterschiedlichen Abschlüssen. (Welcher Abschluss für die betreffende Linie gewählt wurde, geht aus den darüber liegenden Schaltflächen hervor.) Wie Sie sehen können, werden zwei der Linien länger als die dritte, dies geht auch deutlich aus den Symbolen im Bedienfeld hervor.

Abschlüsse

Max. legt fest, wie weit eine Linie bei einer Gehrungsecke übersteht. Siehe die nachfolgende Abbildung rechts. Das linke Dreieck hat den Wert 3 im Feld für **Max.** was bedeutet, dass alle drei Spitzen behalten werden während das in der Mitte den Wert 2 hat, wodurch zwei Spitzen gekappt werden. Beim Dreieck ganz rechts beträgt der Wert für **Max.** 1, d. h. dass alle drei Ecken abgeflacht werden.

Ecken

3. Zeichnen Sie einen fünfzackigen Stern mit einer Konturstärke von 8 Punkt.

4. Kopieren Sie den Stern und fügen Sie zwei Kopien ein. Platzieren Sie die drei Sterne nebeneinander. (Falls die Spitzen der Sterne gekappt sind, liegt dies daran, dass der Wert neben **Ecke** im Bedienfeld Kontur niedriger als 3 ist. Ändern Sie in diesem Fall den Wert.)

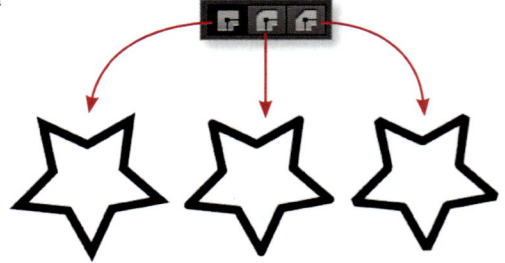

5. Wählen Sie den Stern in der Mitte aus und klicken Sie auf die Schaltfläche für abgerundete Ecken im Bedienfeld Kontur.

6. Wählen Sie den rechten Stern aus und klicken Sie auf die Schaltfläche für abgeflachte Ecken.

7. Löschen Sie alle Figuren, die Sie gezeichnet haben.

8. Zeichnen Sie ein Oval mit einer Konturstärke von 20 Punkt. Lassen Sie die Markierung des Ovals stehen. Klicken Sie auf das Feld **Gestrichelte Linie** im Bedienfeld Kontur.

In der Zeile **Strich** und **Lücke** können Sie das Aussehen der gestrichelten Linie anpassen.

9. Ändern Sie die Kontur gemäß den Einstellungen im Bedienfeld rechts. Siehe Ergebnis rechts.

Wenn Sie stattdessen ein Rechteck oder ein Quadrat zeichnen, können Sie festlegen, ob die gestrichelte Linie über den Ecken justiert werden soll. Dann werden die Längen der Striche so angepasst, dass sie optisch ansprechend über den Ecken platziert werden. Siehe nachfolgende Abbildung.

Um eine Linie in einen Pfeil umzuwandeln, verwenden Sie die Funktionen im unteren Teil des Bedienfelds Kontur. Unter **Profil** können Sie das Aussehen beider Spitzen festlegen und unter **Skalieren** können Sie sie in der Größe anpassen. Unter **Ausrichten** legen Sie fest, ob die Spitze über den Pfad hinausgehen darf oder nicht. Wenn Sie das Profil ändern, stehen Ihnen ganz unten im Listenfeld neben **Profil** mehrere Alternativen zur Auswahl. Die Einstellung wird deutlicher, je dicker die Linie ist.

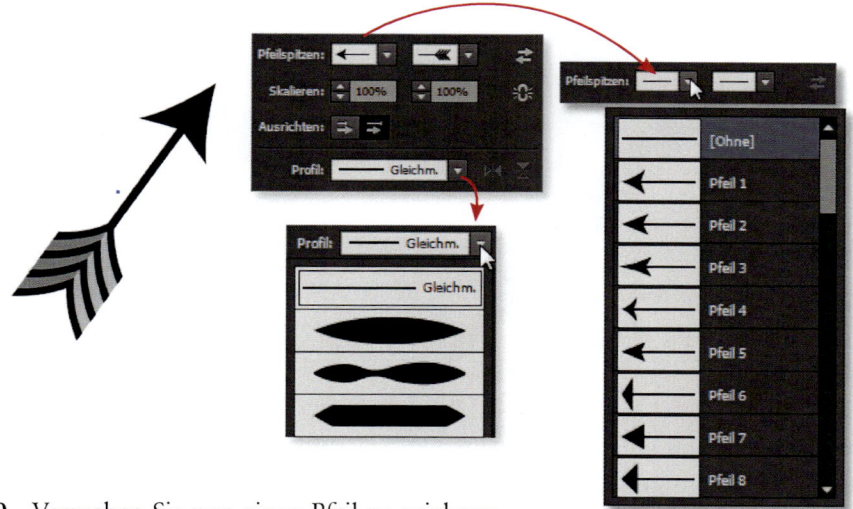

10. Versuchen Sie nun einen Pfeil zu zeichnen und testen Sie die verschiedenen Einstellungen.

Konturstärke mit dem Breitenwerkzeug justieren

Normalerweise wird die Konturstärke über das Bedienfeld Kontur geändert, Sie haben aber auch die Möglichkeit, eine eigene Konturstärke zu erstellen.

1. Zeichnen Sie eine Linie und wählen Sie das **Breitenwerkzeug**.

2. Stellen Sie den Cursor über die Linie und klicken Sie, wenn ein weißes Symbol (siehe Abbildung) auf der Linie erscheint.

   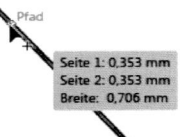

3. Ziehen Sie den Cursor ein Stück nach außen und lassen ihn los. Darauf wird die Fläche mit Farbe gefüllt.

4. Klicken Sie auf einen neuen Punkt weiter unten und machen Sie den Teil schmaler, siehe Abbildung.

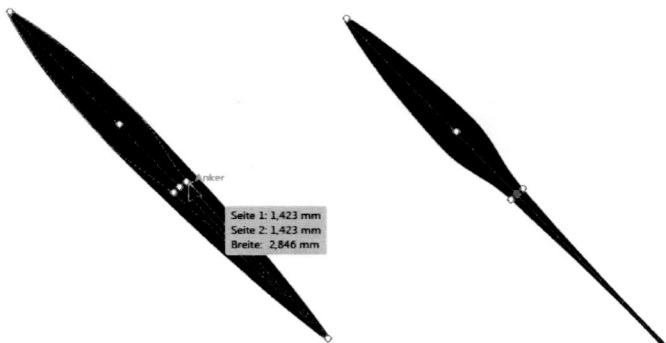

5. Ziehen Sie am untersten Breitenpunkt, um zu sehen, wie Sie die Form verändern können.

6. Doppelklicken Sie auf den untersten Breitenpunkt.

In dem Dialog, der sich daraufhin öffnet, können Sie die Breitenpunkte genauer bearbeiten als durch Ziehen, was Sie gerade ausprobiert haben. Durch Anklicken des Kettensymbols wird die Breite proportional angepasst. Wenn Sie das Optionsfeld ganz unten markieren, werden auch die angrenzenden Breitenpunkte angepasst.

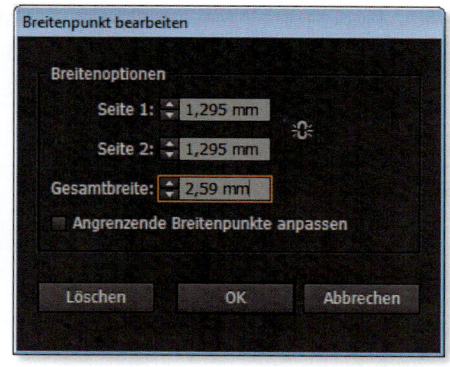

7. Testen Sie die unterschiedlichen Einstellungen und klicken Sie auf **OK**.

Sie ändern die Farbe auf die gleiche Art wie bei einer herkömmlichen Linie, d. h. indem Sie im Werkzeugbedienfeld auf Kontur klicken und eine neue Farbe wählen.

Eigene Linien speichern und entfernen

Sie können eine eigene Linie speichern, die Sie dann über das Listenfeld **Profil** im Bedienfeld Kontur aufrufen können. Wenn Sie das Profil-Listenfeld geöffnet haben, klicken Sie auf **Zu Profilen hinzufügen**. Geben Sie im Dialogfeld, das darauf erscheint, einen Namen ein und klicken Sie auf **OK**. Darauf wird Ihr eigenes Profil ganz unten in der Liste abgelegt.

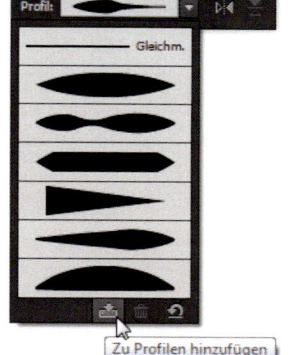

Wenn Sie die Linie wieder entfernen möchten, wählen Sie diese aus und klicken auf das Papierkorbsymbol.

8. Schließen und speichern Sie das Dokument.

Mithilfe des Breitenwerkzeugs ein Blatt zeichnen

1. Öffnen Sie die Übungsdatei **Laub**.

Das Bild besteht aus einem grob skizzierten Blatt. Im Folgenden zeigen wir Ihnen wie gut das **Breitenwerkzeug** geeignet ist, um das Blatt zu verfeinern.

2. Wählen Sie das Breitenwerkzeug, führen Sie den Cursor über die äußere Form des Blattes, darauf erscheinen weiße Kreise. Verwenden Sie diese, um die Breite der Blattspitze zu verringern, bis sie so schmal ist wie auf der Abbildung rechts.

 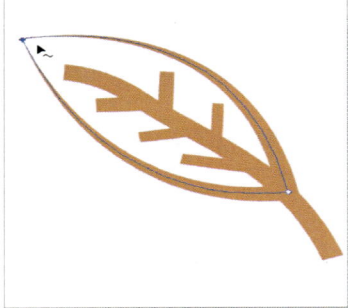

3. Markieren Sie den unteren Teil des Stiels, verbreitern Sie das Ende etwas, siehe Abbildung links.

4. Machen Sie den oberen Teil schmaler. Verfahren Sie auf die gleiche Art bei den feinen Rippen des Blattes bis das Ergebnis der Abbildung rechts gleicht.

5. Speichern Sie als **Mein Blatt** und schließen Sie anschließend das Dokument.

Konturfarbe

Farbe eines vorhandenen Pfads

Um einen bereits gezeichneten Pfad (Linie) einzufärben, muss er ausgewählt werden. Sie können zum Markieren jedes beliebige Auswahl-Werkzeug verwenden.

1. Öffnen Sie ein neues, leeres Dokument. Achten Sie darauf, dass Kontur im Werkzeugbedienfeld im Vordergrund liegt.

2. Zeichnen Sie ein Rechteck mit einer Kontur von 10 Punkt. Lassen Sie die Markierung stehen.

3. Klicken Sie auf die Schaltfläche **Farbe**.

Das Bedienfeld Farbe wird angezeigt (falls nicht, wählen Sie **Fenster, Farbe)**. Wenn Ihr Bedienfeld anders aussieht als in der Abbildung, klicken Sie auf den Pfeil ganz oben rechts im Bedienfeld und wählen Sie **RGB** im Bedienfeldmenü, siehe Abbildung rechts.

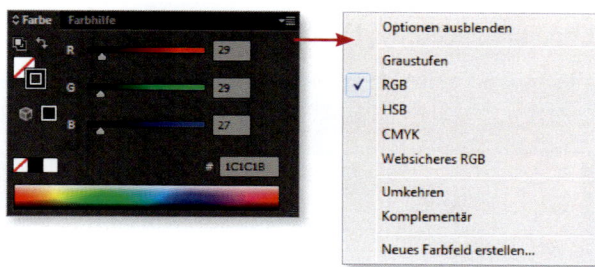

Wenn Ihr Dokument gedruckt werden soll, wählen Sie den CMYK-Modus. Soll das Dokument im Internet gezeigt werden, wählen Sie die websichere Alternative RGB. Sämtliche Alternativen wählen Sie über das Bedienfeldmenü.

Im langen Farbfeld ganz unten im Bedienfeld wählen Sie eine Farbe, indem Sie mit dem Cursor in das Feld klicken, der darauf die Form einer Pipette annimmt.

4. Klicken Sie mit der Pipette in das Farbfeld, um einen Farbton „aufzusaugen". Wählen Sie einen hellblauen Farbton.

Die Farbe wird sofort für die Kontur des Rechtecks verwendet und wird auch im Konturensymbol im Werkzeugbedienfeld angezeigt.

5. Justieren Sie die Konturfarbe, indem Sie am Schieber ziehen (an den drei kleinen Dreiecken unter **R** (Rot), **G** (Grün), **B** (Blau) in Bedienfeld Farbe, siehe Abbildung rechts.

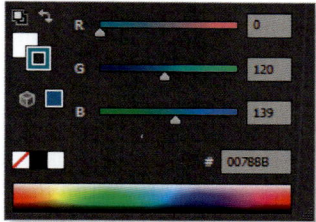

Es kann vorkommen, dass die nachfolgenden Symbole im Bedienfeld Farbe angezeigt werden. Prägen Sie sich deren Bedeutung ein.

Die gewählte Farbe liegt nicht innerhalb der Webfarben.

Die gewählte Farbe liegt außerhalb des Farbumfangs.

Das Bedienfeld Farbwähler

Eine andere Möglichkeit, einen Farbton zu wählen, ist durch Doppelklicken auf das Kontur- oder das Flächensymbol im Werkzeugbedienfeld (je nachdem, was Sie mit Farbe füllen möchten).

1. Doppelklicken Sie auf das Kontursymbol im Werkzeugbedienfeld.

Darauf erscheint der Dialog **Farbwähler**, siehe unten.

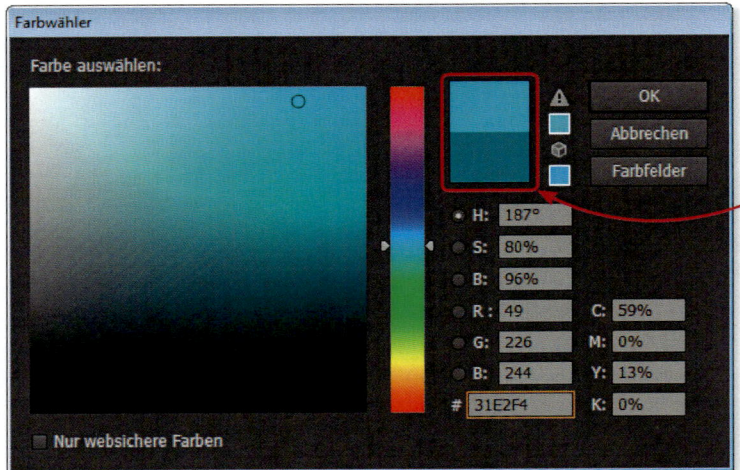

In den Feldern wird Ihre neue Farbe ganz oben und die alte Farbe ganz unten angezeigt.

Sie wählen den Farbton aus, indem Sie am Schieber in der senkrechten Farbsäule zielen (den kleinen weißen Pfeilen) und anschließend links ins Farbfeld klicken, um die gewünschte Nuance zu erhalten.

Wenn der kleine Würfel angezeigt wird, bedeutet dies, dass der gewählte Farbton außerhalb der Webfarben liegt. Der nächstgelegene Webfarbton wird im Feld unter dem Würfel angezeigt. Klicken Sie in das Feld, um den Webfarbton zu wählen.

Wenn Sie an einem Dokument arbeiten, das ins Netz gestellt werden soll, empfiehlt es sich, das Optionsfeld **Nur websichere Farben** ganz unten links im Farbwähler zu markieren.

Außerdem empfiehlt es sich, wenn Sie beim Arbeiten in einem neuen Dokument bereits von Anfang an dafür sorgen, dass auch der Farbmodus des Dokuments über **Datei, Dokumentenfarbmodus** eingestellt ist. Wenn das Dokument, mit dem Sie arbeiten, im Vierfarbendruck gedruckt werden soll, wählen Sie CMYK-Modus.

Soll das Dokument nur auf dem Bildschirm im Internet oder als Bildspiel zu sehen sein oder auf einem herkömmlichen Drucker ausgedruckt werden, wählen Sie RGB-Modus.

2. Klicken Sie auf die Schaltfläche **Abbrechen**, um den Dialog zu schließen.

Farbfläche

Im vorherigen Abschnitt haben Sie gelernt, wie Sie Konturen farbig machen und anpassen. Beim Färben des Inneren eines Objekts spricht man von *Farbfläche*. Bei einer Farbfläche muss es sich nicht um einen Farbton handeln, es kann auch ein Verlauf oder ein Muster sein. Ein Objekt muss auch nicht geschlossen sein, um gefüllt zu werden, siehe Abbildung rechts. Die Fläche geht vom letzten Ankerpunkt im Pfad bis zum nächstgelegenen Ankerpunkt.

 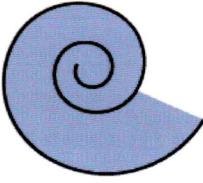

1. Stellen Sie sicher, dass das Flächensymbol im Werkzeugbedienfeld im Vordergrund liegt. Dies erreichen Sie, indem Sie z. B. das Flächensymbol anklicken.

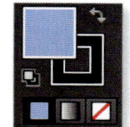

Den Farbton wählen Sie über das Bedienfeld **Farbe**, genau wie beim Farbig machen der Konturen. Alternativ können Sie auf das Flächensymbol klicken, um den Farbwähler zu öffnen.

Das Bedienfeld Farbfelder

Die Farben, Nuancen, Verläufe und Muster, die im Bedienfeld Farbfelder abgelegt sind, werden Farbfelder genannt. Sie können dem Bedienfeld eigene Farbfelder, Muster oder Verläufe hinzufügen. Im Bedienfeld Farbfelder werden die Farbfelder angezeigt, die mit einem Dokument verknüpft sind.

Sie können auch auf die Farbfelder, die Sie in Illustrator, Photoshop und InDesign erstellt haben, zugreifen, indem Sie eine Farbfeldbibliothek zum Austausch speichern. Diese Bibliothek, die Farbfeldbibliothek, wird in eigenen Bedienfeldern angezeigt und nicht zusammen mit dem Dokument gespeichert. Damit die Farbwiedergabe in allen Programmen gleich ist, ist es erforderlich, dass die Farbeinstellungen der Programme synchronisiert werden.

2. Öffnen Sie das Bedienfeld **Farbfelder** über **Fenster**, **Farbfelder**.

Durch Anklicken des Pfeils ganz oben rechts im Bedienfeld wird das Kontextmenü angezeigt. Dort können Sie unter anderem ändern, in welcher Größe die Farbfelder angezeigt werden, neue Farbfelder erstellen und diese sortieren.

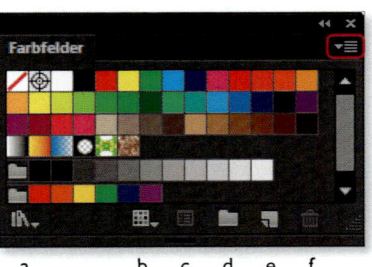

a. Menü Farbfeldbibliotheken,
b. Menü Farbfeldarten einblenden,
c. Farbfeldoptionen,
d. Neue Farbgruppe,
e. Neues Farbfeld,
f. Farbfeld löschen.

Pipette- und Mess-Werkzeug

Wenn Sie mit Konturen und Flächen bearbeiten, sind das *Pipette*- und das *Mess-Werkzeug* hilfreich, die zusammen im Werkzeugbedienfeld angeordnet sind. Sie können die Werkzeuge anklicken und durch Ziehen lösen, so dass sie ein eigenes Werkzeugbedienfeld bilden.

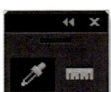

Das **Pipetten-Werkzeug** verwenden Sie unter anderem, um Attribute wie in erster Linie Farben aber auch Formen zu kopieren oder aufzusaugen.

Das **Mess-Werkzeug** verwenden Sie, um z. B. eine Länge oder einen Winkel zu messen.

Pipette zum Färben von Flächen verwenden

1. Zeichnen Sie vier unterschiedliche Figuren in ein neues (oder bereits erstelltes) Dokument, siehe Abbildung rechts.

2. Füllen Sie die Figuren mit unterschiedlichen Farben/Nuancen und versehen Sie sie mit unterschiedlichen Konturen.

3. Wählen Sie alle Figuren außer dem Stern aus.

4. Aktivieren Sie die Pipette und klicken Sie auf den Stern.

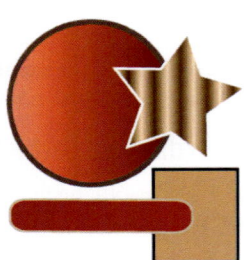

Darauf werden die Figuren mit der Flächenfarbe des Sterns gefüllt und erhalten außerdem die gleiche Farbe und Stärke der Kontur.

5. Durch Doppelklicken auf das **Pipetten-Werkzeug** öffnet sich der Dialog **Pipette-Optionen**.

Markieren Sie die Attribute, die Sie mit der Pipette kopieren möchten bzw. umgekehrt.

6. Klicken Sie auf die Schaltfläche **Abbrechen** aber schließen Sie das Dokument nicht.

Eigene Farben im Bedienfeld Farbfelder

1. Öffnen Sie das Bedienfeld **Farbfelder** und stellen Sie sicher, dass alle Farbfelder angezeigt werden (Schaltfläche **Farbfeldarten einblenden**, **Alle Farbfelder einblenden**).

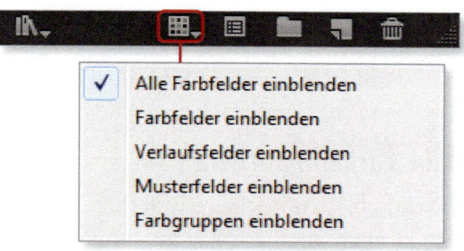

2. Klicken Sie auf die Schaltfläche **Neues Farbfeld**.

Darauf erscheint der Dialog rechts.

Unter **Farbart** legen Sie fest, ob Sie mit **Prozessfarbe** oder **Vollton-farbe** arbeiten möchten. Im Feld **Farbmodus** stellen Sie **CMYK**, **RGB**, **NMI**, **Lab**, **Graustufen** oder **Websicheres RGB** ein.

3. Wählen Sie **RGB** nach **Farbmodus**.

Jetzt stehen Ihnen nur drei Schieber zum Mischen des Farbtons zur Verfügung. Warum nur drei? Erinnern Sie sich?

Sie können Ihre Spezialfarbe durch Ziehen der Schieber selbst mischen. Alternativ können Sie die Werte in den Prozentfeldern neben den einzelnen Schiebern angeben.

4. Erstellen Sie eine neue Farbe mit den Werten R = 143, G = 224 und B = 0.

Bedenken Sie, dass diese Farbe weder druck- noch websicher ist.

5. Geben Sie der Farbe einen passenden Namen z. B. **Mein Farbfeld**, im Feld neben **Farbfeldname**.

6. Klicken Sie auf **OK**, wenn Sie fertig sind, darauf wird Ihre neue Farbe dem Bedienfeld **Farbfelder** hinzugefügt.

7. Schließen Sie das Dokument, ohne es zu speichern.

Eine Farbe importieren

Natürlich ist es nicht erforderlich, dass Sie Ihre neuen Farben selbst mischen. Sie können auch Farben hinzufügen, die es bereits in einem Bild gibt. Wenn Sie z. B. in einem Bild einen geeigneten Farbton gefunden haben, den Sie in Illustrator importieren möchten, können Sie die Farbe mit dem Pipette-Werkzeug kopieren und zu den Farbtönen im Bedienfeld **Farbfelder** hinzufügen.

1. Öffnen Sie die Übungsdatei **Kind auf der Schulter**.
2. Wählen Sie im Werkzeugbedienfeld das Pipette-Werkzeug aus.
3. Klicken Sie mit der Pipette auf einen der blauen Farbtöne im Pullover des Kindes, um die Farbe aufzunehmen.

Darauf wird die Farbe als Füllfarbe im Werkzeugbedienfeld abgelegt, siehe Abbildung rechts.

Eigenes Farbfeld als Füllfarbe

4. Öffnen Sie das Bedienfeld Farbfelder, wenn dies noch nicht geöffnet wurde.
5. Klicken Sie auf die Schaltfläche **Neues Farbfeld** ganz unten im Bedienfeld.

Darauf erscheint der Dialog **Neues Farbfeld**.

6. Geben Sie dem Farbfeld einen Namen und klicken Sie anschließend im Dialog auf **OK**.

Die neue Farbe legt sich als kleines Feld im Bedienfeld ab, siehe Abbildung rechts.

7. Schließen Sie das Bild, ohne es zu speichern.

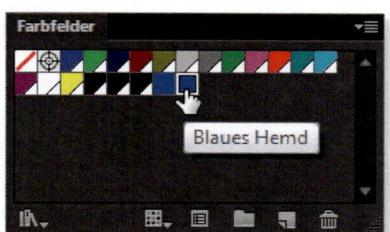

> Um eine Farbe aus dem Bedienfeld Farbfelder zu entfernen, klicken Sie diese an und ziehen Sie zum Papierkorb am unteren Rand des Bedienfelds.

Namen von Farbfeldern ändern

Wenn Sie im Nachhinein den Namen einer Farbe ändern möchten, doppelklicken Sie auf die Farbe im Bedienfeld **Farbfelder** und geben im darauf erscheinenden Dialog den neuen Namen ein.

Grafikstile

Ein Grafikstil ist ein grafisch angepasstes Format wie z. B. ein Schatten, eine Textur oder ein künstlerischer Effekt, den Sie in Illustrator auf einfache Weise mehrmals bei unterschiedlichen Objekten einsetzen können. Das Grafikformat gibt Ihnen also die Möglichkeit, das Aussehen eines Objekts im Handumdrehen zu verändern. Hierzu gehen Sie vom Bedienfeld **Grafikstile** aus, das Sie über **Fenster**, **Grafikstile** öffnen.

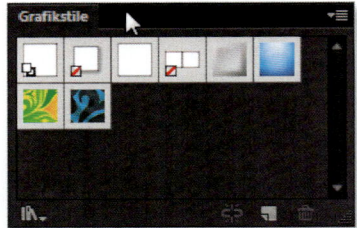

Hinzufügen von Grafikstilen

Durch Anklicken der Schaltfläche **Menü Grafikstil-Bibliotheken** wird ein Menü mit mehreren Grafikstilen angezeigt, die hinzugefügt werden können. Diese Formate werden in einem eigenen Bedienfeld abgelegt. Wenn Sie mehrere Formate hinzufügen, werden diese für gewöhnlich als Register im selben Bedienfeld angeordnet.

1. Öffnen Sie ein neues, leeres Dokument.
2. Öffnen Sie das Bedienfeld **Grafikstile** und wählen Sie in der Grafikstil-Bibliothek **3D-Effekte**, siehe Abbildung rechts.
3. Zeichnen Sie ein Quadrat und verwenden Sie das Format **3D-Effekt 20** für die Figur, indem Sie die Alternative im geöffneten Bedienfeld **3D-Effekte** anklicken.

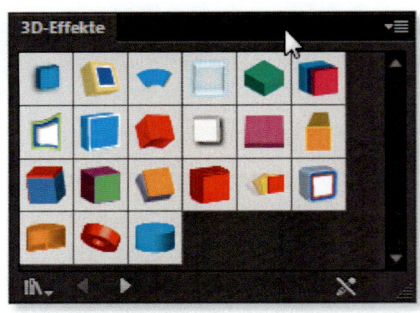

Wenn Sie alles richtig gemacht haben, erscheint folgende Figur.

Um zum Standardformat des Objekts zurückzukehren, können Sie auf **Standard-Grafikstil** im Bedienfeld **Grafikstile** klicken, siehe Abbildung rechts. Hierauf nimmt das Objekt wieder seine ursprüngliche Form an.

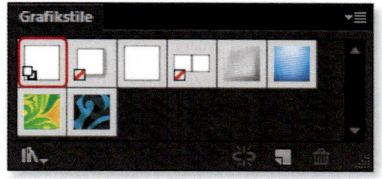

4. Testen Sie unterschiedliche 3D-Formate bei anderen Figuren. Beachten Sie, dass auch der Auswahlrahmen des ursprünglichen Objekts angezeigt wird und bearbeitet werden kann.

Grafikstil hinzufügen

Wenn Sie ein Objekt mit mehreren Grafikstilen verändern möchten, ohne dass der zuvor gewählte Stil ersetzt wird, halten Sie die **Alt-Taste**, während Sie auf den Grafikstil im Bedienfeld **Grafikstile** klicken, den Sie hinzufügen möchten.

1. Zeichnen Sie ein sternförmiges Objekt im offenen Dokument (oder erstellen Sie ein neues).

2. Achten Sie darauf, dass der Stern markiert ist und klicken Sie auf einen beliebigen Grafikstil, z. B. auf **Leuchten-Stile**, **Lichter Gold** (vermeiden Sie das 3D-Format).

Jetzt möchten Sie einen weiteren Grafikstil, z. B. einen Schlagschatten, zu dem gerade ausgewählten Grafikstil hinzufügen.

3. Halten Sie die **Alt-Taste**, während Sie den Grafikstil **Schlagschatten** anklicken.

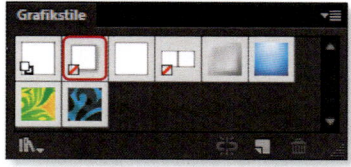

Der Stern mit dem Grafikstil **Lichter Gold** wird oben links angezeigt. Rechts ist der gleiche Stern mit den Stilen **Lichter Gold** und **Schlagschatten** zu sehen. Jetzt haben Sie einen weiteren Grafikstil hinzugefügt, ohne den ursprünglichen zu ändern.

4. Schließen Sie das Dokument, ohne es zu speichern.

Das Bedienfeld Aussehen

Nachdem Sie nun wissen, wie Sie das Aussehen unterschiedlicher Objekte erstellen und anpassen können, ist es Zeit, dass wir Ihnen das Bedienfeld **Aussehen** vorstellen. Das Bedienfeld kann Ihnen die Arbeit enorm erleichtern. Rufen Sie das Bedienfeld über **Fenster**, **Aussehen** auf. Das Geniale an diesem Bedienfeld ist, dass Sie schnell auf mehrere andere Bedienfelder zugreifen können. Sie müssen also beim Anpassen eines Objekts nicht nach Funktionen der einzelnen Bedienfelder wie z. B. den Bedienfeldern Kontur oder Farbfelder suchen.

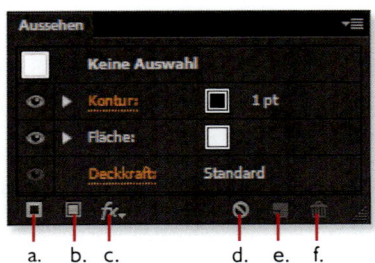

a. Neue Kontur hinzufügen
b. Neue Fläche hinzufügen
c. Neuen Effekt hinzufügen
d. Aussehen löschen
e. Ausgewähltes Objekt duplizieren
f. Ausgewähltes Objekt löschen

1. Öffnen Sie ein neues, leeres Dokument und, falls dies noch nicht geöffnet ist, das Bedienfeld Aussehen über **Fenster**, **Aussehen**.

2. Zeichnen Sie ein Quadrat, weiße Fläche, schwarze Kontur. Achten Sie darauf, dass das Objekt markiert ist und schauen Sie sich das Bedienfeld Aussehen an.

Wenn Sie ein Objekt im Standardformat erstellt haben, sieht das Bedienfeld Aussehen aus wie in der Abbildung rechts. Wie aus dem Bedienfeld hervorgeht, werden Objektattribute wie **Kontur** (schwarz, 1 Punkt), **Fläche** (weißes Farbfeld) und **Deckkraft** (Standard) angezeigt.

Konturstärke und Fläche mit dem Bedienfeld Aussehen ändern

Die Konturstärke eines Objekts können Sie am einfachsten über das Bedienfeld Aussehen ändern.

1. Achten Sie darauf, dass das Objekt, das Sie in der vorherigen Übung erstellt haben, markiert ist und klicken Sie im Bedienfeld Aussehen auf **1 pt**.

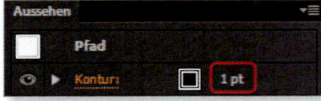

Jetzt können Sie den Wert für die Konturstärke im Bedienfeld Aussehen ändern, indem Sie auf den Rolllistenpfeil klicken oder den Wert direkt im Feld eingeben.

2. Ändern Sie die Konturstärke über das Bedienfeld Aussehen auf 5 Punkt.

Die orangefarbenen Wörter im Bedienfeld Aussehen sind Links, über die Sie direkt Zugang zu dem jeweiligen Bedienfeldern oder einer anderen, geeigneten Einstellung haben. Sie können beispielsweise auf das Bedienfeld **Kontur** über das Bedienfeld Aussehen zugreifen, indem Sie auf den Link klicken, auf die Farbfelder greifen Sie durch Doppelklicken auf ein Farbfeld im Bedienfeld zu.

3. Verwenden Sie das Bedienfeld Aussehen, um die Konturfarbe komplett zu entfernen. Hierzu klicken Sie auf den Rolllistenpfeil in der Zeile **Kontur** und wählen im darauf erscheinenden Farbbedienfeld **Ohne**. Siehe die Abbildung rechts.

4. Markieren Sie die Zeile **Fläche** im Bedienfeld Aussehen und ändern Sie die Farbe über das Bedienfeld **Farbe**, das angezeigt wird, wenn Sie auf den Rolllistenpfeil neben **Fläche** klicken, auf Hellgrün, siehe Abbildung rechts.

Über das Bedienfeld Aussehen Effekte hinzufügen

Jetzt sollen Sie einen Effekt zum Quadrat hinzufügen. Stellen Sie sicher, dass es markiert ist.

1. Klicken Sie auf die Schaltfläche **Neuen Effekt hinzufügen** im Bedienfeld Aussehen und wählen Sie **Verzerrungs- und Transformationsfilter** und **Zusammenziehen und aufblasen** in dem Menü, das angezeigt wird.

Die Schaltfläche Neuen Effekt hinzufügen ist ganz unten im Bedienfeld Aussehen angeordnet.

7 Konturen und Flächen

2. Markieren Sie das Optionsfeld **Vorschau** und ziehen Sie den Schieber auf ca. 90%. Wie im Beispiel zu sehen, gleicht das Ergebnis einem vierblättrigen Kleeblatt. Klicken Sie auf die Schaltfläche **OK**.

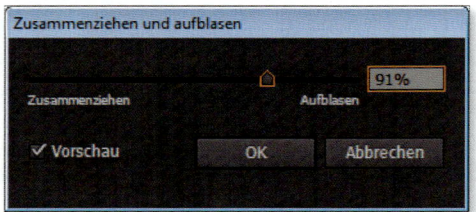 

Das Bedienfeld **Aussehen** sieht nun aus wie in der Abbildung rechts. Der Effekt wurde dem Bedienfeld hinzugefügt.

Durch Anklicken des Links **Zusammenziehen und aufblasen** im Bedienfeld wird der Dialog mit den Einstellungen für den Effekt erneut angezeigt.

Wenn Sie den Effekt entfernen möchten, markieren Sie die Zeile mit dem Effekt, klicken diese an und ziehen sie zum Papierkorb.

3. Markieren Sie die Zeile mit dem Effekt **Zusammenziehen und aufblasen**, ziehen Sie sie zum Papierkorb und lassen sie los.

Jetzt haben Sie den Effekt gelöscht.

4. Schließen Sie das Dokument, ohne es zu speichern.

> *Wenn Sie das Dokument speichern, können Sie über das Bedienfeld Aussehen zu einem späteren Zeitpunkt alle Attribute ändern oder löschen und somit das Objekt in seinen ursprünglichen Zustand zurückversetzen. Dies gilt auch, wenn Sie Effekte eingesetzt haben.*

Frei verzerren im Bedienfeld Aussehen

1. Öffnen Sie ein neues, leeres Dokument.
2. Zeichnen Sie einen fünfzackigen Stern in die Mitte der Seite.

3. Öffnen Sie die Bedienfelder **Aussehen** und **Grafikstile**.

4. Lesen Sie den Grafikstil **Bildeffekte** über das Kontextmenü **Grafikstil-Bibliotheken** im Bedienfeld **Grafikstile** ein.

5. Verwenden Sie den Stil **Schatten hinten** für den Stern. Siehe Bedienfeld rechts.

Wenn Sie den Schatten ändern möchten, so dass er z. B. länger wird, klicken Sie auf den Pfeil vor **Fläche**. (Hinweis: Verlauf für den Schatten) und klicken im Bedienfeld Aussehen die Zeile **Frei verzerren** an. Jetzt öffnet sich der Dialog **Frei verzerren**.

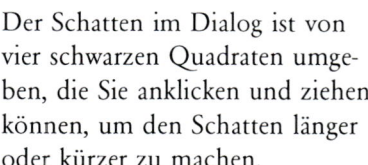

Der Schatten im Dialog ist von vier schwarzen Quadraten umgeben, die Sie anklicken und ziehen können, um den Schatten länger oder kürzer zu machen.

6. Machen Sie den Schatten länger, indem Sie an den schwarzen Quadraten ziehen, klicken Sie auf die Schaltfläche **OK** und schauen Sie sich das Ergebnis an.

7. Schließen und speichern Sie das Dokument.

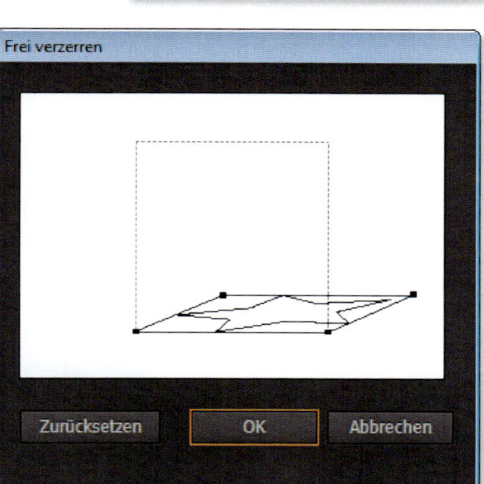

Übungsaufgaben

Einen Stern einfärben

Zeichnen Sie einen siebenzackigen Stern mit einem Durchmesser von ca. 5 cm. Ändern Sie die Stärke der Linie auf 8 Punkt. Runden Sie die Ecken ab und färben Sie die Linie Dunkelgelb ein.

Ein Symbol in 3-D zeichnen

Zeichnen Sie eine kreisförmige Figur und applizieren Sie den Grafikstil **3D-Effekt 6**. Arbeiten Sie mit dem **Bedienfeld Aussehen**, um die bestehenden Farben gegen drei unterschiedliche Blautöne auszutauschen.

Unterschiedliche Formen mit unterschiedlichem Aussehen zeichnen

Bei folgenden Sternen wurde das Aussehen mithilfe des Bedienfelds **Kontur** geändert, indem unterschiedliche Einstellungen für Stärke und Abschluss verwendet wurden. Außerdem wurde das **Breitenwerkzeug** zum Variieren der Konturstärke eingesetzt.

Die restlichen Figuren wurden mit unterschiedlichen Einstellungen für gestrichelte Linien, Abschlüsse sowie einem variablen Breitenprofil im Bedienfeld Kontur gezeichnet. Als Konturen- und Flächenfarben der Figuren wurden ausschließlich Standardfarben verwendet, die im Bedienfeld Farbfelder angeordnet sind.

Versuchen Sie es, das Ergebnis muss nicht genauso aussehen wie das Beispiel oben. Schließen Sie die Übung ab, indem Sie das Dokument unter dem Namen **Figuren** speichern.

8 Muster

Muster

Eine phantastische Neuerung in Illustrator CS6 ist die Funktion **Objekt**, **Muster**, **Erstellen**, mit der Sie nahtlose Muster erstellen können. Mit nahtlosen Mustern sind gemusterte Flächen gemeint, die beliebig oft nebeneinander gesetzt werden können, ohne dass Übergänge zu sehen sind. Außerdem wurde das Arbeiten mit Mustern dahingehend vereinfacht, dass zum Erstellen von Mustern wesentlich weniger Arbeitsschritte erforderlich sind. Wenn Sie mit Mustern arbeiten, können Sie von bereits vorhandenen Zeichnungen ausgehen oder in einem leeren Dokument mithilfe von Objekten ein ganz neues Muster entwerfen.

Bevor Sie die Übungen machen, in denen die neuen Funktionen vorgestellt werden, sollen Sie ein Muster auf die alte, klassische Art erstellen.

Muster im Bedienfeld Farbfelder

Farbfelder können nicht nur Farben, sondern auch Muster enthalten. Außerdem können Muster als Konturfarbe verwendet werden. Als Standard sind im Bedienfeld **Farbfelder** nur wenige Muster angeordnet. In der **Farbfeldbibliothek** stehen Ihnen unter **Muster** weitere Muster zur Auswahl, die in den Kategorien **Dekorativ**, **Natur** und **Einfache Grafiken** angeordnet sind.

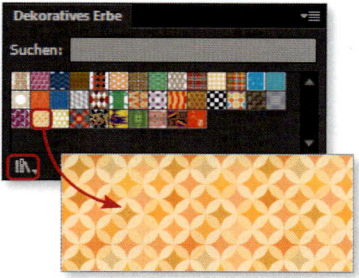

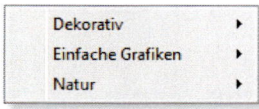

Dies ist eines der Muster aus der Kategorie Dekorativ, Dekoratives Erbe.

Diese Kategorien enthalten ihrerseits mehrere Untergruppen mit fertigen Mustern, die in einem eigenen Bedienfeld angezeigt werden, wenn Sie die jeweilige Untergruppe anklicken.

Alternativ können Sie auf die Musterfelder auch über die Schaltfläche **Farbfeldarten einblenden** ganz unten im Bedienfeld **Farbfelder** zugreifen.

Markieren Sie **Musterfelder einblenden**, um sich ausschließlich Musterfelder im Bedienfeld anzeigen zu lassen.

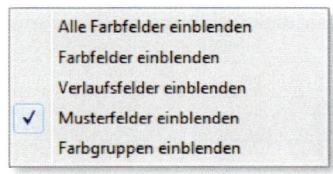
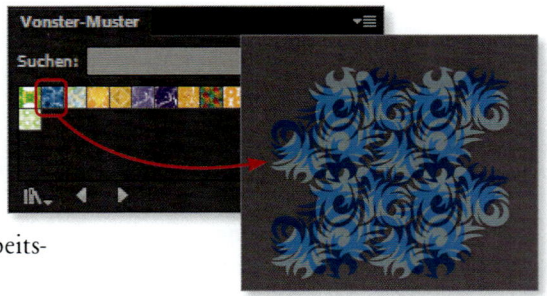

Um die Muster im Bedienfeld Musterfelder besser sehen zu können, klicken Sie das Bedienfeld an und ziehen es auf die Arbeitsfläche, siehe Abbildung rechts.

Eigene Muster erstellen

Ein bereits existierendes Muster ist häufig ein guter Ausgangspunkt, unabhängig davon, welche Methode Sie zum Erstellen eines Musters verwenden. Fangen Sie mit der Übung an, indem Sie ein solches Objekt zeichnen!

1. Kontrollieren Sie, ob das Bedienfeld Farbfelder geöffnet ist. Erstellen Sie ein neues Dokument. Zeichnen Sie einen siebenzackigen Stern mit **Radius 1** 25 mm, **Radius 2** 14 mm. Wählen Sie eine gelbe Flächenfarbe ohne Kontur. Heben Sie die Auswahl des Sterns auf.

2. Zeichnen Sie eine weiße Spirale, die Sie im Inneren des Sterns platzieren. Verwenden Sie eine Konturstärke, die zum Stern passt, siehe Abbildung rechts.

3. Markieren Sie den Stern und die Spirale mit dem Auswahl-Werkzeug und legen Sie ihn im Bedienfeld **Farbfelder** ab.

Darauf wird der Stern als neues Farbfeld im Bedienfeld abgelegt.

4. Zeichnen Sie als Nächstes mit dem Rechteck-Werkzeug ein Quadrat von 6 x 6 cm. Achten Sie darauf, dass Flächen- und Konturfarbe im Werkzeugbedienfeld der Abbildung rechts entsprechen. Füllen Sie das Quadrat mit Ihrem neuen Sternenmuster.

Da die Sterne im Verhältnis zum Quadrat zu groß sind, ist das Ergebnis nicht befriedigend.

5. Klicken Sie auf das Sternenmuster im Bedienfeld Farbfelder und ziehen Sie das Muster in den Papierkorb.

6. Wählen Sie den ursprünglichen Stern und die Spirale im Dokument erneut aus. Wählen Sie einen Ankerpunkt in der Ecke aus, halten Sie die **Umschalt-Taste** und verkleinern Sie das Objekt ca. um die Hälfte. Legen Sie das Objekt wieder im Bedienfeld **Farbfelder** ab.

7. Achten Sie darauf, dass das Quadrat markiert ist und füllen Sie es erneut mit dem Sternenmuster.

Jetzt ist das Ergebnis besser, siehe Abbildung rechts. Die Mustergröße ist also von der Größe der Figuren abhängig!

Sie sind jedoch immer noch nicht hundertprozentig zufrieden, Sie möchten die Sterne mit einem farbigen Hintergrund unterlegen.

8. Legen Sie ein neues Quadrat ohne Flächenfarbe über Ihren ursprünglichen Stern, das genau mit den Zacken abschließt. Wählen Sie eine rote Flächenfarbe für das Quadrat. Achten Sie darauf, dass Sie bei Kontur „ohne" gewählt haben.

Jetzt ist der Stern verschwunden, weil er unter dem roten Quadrat liegt. Das war nicht unsere Absicht.

9. Klicken Sie mit der rechten Maustaste ins Quadrat und wählen Sie **Anordnen**, **In den Hintergrund**. Jetzt ist der Stern wieder sichtbar.

10. Achten Sie darauf, dass Stern und Spirale zentriert im roten Quadrat liegen und dass die Zacken des Sterns genau bis an die Kanten des Quadrats gehen.

11. Wählen Sie Stern, Quadrat und Spirale aus und legen Sie diese im Bedienfeld **Farbfelder** ab.

12. Füllen Sie Ihr Quadrat mit dem neuen Muster. Wenn Sie alles richtig gemacht haben, ähnelt Ihr Muster der Abbildung rechts.

13. Speichern Sie das Dokument als **Sterne** und schließen Sie es.

Nahtlose Muster erstellen

Wie bereits erwähnt, gibt es in Illustrator CS6 eine kreative und zeitsparende Funktion, mit der Sie nahtlose Muster entwerfen können.

Das Bedienfeld Muster

Um sich mit der Funktion vertraut zu machen, brauchen Sie als Erstes einige Objekte, von denen Sie ausgehen können.

1. Öffnen Sie die Übungsdatei **Kegel**.
2. Wählen Sie alle Objekte aus.
3. Öffnen Sie das Bedienfeld **Musteroptionen** über **Objekt**, **Muster**, **Erstellen**.
4. Klicken Sie im Dialog auf **OK** der angibt, dass das neue Muster dem Bedienfeld **Farbfelder** hinzugefügt wurde.

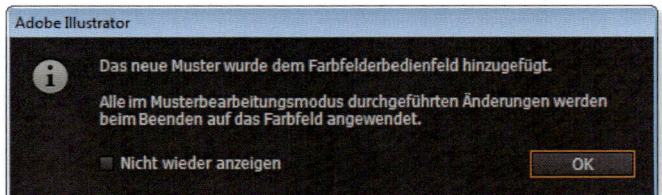

Die Zeichenfläche wird nun mit Wiederholungen (Kopien) Ihres Musterfelds gefüllt. Das Musterfeld ist eine Kombination aus Objekten, von denen Sie beim Arbeiten mit der Funktion **Objekt**, **Muster**, **Erstellen** ausgegangen sind. Hinweis! Es kann sein, dass Sie mehr Kopien haben, als auf der Abbildung rechts zu sehen ist.

Das Musterfeld wurde jetzt als wählbares Farbfeld im Bedienfeld **Farbfelder** abgelegt, siehe unten.

Außerdem wird ebenfalls das Bedienfeld **Musteroptionen** angezeigt. Als Nächstes sollen Sie testen, wie Sie durch einige einfache Einstellungen im Bedienfeld Ihrem Muster unterschiedliche Effekte geben können.

5. Fangen Sie damit an, Ihrem Muster einen Namen zu geben, z. B. **Kegel**. Geben Sie dies im Feld neben **Name** ein.

6. Klicken Sie anschließend auf die Schaltfläche **Musterelement-Werkzeug**, ganz oben links im Bedienfeld.

Darauf wird ein Auswahlrahmen um Ihr Musterelement gelegt, siehe unten.

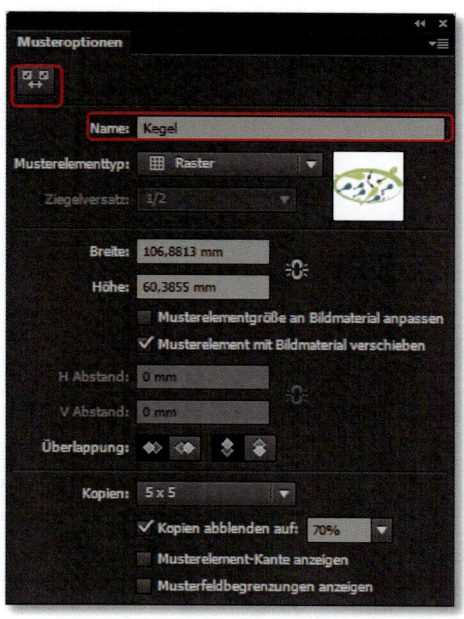

Der Rahmen legt sich um den Bereich (das Feld), der die Grundobjekte des Musters enthält und definiert die Fläche, in der Sie Ihr Muster bearbeiten können.

Eine andere Alternative, den Bereich besser sichtbar zu machen, ist durch Markieren des Optionsfelds **Kopien abblenden auf**, siehe Bild unten rechts. Darauf werden die angrenzenden Kopien auf den von Ihnen angegebenen Prozentsatz abgeblendet.

7. Markieren Sie das Optionsfeld **Kopien abblenden auf** und geben 40 % an, falls es noch nicht markiert ist.

8. Wählen Sie die Alternative 3×3, falls diese noch nicht eingestellt ist.

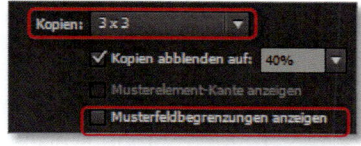

Ganz unten im Bedienfeld **Musteroptionen** können Sie auch die Anzahl der Kopien des Objekts angeben, die auf der Zeichenfläche dargestellt werden sollen. Es stehen Ihnen unterschiedliche Alternativen zur Auswahl, auf die Sie durch Anklicken des Listenpfeils neben **Kopien** zugreifen können. Wie Sie sehen, liegen einige Kopien außerhalb der Zeichenfläche. Passen Sie nun die Zeichenfläche an die Größe Ihres gesamten Musters an.

9. Gehen Sie auf **Objekt**, **Zeichenflächen** und klicken Sie auf **An Bildmaterialbegrenzungen anpassen**.

Sehen Sie den Unterschied? Die Größe der Zeichenfläche hat sich der Größe des Musters angepasst. Wenn Sie Ihr Muster bearbeiten möchten, nehmen Sie, wie bereits erwähnt, die Veränderungen in Ihrem Musterelement vor. Jetzt sollen Sie versuchen, das Musterelement auf unterschiedliche Art im Verhältnis zu seinen Kopien zu verändern und untersuchen, wie Sie auf diese Art das Aussehen des Musters verändern können.

10. Versuchen Sie, unterschiedliche Werte bei **Breite** und **Höhe** einzustellen. Testen Sie unterschiedliche Werte. Stellen Sie als Letztes die Werte so ein, dass sie mit der Abbildung rechts übereinstimmen.

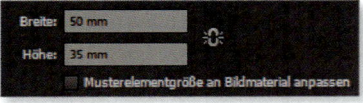

Haben Sie gemerkt, was passiert ist? Die unterschiedlichen Maße steuern, wie hoch und breit der Abstand zwischen Ihrem ursprünglichen Musterelement und dessen Kopien ist. Das unterbrochene Kettenglied rechts zeigt an, dass Sie den Abstand zu den Kopien des Musterelements nicht proportional verändern möchten.

11. Markieren Sie das Optionsfeld **Musterelementgröße an Bildmaterial anpassen**. Achten Sie darauf, dass das Kettensymbol für Proportionen in Höhe und Breite erhalten gesperrt ist (indem Sie das Kettensymbol anklicken). Geben Sie denselben Wert nach **H-Abstand** wie in der Abbildung rechts an.

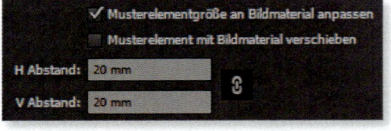

H steht für den horizontalen und **V** für den vertikalen Wert der Fläche zwischen den Feldern. Mit Feldern sind Ihr ursprüngliches Musterelement und der umliegende Bereich gemeint.

12. Heben Sie die Auswahl des Objekts auf.

Wie wirkt sich dies auf das Muster aus? Die Musterelemente liegen weiter auseinander. Das Kettenglied ist nicht unterbrochen, was bedeutet, dass das Maß zwischen **H** und **V** proportional verändert wurde.

In der nächsten Übung sollen Sie eine weitere Funktion testen, mit der Sie übergreifende Veränderungen dahingehend durchführen können, wie Ihr ursprüngliches Musterelement im Verhältnis zu seinen Kopien platziert wird. Außerdem können Sie mit dieser Funktion Ihr Muster auf unterschiedliche Art bearbeiten.

Sie können Ihr Musterelement auf fünf
unterschiedliche Arten platzieren und
somit vorgeben, wie sich die Felder
zueinander verhalten sollen.

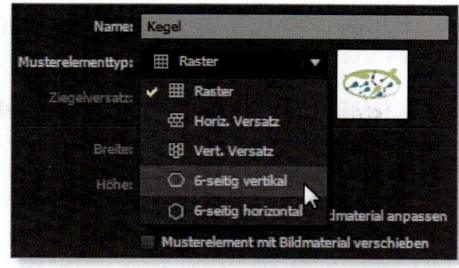

13. Arbeiten Sie mit den Alternativen
    neben **Musterelementtyp**, um
    unterschiedliche Platzierungen
    Ihres Musters zu testen. Gehen
    Sie sämtliche Alternativen durch und stellen Sie das Muster auf **6-seitig vertikal** ein. Siehe Abbildung unten links. (Wir verwenden zur Verdeutlichung
    die Funktion **Objekt**, **Zeichenflächen** und **An ausgewählte Grafik anpassen**, wenn wir einen neuen Musterelementtyp testen.)

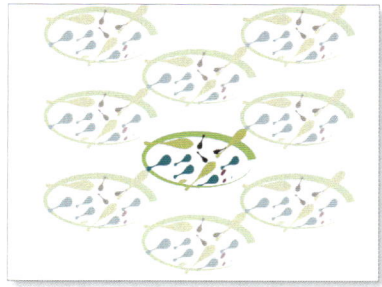
6-seitig vertikal

Vert. Versatz

14. Speichern Sie das Dokument als **Mein Muster**.

Musterelemente bearbeiten

In der folgenden Übung fahren Sie mit dem Bearbeiten Ihres Musters fort.
Indem Sie die Musterelemente etwas dichter zusammenrücken, soll der optische
Eindruck einzelner „Inseln" verschwinden. Außerdem können Sie auch einzelne
Bestandteile des Musters verändern.

Wie Sie gemerkt haben, ist das Entwerfen neuer Muster ein äußerst kreativer
Prozess, bei dem sich ungeahnte Möglichkeiten eröffnen.

> *Es gibt zwei Arten, in einen Modus zu gelangen, in dem Sie Ihr Muster bearbeiten können.
> Durch Doppelklicken auf das Muster im Bedienfeld Farbfelder oder durch Markieren des
> Objekts, das das Muster enthält und die Auswahl Objekt, Muster und Muster bearbeiten.*

1. Kontrollieren Sie, ob **Mein Muster** nach wie vor offen ist. Achten Sie auch
   darauf, dass Sie die Auswahl aufheben, falls Sie dies noch nicht getan haben.
2. Doppelklicken Sie auf das Musterfeld **Kegel** im Bedienfeld Farbfelder.

Hierdurch wird das Bedienfeld **Musteroptionen** erneut angezeigt und Sie können Ihr Muster weiter bearbeiten.

3. Verändern Sie die Werte von **V-** und **H-Abstand** wie in der nachfolgenden Abbildung angegeben.

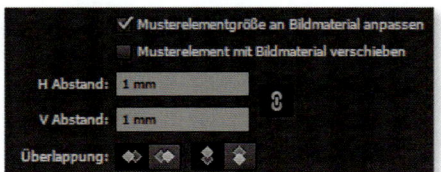

Das Ergebnis ist in der Abbildung rechts zu sehen. Sehen Sie, dass sich der Abstand zwischen den Musterelementen verkleinert hat?

Jetzt sollen Sie versuchen, den Abstand mit einer anderen Methode zu verändern.

4. Machen Sie Schritt 3 rückgängig. (Betätigen Sie **Strg** + **Z** so oft wie nötig.)

5. Klicken Sie jetzt auf die Schaltfläche **Musterelement-Werkzeug**, die oben links im Bedienfeld **Musteroptionen** angeordnet ist.

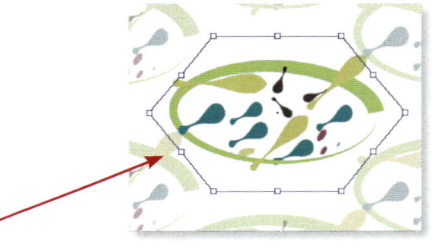

Darauf erscheint ein sechseckiger Auswahlrahmen.

6. Klicken Sie auf den Griffpunkt unten rechts und testen Sie, wie einfach Sie das Musterelement im Verhältnis zu seiner Umgebung verändern können. Durch Ziehen und gleichzeitiges Halten der **Umschalt-Taste** zum proportionalen Verändern können Sie das Sechseck vergrößern.

Durch Ziehen am Griffpunkt, um das Sechseck zu vergrößern, entstehen große leere Flächen um Ihr Musterelement.

7. Gehen Sie nun genau umgekehrt vor. Ziehen Sie am Griffpunkt, um das Sechseck kleiner zu machen. Ziehen Sie weiter, bis der Abstand zwischen den Musterelementen so gering ist, dass die Objekte überlappen, siehe Abbildung oben.

Inhalt der Musterelemente bearbeiten

Sie können immer wieder zu Ihrem Muster zurückkehren, um es zu bearbeiten. In dieser Übung zeigen wir Ihnen, wie einfach es ist, die Platzierung, Richtung und Transparenz einzelner Bestandteile zu verändern. Außerdem ist es nie zu spät, Objekte zu einem Musterelement hinzuzufügen oder daraus zu entfernen.

1. Markieren Sie nur das ovale Element.

Der Objektpfad wird rot markiert, siehe Abbildung rechts.

2. Neigen Sie das Objekt etwas, indem Sie klicken und ziehen, sobald der Doppelpfeil angezeigt wird, wenn Sie den Cursor in die Nähe von einem der Griffpunkte führen.

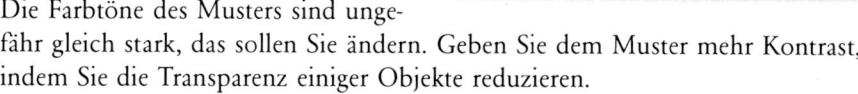

Durch Ziehen an den unterschiedlichen Griffpunkten können Sie die Form der Ellipse verkleinern, vergrößern, neigen, flacher oder runder machen. In diesem Fall neigen wir die Ellipse etwas, siehe Abbildung rechts. Wie Sie sehen, wurden sämtliche Kopien der Ellipse ebenfalls geneigt.

Die Farbtöne des Musters sind ungefähr gleich stark, das sollen Sie ändern. Geben Sie dem Muster mehr Kontrast, indem Sie die Transparenz einiger Objekte reduzieren.

3. Stellen Sie sicher, dass die Ellipse nach wie vor markiert ist. Gehen Sie zur Steuerungsleiste und verringern Sie die Transparenz von 100 % auf 60 %.

4. Markieren Sie zwei der hellgrünen Kegel und verringern deren Transparenz von 100 % auf 80 %, Heben Sie anschließend die Auswahl auf.

5. Gehen Sie zum Dialog **Musteroptionen** und ändern Sie die Anzahl **Kopien**, so dass 5 × 5 Felder angezeigt werden und stellen Sie **Kopien abblenden auf** 100 %.

Muster speichern

1. Gehen Sie ins Kontextmenü von Musteroptionen und klicken Sie auf **Kopie speichern**.

Darauf öffnet sich der Dialog **Neues Muster**, in dem Sie dem Muster einen Namen geben.

2. Speichern Sie das Dokument als **Mein Muster**.

Darauf erscheint ein weiterer Dialog, der Sie darüber informiert, dass das neue Muster zum Bedienfeld **Farbfelder** hinzugefügt wurde.

3. Klicken Sie auf **OK**.

Sie können einen Musterbearbeitungsmodus beenden, indem Sie auf den nach links gerichteten Pfeil ganz unten links im Menü klicken.

4. Klicken Sie auf den Pfeil, speichern und schließen Sie das Dokument.

Muster auf Objekte applizieren

1. Erstellen Sie ein neues, leeres Dokument.

2. Öffnen Sie das Bedienfeld **Symbole** über **Fenster**. Öffnen Sie auch das Bedienfeld **Farbfelder,** falls es noch nicht geöffnet ist.

3. Gehen Sie zu **Symbolbibliothek**, **Mode**. Klicken und ziehen Sie das Symbol **Pullunder** auf die Zeichenfläche.

4. Doppelklicken Sie auf das Objekt (Pullunder).

Darauf wird der nachfolgende Dialog angezeigt. Sie werden gefragt, ob Sie damit einverstanden sind, dass sich alle Änderungen des Symbols auf seine sämtlichen Instanzen auswirken.

5. Klicken Sie im Dialog auf **OK**.

6. Markieren und vergrößern Sie das Objekt. Ändern Sie die Fläche auf Ohne. Ändern Sie die Kontur auf Schwarz, 0,5 pt.

7. Markieren Sie den Pullunder, falls er noch nicht markiert ist.

8. Suchen Sie nach dem Muster **Karos 2** über **Farbfeld-Bibliothek**, **Muster**, **Dekorativ**, **Dekoratives Erbe**.

9. Aktivieren Sie das Flächenfeld im Werkzeugbedienfeld und klicken Sie anschließend auf das Muster **Karos 2** im Bedienfeld Farbfelder.

Darauf wird der Pullunder direkt mit dem Muster gefüllt.

10. Speichern Sie das Dokument als **Gemusterter Pullunder** und schließen Sie es.

Muster und Grafikstile kombinieren

1. Öffnen Sie ein neues, leeres Dokument.

2. Rufen Sie die Bedienfelder **Grafikstil** und **Farbfelder** auf. Falls die Option **Musterfelder einblenden** nicht bereits markiert ist, klicken Sie diese im **Menü Farbfeldarten einblenden** ganz unten im Bedienfeld **Farbfelder** an.

3. Gehen Sie zu **Menü Farbfeldbibliotheken**, **Muster**, **Natur**, **Natur_Laub**. Klicken Sie auf **Winden** und ziehen Sie das Feld ins Bedienfeld Farbfelder, siehe Abbildungen rechts.

4. Legen Sie als Nächstes **Kugel Aqua normal** aus dem Untermenü **Schaltflächen und Rollover** in der Grafikstile-Bibliothek ab. Es reicht, wenn Sie auf das Symbol klicken, um es automatisch im Bedienfeld Grafikstile zu platzieren, siehe Abbildungen rechts.

5. Klicken Sie auf das Muster **Winden** und ziehen Sie es zur Zeichenfläche. Vergrößern Sie es.

6. Wechseln Sie zum Direktauswahl-Werkzeug und markieren eines der Blätter.

7. Klicken Sie auf das Feld für den Grafikstil **Kugel Aqua normal**.

Darauf wird das Format überführt, siehe Abbildung rechts.

8. Markieren Sie eine der Blüten und klicken Sie erneut auf den Grafikstil.

9. Speichern Sie die Datei als **Blaue Blume** und schließen Sie das Dokument.

Übungsaufgaben

Musterfarben bearbeiten

Arbeiten Sie mit dem Muster **Mein Muster** und bearbeiten Sie die Farben so, dass sie den Farben auf der Abbildung rechts ähneln. Speichern Sie das neue Muster unter dem Namen **Konfetti**.

Muster auf Objekte applizieren

Gehen Sie zum Bedienfeld Symbole und wählen Sie einige einfache Symbole aus (ohne zu viele Flächen oder Formate). Versuchen Sie, einige der Symbole mit dem **Konfetti**-Muster zu füllen.

Versehen Sie Ihr Muster mit einer Hintergrundfarbe

Wählen Sie eine beliebige Farbe, platzieren Sie diese als Hintergrund auf einer Fläche mit dem **Konfetti**-Muster.

9 Die Zeichenwerkzeuge

Die Bestandteile der Objektgrafik

Bevor Sie mit den Freihandwerkzeugen arbeiten, empfiehlt es sich, dass Sie sich mit den unterschiedlichen Bestandteilen der Objektgrafik wie Pfad, Ankerpunkt, Griff und Objekt bekannt machen. Diese wurden bereits im Buch besprochen, dennoch kommt hier eine kurze Zusammenfassung, bevor Sie mit dem Zeichnen von Objekten beginnen.

Ankerpunkte

Ein Ankerpunkt markiert den Anfang und das Ende eines Pfades. Wenn Sie einen Pfad mit dem Direktauswahl-Werkzeug markieren, können die Ankerpunkte markiert oder nicht markiert sein, dies hängt davon ab, ob Sie einen speziellen Ankerpunkt ausgewählt haben oder nicht.

Pfad

Ein Pfad ist eine gerade oder gebogene Linie zwischen zwei oder mehreren Ankerpunkten. Der Pfad kann offen wie eine Linie sein oder geschlossen wie ein Kreis.

Pfadsegment

Ein Pfad kann in so genannte Pfadsegmente unterteilt werden. Ein Pfadsegment ist ein Teil des Pfades, der mit zwei Ankerpunkten abgegrenzt wird.

Griffe

Ein ausgewählter, gebogener Pfad (unabhängig davon, ob er geschlossen ist oder nicht) hat Griffe. Diese bestehen aus Grifflinien, die in einem Richtungspunkt enden. Wenn Sie einen gebogenen Pfad markieren, können Sie die Bogenform durch Klicken und Ziehen an einem Richtungspunkt ändern. Sie können selbst über Ansicht, Begrenzungsrahmen einblenden oder Ansicht, Begrenzungsrahmen ausblenden wählen, ob Sie die Griffe anzeigen oder verbergen möchten.

In den Übungen weiter hinten in diesem Kapitel lernen Sie noch ausführlicher, wie Sie Ankerpunkte und Pfade hinzufügen und Bézierkurven zeichnen.

Die Bestandteile eines Objekts:

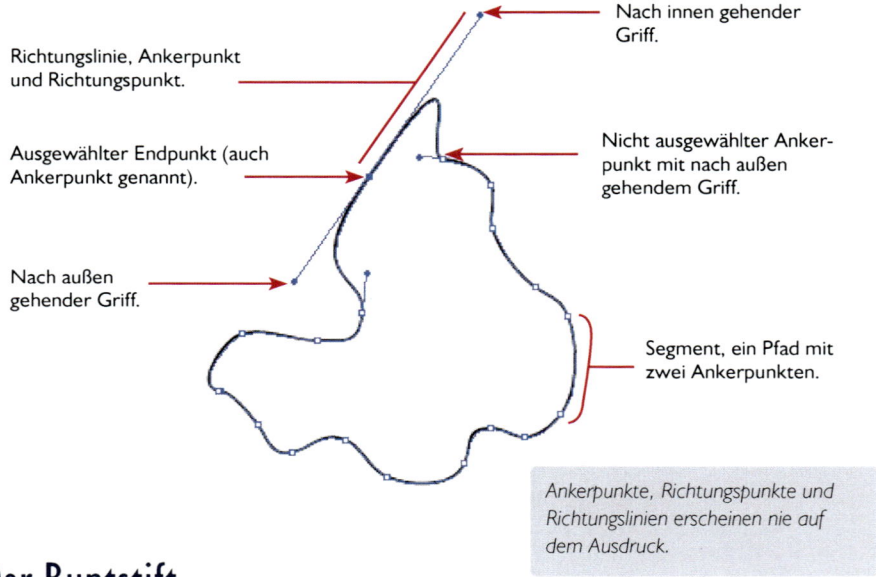

Richtungslinie, Ankerpunkt und Richtungspunkt.

Ausgewählter Endpunkt (auch Ankerpunkt genannt).

Nach außen gehender Griff.

Nach innen gehender Griff.

Nicht ausgewählter Ankerpunkt mit nach außen gehendem Griff.

Segment, ein Pfad mit zwei Ankerpunkten.

Ankerpunkte, Richtungspunkte und Richtungslinien erscheinen nie auf dem Ausdruck.

Der Buntstift

Mit dem Buntstift können Sie freihand zeichnen. Dies kann mit der Maus etwas kompliziert sein, da es schwierig ist, die Linien genau so zu ziehen, wie Sie es möchten. Wenn Sie mit dem Buntstift-Werkzeug arbeiten möchten, ist es besser, wenn Sie ein Grafiktablett einsetzen. Abgesehen davon, dass es einfacher ist, den Stift zu führen, wird dieser durch das Grafiktablett auch druckempfindlicher. Das bedeutet, dass die Linie kräftiger wird, je fester Sie den Stift aufsetzen. In dieser Übung zeichnen Sie jedoch mit der Maus.

1. Öffnen Sie ein neues, leeres Dokument.

2. Klicken Sie auf das **Buntstift-Werkzeug** im Werkzeugbedienfeld und halten die Maustaste, bis alle Werkzeuge angezeigt werden. Ziehen Sie die Werkzeuggruppe ab, um ein separates „Mäppchen" zu erhalten.

3. Zeichnen Sie ein Objekt, eine Blume, mit dem Buntstift, siehe Beispiel rechts. Lassen Sie die Maustaste erst dann los, wenn Sie mit dem Zeichnen fertig sind. Wie Sie sehen, fügt Illustrator die erforderlichen Ankerpunkte, die zum Zeichnen der Kontur erforderlich sind, automatisch ein.

Es ist schwierig, das Buntstift-Werkzeug mit der Maus zu steuern, vermutlich ist das Ergebnis nicht ganz perfekt. Sie können den Buntstift so einstellen, dass Sie besser mit ihm zeichnen können.

4. Doppelklicken Sie auf das Buntstiftsymbol im Werkzeugbedienfeld, um den Dialog **Optionen für Buntstift-Werkzeug** zu öffnen.

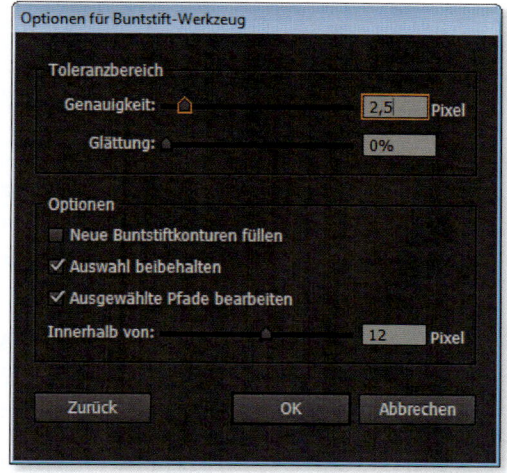

Neben **Genauigkeit** können Sie einen Wert zwischen 0,5 und 20 Pixel einstellen. Je niedriger der Wert, desto genauer wird der Pfad.

Im Feld **Glättung** können Sie einen Wert zwischen 0 und 100 Prozent eingeben. Je höher der Wert desto glatter der Pfad.

Durch Markieren des Optionsfelds **Neue Buntstiftkonturen füllen** werden nur die neuen Striche gefüllt und nicht die bereits gezeichneten.

Wenn das Optionsfeld **Auswahl beibehalten** markiert wird, bleibt die Auswahl des Pfades bestehen, nachdem Sie ihn gezeichnet haben. Wenn der Pfad nicht markiert sein soll, entfernen Sie das Häkchen.

Wird das Optionsfeld **Ausgewählte Pfade bearbeiten** markiert, können Sie den Pfad nur in dem Abstand bearbeiten, den Sie im Feld nach **Innerhalb von** angegeben haben (geben Sie den Wert ein oder ziehen Sie am Schieber).

5. Lassen Sie die voreingestellten Werte stehen und schließen Sie den Dialog mit der Schaltfläche **Abbrechen**.

Wenn Sie nur einen Abschnitt des Pfads ändern möchten, um etwas zu verbessern, zeichnen Sie einfach einen neuen Pfad anstelle des alten, siehe Abbildungen unten.

Das Blütenblatt muss geändert werden.

Zeichnen Sie einen neuen Pfad direkt neben dem alten ein.

6. Justieren Sie Ihre Blume, indem Sie dort, wo es erforderlich ist, neue kurze Pfade einzeichnen (vermeiden Sie, die bereits gezeichneten Pfade zu kreuzen). Ist Ihnen die Übung nicht gelungen? Das kann daran liegen, dass End- und Anfangspunkt nicht miteinander verbunden sind.

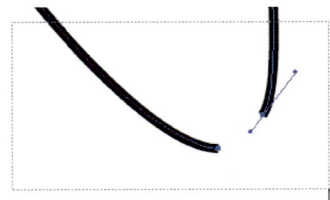

Wenn Schritt 6 nicht funktioniert, kann dies daran liegen, dass Sie die Endpunkte Ihres Pfades miteinander verbinden müssen. Markieren Sie in diesem Fall die beiden Endpunkte mit dem Direktauswahl-Werkzeug, siehe Abbildung rechts.

Klicken Sie anschließend auf die Schaltfläche **Ausgewählte Endpunkte verbinden**, die oben im Steuerungsbedienfeld angeordnet ist, siehe die kleine Abbildung rechts. (Im nächsten Kapitel wird diese Funktion noch ausführlicher besprochen.)

Jetzt sollten die Endpunkte verbunden sein. Wenn Sie beim letzten Versuch Probleme hatten, können Sie jetzt Schritt 6 der Übung noch einmal machen.

7. Um einen Pfad zu glätten, den Sie mit dem Buntstift-Werkzeug gezeichnet haben, können Sie das **Glätten-Werkzeug** verwenden. Wählen Sie das Werkzeug und ziehen Sie es anschließend über die Pfade, um die Blütenblätter zu glätten. Hierzu muss das Objekt ausgewählt sein.

Pfade verlängern und verkürzen

1. Zeichnen Sie mit dem Buntstift einen neuen, geschwungenen, offenen Pfad, siehe Beispiel rechts.

Um einen bereits gezeichneten Pfad zu verlängern, ziehen Sie den Stift entweder vom Anfangs- oder vom Endpunkt aus weiter (der Pfad muss ausgewählt sein), siehe Beispiel rechts.

Um einen Abschnitt Ihres Pfades zu entfernen, verwenden Sie das **Löschen-Werkzeug**. Denken Sie daran, dass der Pfad ausgewählt sein muss, um geändert werden zu können.

Im Beispiel unten wurde ein gezeichneter Pfad vom Endpunkt aus verlängert.

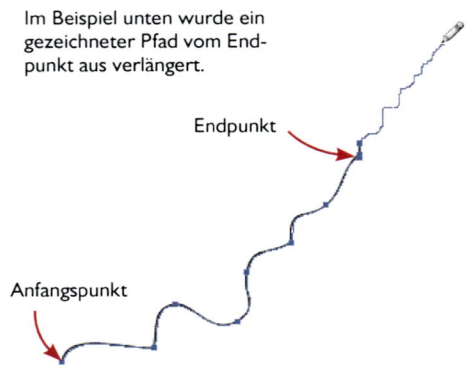

2. Wählen Sie Ihren „verschlungenen" Pfad mit dem Auswahl-Werkzeug aus, falls Sie dies noch nicht getan haben.

9 Die Zeichenwerkzeuge

3. Wählen Sie das **Löschen-Werkzeug** und ziehen Sie es über den Teil des Pfades, den Sie entfernen möchten, siehe Abbildung rechts. Hierzu müssen Sie nicht exakt dem Pfad folgen, sondern es reicht, wenn Sie das Löschen-Werkzeug seitlich entlang führen.

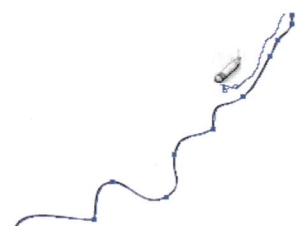

4. Schließen und speichern Sie das Dokument.

Die Zeichenstift-Werkzeuge

Wenn Sie exakter zeichnen möchten, reicht das Buntstift-Werkzeug nicht aus, hier kommt der *Zeichenstift* ins Spiel, mit dem Sie Linien und Formen klicken und ziehen können. Mit jedem Mausklick wird ein neuer Ankerpunkt generiert.

1. „Reißen" Sie die Zeichenstift-Werkzeuge ab. Klicken Sie auf das kleine Band rechts neben dem Zeichenstift-Werkzeug, damit sie ein eigenes, schwebendes Bedienfeld bilden.

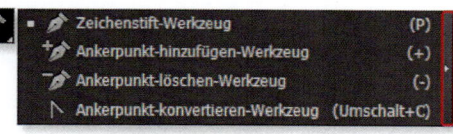

Die einfachste Linienform ist die gerade Linie. Um eine gerade Linie zu zeichnen, klicken Sie mit dem Zeichenstift-Werkzeug einen Anfangs- und einen Endpunkt ein. Daraufhin wird zwischen den beiden Endpunkten eine Linie gezogen.

Jetzt sollen Sie mit dem Zeichenstift-Werkzeug einen Hausgiebel wie im Beispiel rechts zeichnen.

2. Öffnen Sie ein neues, leeres Dokument.

3. Wenn Sie den Zeichenstift über die Zeichenfläche führen, wird ein Zeichenstiftsymbol angezeigt. Das bedeutet, dass der Zeichenstift gewählt wurde und zum Zeichnen eines neuen Pfades bereit ist.

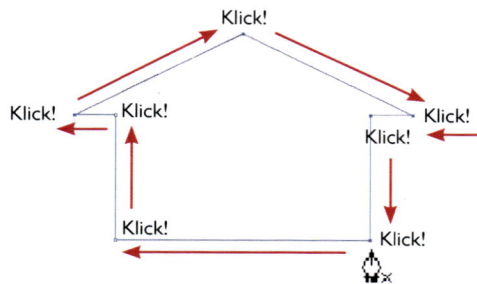

4. Beginnen Sie damit, den Anfangspunkt des Pfades einzuklicken. Klicken Sie weitere Punkte ein, bis der Hausgiebel fertig ist.

5. Wenn Sie wieder am Anfangspunkt angelangt sind, ändert das Werkzeug das Aussehen und es wird ein kleiner Kreis angezeigt. Das bedeutet, dass Sie den Pfad schließen, wenn Sie erneut klicken.

Wenn Sie in Illustrator mit der Standardeinstellung für Intelligente Hilfslinien und Messbeschriftungen arbeiten, erscheint Verankerung, wenn Sie den Cursor über einen Ankerpunkt halten, der in einem Pfad endet.

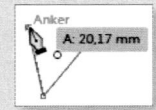

Wenn es schwierig war, einen geraden Giebel zu zeichnen, versuchen Sie, die **Umschalt-Taste** zu halten, während Sie den nächsten Ankerpunkt einklicken. Ein Raster hinter dem Pfad kann Ihnen ebenfalls das Zeichnen einer geraden Linie erleichtern.

6. Löschen Sie das Objekt, das Sie gerade gezeichnet haben, indem Sie es auswählen und auf **Löschen** klicken.

7. Wählen Sie **Ansicht** und **Raster einblenden**. Jetzt liegt ein Raster über der Zeichenfläche, das das Einklicken der Ankerpunkte erleichtert.

8. Klicken Sie einen neuen, geraden Giebel ein wie auf dem Beispiel zu sehen.

9. Heben Sie die Auswahl der Figur auf. Wenn Sie keine Konturfarbe verwendet haben, ist die Zeichnung nicht zu sehen. (Wählen Sie in diesem Fall den Pfad mit dem Auswahl-Werkzeug aus und machen Sie ihn schwarz.)

10. Markieren Sie den Giebel erneut, aber diesmal mit dem Direktauswahl-Werkzeug.

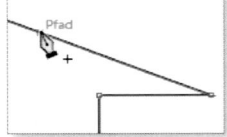

11. Wählen Sie den Zeichenstift und stellen Sie diesen an die rechte Dachneigung, siehe rechts.

Wenn Sie den Cursor genau über dem Pfad platziert haben, wird ein kleines Pluszeichen (kein Kreuz, sondern ein Pluszeichen +) am Zeichenstift eingeblendet. Das bedeutet, dass Sie genau dort durch Klicken einen Punkt im Pfad hinzufügen können.

Als Nächstes sollen Sie eine Gaube zeichnen, damit das Bild so aussieht wie auf dem Beispiel rechts.

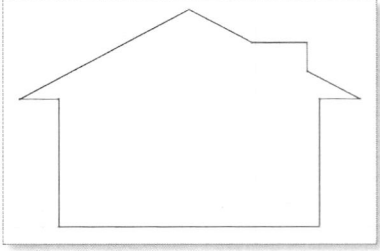

12. Stellen Sie den Zeichenstift auf den Pfad für die rechte Dachneigung (in der Nähe des Firsts) und klicken Sie einen neuen Ankerpunkt ein. Klicken Sie hintereinander zwei weitere Ankerpunkte auf der Dachneigung ein.

9 Die Zeichenwerkzeuge

13. Arbeiten Sie mit dem Direktauswahl-Werkzeug und markieren Sie den mittleren der drei Punkte, die Sie gerade hinzugefügt haben. Das kleine Quadrat, das den Ankerpunkt darstellt, wird gefüllt während die restlichen Ankerpunkte ungefüllt bleiben.

14. Ziehen Sie den Ankerpunkt mit dem Direktauswahl-Werkzeug so dass eine Gaube mit leichter Dachneigung entsteht. (Wenn am Direktauswahl-Werkzeug ein kleines Quadrat angezeigt wird, haben Sie den Punkt getroffen und können ihn bewegen, siehe Abbildung rechts.)

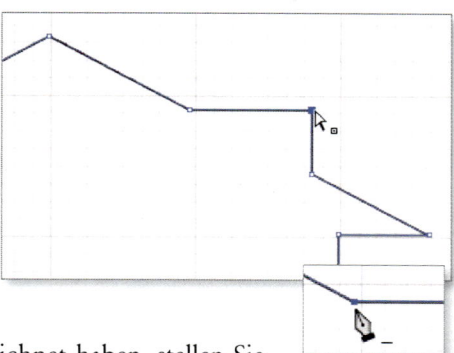

Wenn Sie versehentlich einen Punkt gezeichnet haben, stellen Sie den Zeichenstift darauf. Hinweis! Wie Sie sehen, wird das Pluszeichen nun gegen ein Minuszeichen ausgetauscht. Das bedeutet, dass der Punkt entfernt wird, wenn Sie ihn anklicken.

15. Versuchen Sie nun, einen neuen Punkt hinzuzufügen, den Sie anschließend wieder entfernen.

16. Löschen Sie die gezeichnete Figur, aber schließen Sie das Dokument noch nicht.

Beim ersten Klicken auf einen vorhandenen Pfad mit dem Zeichenstift-Werkzeug wird ein Ankerpunkt hinzugefügt, während beim nächsten Klicken derselbe Punkt entfernt wird.

Weiter Ankerpunkte hinzufügen

In der letzten Übung haben Sie Ankerpunkte hinzugefügt, indem Sie den Zeichenstift über einen Pfad geführt und an entsprechender Stelle geklickt haben (wenn neben dem Zeichenstift ein Pluszeichen zu sehen war). Dies ist eine Möglichkeit, schnell einen neuen Ankerpunkt zu einem Pfad hinzuzufügen. Eine andere Möglichkeit, weitere Ankerpunkte zu generieren, ist über das **Ankerpunkt-hinzufügen-Werkzeug**, das in der Zeichenstiftgruppe abgelegt ist.

1. Zeichnen Sie mit dem Zeichenstift ein Polygon, siehe Abbildung.

Jetzt sollen Sie versuchen, das sechsseitige Polygon in einen sechszackigen Stern zu verwandeln.

2. Wählen Sie hierzu das **Ankerpunkt-hinzufügen-Werkzeug** und klicken Sie in der Mitte der geraden Linien einige Ankerpunkte ein.

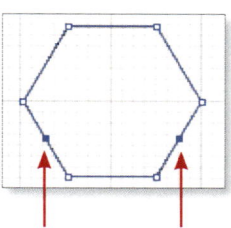

Es wurden neue Ankerpunkte hinzugefügt.

117

Alternativ können Sie Objekt, Pfad, Ankerpunkte hinzufügen wählen. Jetzt werden zwischen sämtlichen Ankerpunkten auf dem Polygon neue Ankerpunkte hinzugefügt.

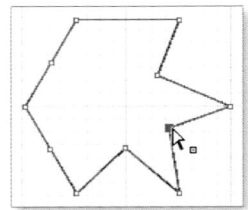

3. Klicken Sie mit dem Direktauswahl-Werkzeug auf einen der neuen Ankerpunkte und ziehen Sie ihn ins Innere der Figur. Mit dem Direktauswahl-Werkzeug können Sie einzelne Ankerpunkte verschieben.

4. Fahren Sie fort, bis Sie einen Stern gezeichnet haben. Sollte der Stern unregelmäßig geworden sein, können Sie die Spitzen des Sterns auf die gleiche Art verschieben.

5. Schließen und speichern Sie das Dokument.

Ankerpunkte löschen

Um überflüssige Ankerpunkte zu entfernen, können Sie den Zeichenstift mit dem Minuszeichen, das **Ankerpunkt-löschen-Werkzeug,** wählen und den Ankerpunkt anklicken, den Sie entfernen möchten.

Wie wir bereits gezeigt haben, können Sie auch das eigentliche Zeichenstift-Werkzeug zum Löschen der Ankerpunkte verwenden. Sobald Sie den Zeichenstift über den Ankerpunkt führen, erscheint neben dem Symbol ein keines Minuszeichen, jetzt können Sie den Ankerpunkt durch Klicken löschen. Es ist also nicht erforderlich, das Werkzeug zu wechseln, um Ankerpunkte hinzuzufügen oder zu löschen.

Ankerpunkte konvertieren

Einen Ankerpunkt zu konvertieren bedeutet, dass Sie die Einstellung des Ankerpunkts umwandeln, so dass anstelle eines steilen Winkels ein flacher Winkel gezeichnet wird und umgekehrt. Das Werkzeug zum Konvertieren der Ankerpunkte ist in der untersten Zeile der Zeichenstiftgruppe abgelegt.

Die Funktion **Ankerpunkt** ist auch im Steuerungsbedienfeld angeordnet. Sie wird angezeigt, wenn Sie einen Ankerpunkt mit dem Direktauswahl-Werkzeug anklicken.

1. Öffnen Sie ein neues Dokument und zeichnen Sie mit einer beliebigen Technik ein Rechteck. Wählen Sie einen der Ankerpunkte in einer der Ecken mit dem Direktauswahl-Werkzeug aus.

2. Klicken Sie anschließend auf die Schaltfläche **Ausgewählte Ankerpunkte in Übergang konvertieren** im Steuerungsbedienfeld **Ankerpunkt**.

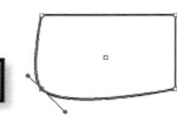

3. Machen Sie das Gleiche mit den restlichen Ankerpunkten und sehen Sie sich das Ergebnis an.

4. Wenn Sie möchten, können Sie das Rechteck mit der Schaltfläche **Ausgewählte Ankerpunkte in Ecke konvertieren** im Steuerungsbedienfeld **Ankerpunkt** wieder zurücksetzen. Schließen Sie das Dokument, ohne es zu speichern.

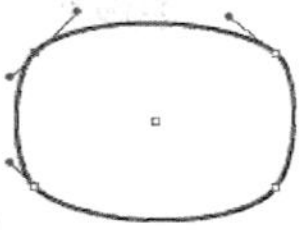

Auf den Abbildungen oben rechts können Sie sehen, wie das Rechteck aussieht, wenn einer der Ankerpunkte in einen Übergang konvertiert wurde und eine runde Ecke erhalten hat und wie das Rechteck, das nun ein Oval ist, aussieht, wenn sämtliche Ankerpunkte konvertiert wurden.

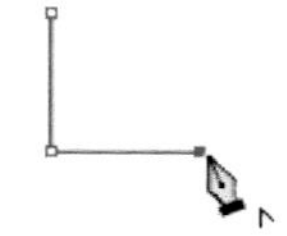

Sie können die Funktion **Ankerpunkt konvertieren** auch direkt beim Zeichnen eines Objekts verwenden. Wenn Sie ein offenes Pfadsegment zeichnen und den Zeichenstift zum letzten, platzierten Ankerpunkt führen, erscheint neben dem Zeichenstiftsymbol ein Winkel. (Siehe Abbildung rechts.) Das bedeutet, dass der Punkt, auf den Sie den Cursor gestellt haben, konvertiert wird, d. h. von einer scharfen in eine runde Ecke umgewandelt wird oder umgekehrt, wenn Sie in den Ankerpunkt klicken und ziehen.

Mit dem Ankerpunkt-konvertieren-Werkzeug arbeiten

1. Öffnen Sie ein neues, leeres Dokument.

2. Zeichnen Sie mit dem Zeichenstift eine Figur, die der in Abbildung 1 gleicht.

3. Wählen Sie das Konvertierungswerkzeug, klicken Sie auf den Ankerpunkt in der Spitze des Dreiecks und ziehen Sie diese nach rechts. Siehe Abb. 2.

Das Ergebnis ist eine Kurve.

4. Die Grifflinien stehen in beide Richtungen gleich lang heraus. Klicken Sie mit aktiviertem Konvertierungswerkzeug in den linken Griff, siehe Abbildung 3, und ziehen Sie diesen nach oben und rechts.

Das Ergebnis gleicht der Abbildung 4.

5. Machen Sie diese Übung mehrmals, damit Sie ein Gefühl dafür bekommen, wie Sie mit dem **Ankerpunkt-konvertieren-Werkzeug** aus Ecken weiche Übergänge machen können und umgekehrt.

6. Schließen und speichern Sie das Dokument.

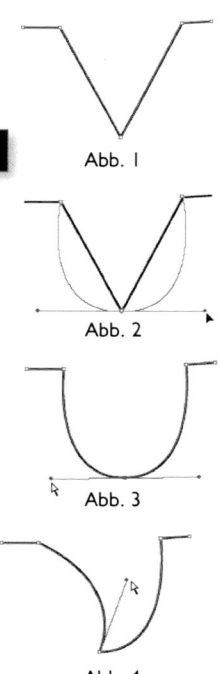

Abb. 1

Abb. 2

Abb. 3

Abb. 4

Bézierkurven zeichnen

Mit dem Zeichenstift gerade Linien zu zeichnen, ist keine Kunst. Geschwungene Linien, so genannte Bézierkurven, zu erstellen, ist jedoch schwieriger. Wenn Sie vergessen haben, was eine Bézierkurve ist, sollten Sie sich den Abschnitt über vektorbasierte Grafik am Anfang des Buches noch einmal ansehen. Manche meinen, dass es einige Geduld erfordert, bis man die Technik zum Zeichnen von Bézierkurven beherrscht. Aber auch hier macht Übung den Meister.

1. Erstellen Sie ein neues Dokument und klicken Sie mit dem Zeichenstift einen Punkt ein.

2. Klicken Sie ca. 7 cm rechts von dem ersten Punkt einen weiteren Punkt ein, siehe nachfolgendes Beispiel. Halten Sie die Maustaste, nachdem Sie den zweiten Ankerpunkt eingeklickt haben.

3. Ziehen Sie jetzt schräg nach oben. Darauf erscheint eine Richtungslinie zwischen den beiden Richtungspunkten, die an beiden Enden gleich viel verlängert wird, wenn Sie am Punkt ziehen.

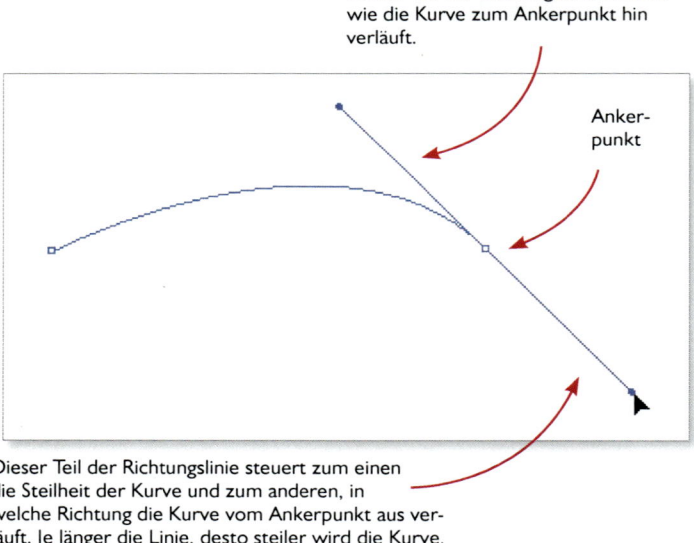

Dieser Teil der Richtungslinie steuert, wie die Kurve zum Ankerpunkt hin verläuft.

Ankerpunkt

Dieser Teil der Richtungslinie steuert zum einen die Steilheit der Kurve und zum anderen, in welche Richtung die Kurve vom Ankerpunkt aus verläuft. Je länger die Linie, desto steiler wird die Kurve.

4. Versuchen Sie jetzt, unterschiedliche Kurven zu zeichnen. Arbeiten Sie mit dem Direktauswahl-Werkzeug, um die Richtungspunkte in unterschiedliche Richtungen zu ziehen um zu sehen, wie die Richtungslinien die Kurve beeinflussen.

5. Zeichnen Sie die nachfolgenden Kurven, bevor Sie im Buch weiter gehen. Achten Sie darauf, dass beide Kurven von zwei Ankerpunkten ausgehen. Schließen Sie das Dokument, ohne es zu speichern.

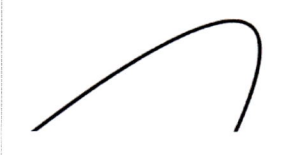 

Mit Bézierkurven einen Kreis zeichnen

Bei dieser Übung geht es darum, mithilfe des Zeichenstifts einen symmetrischen Kreis zu zeichnen. Dies ist anfangs nicht ganz leicht, aber wenn Sie den Anweisungen folgen, klappt es schon. Viel Glück!

1. Öffnen Sie ein neues Dokument. Blenden Sie das Raster ein und wählen Sie im Werkzeugbedienfeld den Zeichenstift. Achten Sie darauf, dass Sie als Konturfarbe Schwarz gewählt haben und bei Füllung Ohne markiert ist.

2. Klicken Sie einen Ankerpunkt ein, Punkt 1, lassen Sie die Maustaste los und setzen Sie mit dem Zeichenstift-Werkzeug schräg unterhalb einen neuen Ankerpunkt, siehe Abbildung rechts.

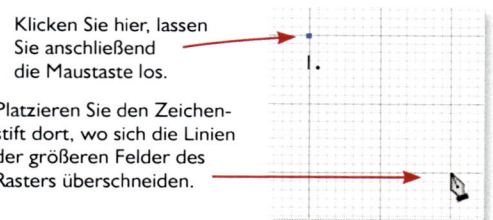

Klicken Sie hier, lassen Sie anschließend die Maustaste los.

Platzieren Sie den Zeichenstift dort, wo sich die Linien der größeren Felder des Rasters überschneiden.

3. Klicken Sie einen Ankerpunkt weiter unten an der Stelle ein, auf die der rote Pfeil zeigt, siehe Abbildung links. Vergessen Sie nicht, dass Sie nach dem Einklicken des Ankerpunkts die Maustaste halten während Sie die Maus senkrecht nach unten führen, damit die Kurve die richtige Form erhält. Lassen Sie die Maustaste los, wenn Sie mit der Form zufrieden sind, siehe Abbildung unten rechts. Jetzt haben Sie einen Halbkreis gezeichnet.

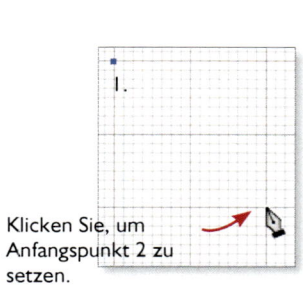 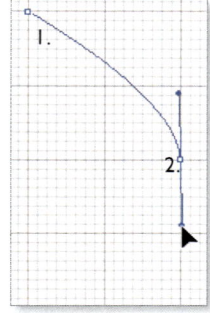 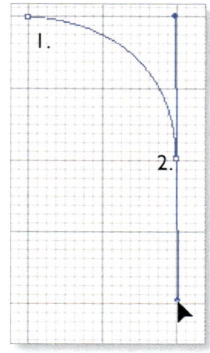

Klicken Sie, um Anfangspunkt 2 zu setzen.

Üben Sie den Schritt einige Male, bis Sie die richtige Technik gefunden haben, denken Sie daran, dass es etwas dauern kann, bis Sie mit der Technik vertraut sind.

4. Klicken Sie auf Ankerpunkt 2. Dass Sie genau über dem Ankerpunkt stehen, erkennen Sie daran, dass ein Winkel rechts neben dem Zeichenstiftsymbol erscheint.

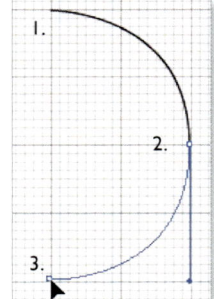

5. Führen Sie die Maus, ohne die Taste zu halten in die Richtung, in der der neue Ankerpunkt, Punkt 3, platziert werden soll. Siehe den schwarzen Pfeil in der Abbildung rechts.

6. Klicken Sie mit dem Zeichenstift den neuen Ankerpunkt, Punkt 3, ein. Halten Sie die Maustaste und ziehen Sie den Cursor waagrecht, so wie der schwarze Cursor in der Abbildung unten zeigt.

7. Lassen Sie die Maustaste los, wenn Sie mit der Form zufrieden sind, siehe die Platzierung des schwarzen Pfeils in der Abbildung rechts. Jetzt haben Sie mithilfe des Zeichenstift-Werkzeugs einen Halbkreis gezeichnet.

8. Fahren Sie mit dieser Technik fort, bis es Ihnen gelingt, den Kreis zu schließen.

9. Speichern Sie das Dokument, ohne es zu schließen.

Es gibt einfachere Wege, Kreise zu zeichnen, aber bei dieser Übung ging es darum zu lernen, mit Bézierkurven zu arbeiten.

Mit dem Zeichenstift eine Sinuskurve zeichnen

Sie können eine Sinuskurve wie in der Abbildung zu sehen zeichnen.

1. Wählen Sie das Zeichenstift-Werkzeug und blenden Sie das Raster ein, falls dies noch nicht angezeigt wird.

2. Klicken Sie den ersten Ankerpunkt ein.

3. Setzen Sie den zweiten Ankerpunkt auf gleicher Höhe, ziehen Sie die Grifflinie nach unten und winkeln Sie diese so, dass Sie eine perfekte Kurve erhalten. Hierbei ist das Grundlinienraster eine große Hilfe.

4. Wenn die erste Kurve fertig ist, lassen Sie die Maustaste los.

5. Klicken Sie den dritten Ankerpunkt auf der gleichen Höhe ein wie die beiden anderen, achten Sie darauf, dass der Abstand gleich ist. Ziehen und justieren Sie den Winkel und die Länge der Richtungslinie so, dass die Kurve genauso aussieht wie die erste nur umgekehrt.

6. Speichern und schließen Sie das Dokument.

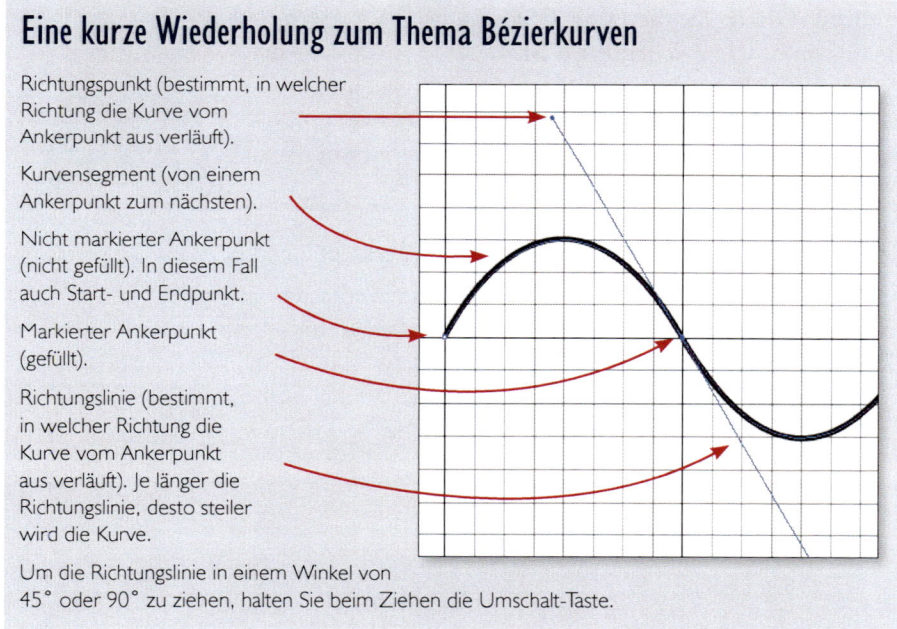

Eine kurze Wiederholung zum Thema Bézierkurven

Richtungspunkt (bestimmt, in welcher Richtung die Kurve vom Ankerpunkt aus verläuft).

Kurvensegment (von einem Ankerpunkt zum nächsten).

Nicht markierter Ankerpunkt (nicht gefüllt). In diesem Fall auch Start- und Endpunkt.

Markierter Ankerpunkt (gefüllt).

Richtungslinie (bestimmt, in welcher Richtung die Kurve vom Ankerpunkt aus verläuft). Je länger die Richtungslinie, desto steiler wird die Kurve.

Um die Richtungslinie in einem Winkel von 45° oder 90° zu ziehen, halten Sie beim Ziehen die Umschalt-Taste.

Übungsaufgaben

Mit den Zeichenwerkzeugen arbeiten

Arbeiten Sie mit den Funktionen, die Sie bis jetzt gelernt haben und zeichnen Sie diese Tischplatte, siehe Abbildung. Sie müssen in jedem Ankerpunkt ziehen.

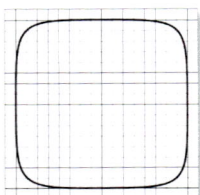

Kopieren Sie die Silhouette eines T-Shirts

Diese Aufgabe ist wirklich perfekt dazu geeignet, um das Zeichnen von Bézierkurven mit dem Zeichenstift-Werkzeug zu üben. Öffnen Sie die Datei **T-Shirt**. Benutzen Sie das Zeichenstift-Werkzeug, um die Konturen des T-Shirts so exakt wie möglich nachzuzeichnen. Verwenden Sie eine schwarze Kontur ohne Füllung. Denken Sie daran, dass es von Mal zu Mal leichter geht.

Arbeiten Sie mit dem Buntstift- und dem Glätten-Werkzeug

Schreiben Sie Ihren Namen mit dem Buntstift-Werkzeug. Verwenden Sie anschließend das Glätten-Werkzeug, um den Namenszug zu glätten.

10 Mit Pfaden arbeiten

Pfade justieren (Pfadsegmente)

In diesem Kapitel arbeiten Sie weiter mit Pfaden und Pfadsegmenten, die Sie im vorherigen Kapitel zu zeichnen gelernt haben. Ein Pfadsegment ist, wie Sie bereits wissen, ein Pfad zwischen zwei Ankerpunkten.

Sie können solche Pfadsegmente mithilfe der Auswahlpfeile beliebig verschieben und justieren und die Form bei einzelnen Pfadsegmenten mit dem Lasso-, Scheren- oder Skalpell-Werkzeug verändern. Die schnellste Art, ein Bahnsegment zu justieren und zu ändern, ist mithilfe des Direktauswahl-Werkzeugs.

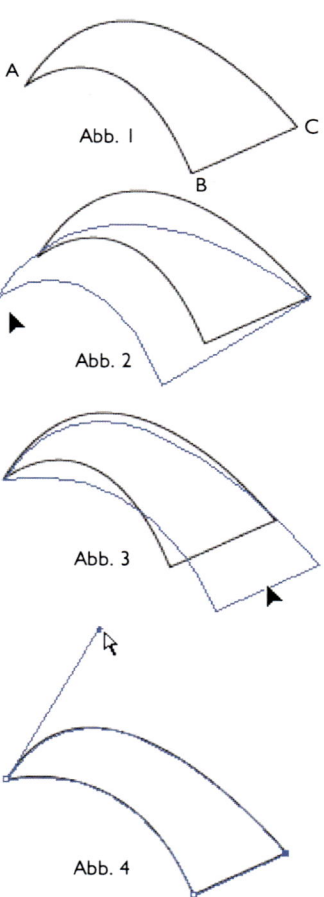

Abb. 1

Abb. 2

Abb. 3

Abb. 4

1. Öffnen Sie ein neues, leeres Dokument.
2. Zeichnen Sie eine Figur mit dem Zeichenstift, die der Figur in Abbildung 1 gleicht. Die Ankerpunkte tragen die Bezeichnung A, B und C.
3. Wählen Sie das Direktauswahl-Werkzeug und markieren Sie den Ankerpunkt A. Halten Sie die **Umschalt-Taste** und markieren Sie auch Punkt B.
4. Klicken Sie auf Punkt A und ziehen Sie. Siehe die Abbildung 2 rechts. Da Punkt C nicht markiert ist, wird er nicht verschoben.

   Um ein gerades Segment zu justieren, gehen Sie genau umgekehrt vor.

5. Markieren Sie Punkt B und C mit dem Direktauswahl-Werkzeug und gehaltener **Umschalt-Taste**.
6. Klicken Sie auf die Linie und ziehen Sie. Siehe Abb. 3.
7. Um die Kurvensegmente zu justieren, verwenden Sie wie immer die Griffe. Siehe Abb. 4. (Je nachdem, wie Sie die Figur gezeichnet haben, sitzt Ihr Griff möglicherweise an einem anderen Ankerpunkt.)
8. Schließen Sie alle offenen Dokumente, ohne sie zu speichern.

Einen Pfad auswählen und justieren

1. Öffnen Sie die Übungsdatei **Trauriger Welpe**.

Um den Gesichtsausdruck des Welpen zu ändern, können Sie den einen Mundwinkel etwas nach oben ziehen.

2. Vergrößern Sie den Bereich um die Nase und markieren Sie den Mund des Welpen mit dem Lasso-Werkzeug, damit nur dieser Teil ausgewählt wird. Siehe nachfolgende Abbildung.

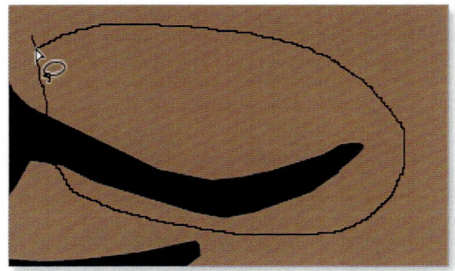

Es ist wesentlich einfacher, einen Teil einer Zeichnung oder einer unregelmäßigen Form mit dem Lasso zu markieren als mit dem Auswahl-Werkzeug. Ziehen Sie das Lasso einfach um den Bereich, der ausgewählt werden soll.

3. Wechseln Sie zum Direktauswahl-Werkzeug und ziehen Sie den Mundwinkel leicht nach oben.

4. Verwenden Sie einen Pinsel mit schwarzer Konturfarbe und justieren Sie den Mundwinkel bis Sie zufrieden sind.

5. Schließen und speichern Sie das Dokument.

Form eines Pfadsegments ändern

Um die Form einer Kurve zu ändern, ist es manchmal einfacher, das **Form-ändern-Werkzeug** zu verwenden. Es ist in derselben Gruppe wie das **Skalieren**- und das **Verbiegen**-Werkzeug angeordnet.

Mit dem Form-ändern-Werkzeug arbeiten

1. Öffnen Sie erneut die Übungsdatei **Trauriger Welpe**.
2. Wählen Sie das Lasso-Werkzeug und markieren Sie den Mundwinkel, den Sie ändern möchten (genau wie in der vorherigen Übung).

3. Wählen Sie nun das **Form-ändern-Werkzeug**. Führen Sie den Cursor über das ausgewählte Pfadsegment.

4. Klicken und ziehen Sie, sobald neben dem Pfeil ein gefülltes Quadrat erscheint.

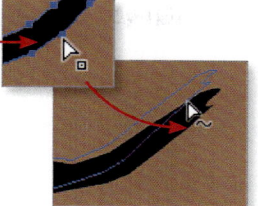

Beim Ziehen erscheint ein Symbol (mit einem gebogenen Pfad) neben dem Pfeil. Vergleichen Sie die beiden Arbeitsweisen – mit welcher Methode wurde das bessere Resultat erzielt?

5. Schließen Sie das Dokument, ohne es zu speichern.

Pfade teilen

Manchmal kann es erforderlich sein, einen Pfad in zwei oder mehrere Segmente zu teilen. Hierzu können Sie mit dem **Schere-Werkzeug** arbeiten, das in derselben Gruppe wie das Radiergummi-Werkzeug und das Messer angeordnet ist. Sie können sowohl offene als auch geschlossene Pfade teilen. Zeichnen Sie nun einen einfachen Grundriss eines Hauses.

1. Öffnen Sie ein neues, leeres Dokument und zeichnen Sie mit dem Rechteck-Werkzeug ein Rechteck ein.

2. Wechseln Sie zum **Schere-Werkzeug** und machen Sie an der linken Kurzseite einen Schnitt, indem Sie den Pfad an der Stelle anklicken, an der Sie ihn durchschneiden möchten. Die Schere wird als Fadenkreuz angezeigt.

Wenn Sie klicken, wird ein Schnitt gemacht und es werden zwei neue Ankerpunkte hinzugefügt. Dies sehen Sie am besten, wenn Sie das Direktauswahl-Werkzeug wählen, es genau auf den Schnittpunkt stellen und den Pfad nach außen ziehen.

3. Machen Sie noch einen Schnitt neben dem ersten und wechseln Sie zum Direktauswahl- oder zum Auswahl-Werkzeug und wählen das zuletzt abgeschnittene Segment aus. Betätigen Sie die **entf-Taste**.

Das ausgeschnittene Segment wird gelöscht und Sie haben eine Lücke in den Pfad geschnitten, die im Grundriss des Hauses eine Fensteröffnung darstellen soll.

Pfade verbinden

Wenn Sie mit dem Teilen des Pfades nicht zufrieden sind, können Sie, wie wir im Kapitel *Zeichenwerkzeuge* bereits gezeigt haben, den Pfad wieder verbinden. Damit dies funktioniert, dürfen nur die Ankerpunkte an den Endpunkten des Pfades ausgewählt werden. Einzelne Ankerpunkte werden mit dem Direktauswahl-Werkzeug markiert. Klicken und halten Sie die **Umschalt-Taste**, um einen weiteren Punkt zu markieren. Sie können auch das Lasso-Werkzeug verwenden, um die Endpunkte des Pfades zu markieren.

1. Markieren Sie jetzt die Endpunkte der Pfade, die verbunden werden sollen.
2. Klicken Sie mit der rechten Maustaste, um die Option **Zusammenfügen** im Kontextmenü zu wählen.

Alternativ können Sie im Steuerungsbedienfeld die Schaltfläche **Ausgewählte Endpunkte verbinden** (siehe unten) anklicken, um den Pfad zusammenzufügen.

3. Versuchen Sie nun, den Grundriss fertig zu zeichnen, indem Sie mit dem Zeichenstift, dem Auswahlwerkzeug und der Schere arbeiten. Wenn der Grundriss fertig ist, sollte er der Abbildung rechts gleichen.

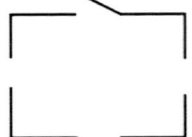

Denken Sie daran, dass Sie jeweils nur zwei offene Ankerpunkte miteinander verbinden können und dass sich die Punkte in derselben Gruppe befinden müssen (falls sie gruppiert sind).

Einen gebogenen Pfad teilen

Wenn Sie einen gebogenen Pfad teilen möchten, verwenden Sie die Schere und klicken mitten in das Kurvensegment, in dem Sie den Pfad teilen möchten. Hierzu ist es nicht erforderlich, dass der Pfad ausgewählt wurde.

1. Zeichnen Sie einen gewundenen Pfad mit dem Buntstift- oder dem Zeichenstift-Werkzeug.
2. Wählen Sie die Schere und klicken Sie mitten auf das Kurvensegment, in dem Sie den Pfad teilen möchten.

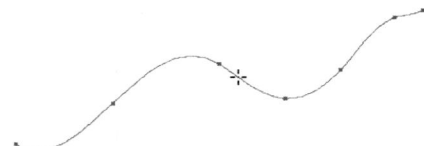

Platzieren Sie die Schere auf einem markierten oder nicht markierten Pfad und klicken Sie.

10 Mit Pfaden arbeiten

3. Wählen Sie das Auswahl-Werkzeug, stellen es über das ausgewählte Pfadsegment (dort, wo Sie geschnitten haben) und ziehen Sie es nach unten. Heben Sie nun die Auswahl des Pfades auf.

Wenn Sie alles richtig gemacht haben, sollte das Ergebnis der Abbildung oben gleichen.

4. Schließen Sie das Dokument, ohne es zu speichern.

Das Messer

Das Messer wird zum Durchtrennen von Objekten verwendet. Das Messer kann alles durchschneiden, sogar Objekte auf unterschiedlichen Ebenen. (Was eine Ebene ist, wird genauer im Kapitel *Ebenen* erklärt.) Führen Sie das Messer über eine Objektgruppe und trennen Sie alles durch. Wenn Sie nur ein ausgewähltes Objekt durchschneiden möchten, halten Sie vor dem Schneiden die **Umschalt-Taste**. Denken Sie daran, das Objekt vorher auszuwählen.

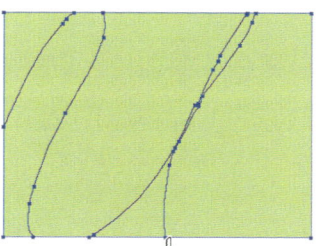

Mit dem Messer arbeiten

1. Öffnen Sie ein leeres Dokument, zeichnen Sie ein Rechteck und füllen Sie es mit einer grünen Flächenfarbe, wählen Sie keine Farbe für die Kontur (wählen Sie „ohne").

2. Wählen Sie das Messer und schneiden Sie einen Buchstaben in das Rechteck (siehe rechts). Beim Schneiden ist es nicht erforderlich, dass das Rechteck markiert ist. Heben Sie die Auswahl auf.

Trennen Sie den Buchstaben U ab

3. Wählen Sie das Auswahl-Werkzeug und ziehen Sie die Stücke in unterschiedliche Richtungen, siehe Abbildung rechts.

Achten Sie darauf, dass die Option **Objektauswahl nur durch Pfad** im Voreinstellungsfeld **Bearbeiten, Voreinstellungen, Auswahl und Ankerpunkt-Anzeige** nicht markiert ist, da Sie sonst nur den Pfad, d. h. die Kontur bewegen können.

4. Markieren und Löschen Sie alles.

10 Mit Pfaden arbeiten

Mehrere Objekte durchschneiden

1. Zeichnen Sie drei Figuren, die sich teilweise überschneiden. Füllen Sie die Figuren mit unterschiedlichen Farben, siehe Beispiel rechts. Heben Sie die Auswahl auf.
2. Schneiden Sie die Figuren mit dem Messer gerade durch.
3. Ziehen Sie die Stücke auseinander, um zu kontrollieren, ob das Messer wirklich durch alle Objekte geschnitten hat.
4. Machen Sie den Schritt mit **Strg** + **Z** rückgängig, damit die Figuren wieder zusammengesetzt werden. Gehen Sie so weit zurück, bis Sie den Schritt mit dem Messer rückgängig gemacht haben. Jetzt sehen die Figuren wieder aus wie zu Anfang.
5. Markieren Sie das Dreieck, d. h. die Figur, die zwischen den beiden anderen liegt.
6. Trennen Sie erneut mit dem Messer sämtliche Figuren durch.
7. Diesmal wurde nur das Dreieck durchtrennt, siehe Abbildung rechts.
8. Schließen Sie danach alle offenen Dokumente, ohne sie zu speichern.

Mit der Schere werden Pfade geteilt, mit dem Messer werden alle Objekte durchtrennt, wenn sie unmarkiert sind. Wenn Sie nur ein Objekt von vielen durchtrennen möchten, müssen Sie das Objekt vor dem Durchtrennen markieren.

Spiegeln

Jetzt lernen Sie, wie Sie mit dem Werkzeug **Spiegeln** arbeiten. Es wird dazu verwendet, spiegelverkehrte Pfade zu zeichnen.

Drehen Spiegeln

1. Öffnen Sie ein neues, leeres Dokument. Blenden Sie das Grundlinienraster ein.
2. Zeichnen Sie mit dem Zeichenstift ein halbes Cocktailglas, siehe Abbildung rechts. (Stellen Sie die Kontur auf 2 pt, schwarz, ein und verwenden Sie keine Flächenfarbe.)

Wenn der Pfad ungleichmäßig wird, können Sie ihn mit dem Glätten-Werkzeug glätten, am besten arbeiten Sie jedoch mit dem Justieren der Ankerpunkte und dem **Form-ändern-Werkzeug**.

3. Markieren Sie den Pfad mit dem Auswahl-Werkzeug.
4. Wählen Sie das **Spiegeln-Werkzeug**.
5. Klicken Sie ein Fadenkreuz in die gedachte Achse ein, an der Sie spiegeln möchten.
6. Halten Sie die **Alt-Taste**. (Wenn Sie die **Alt-Taste** halten, wird gleichzeitig eine Kopie erstellt, ansonsten wird nur das Original gespiegelt.)
7. Klicken Sie erneut auf den unteren Rand des Glases, diesmal jedoch weiter unten, siehe Abb. 1.

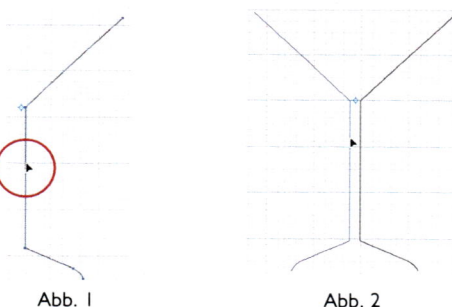

Abb. 1   Abb. 2

8. Arbeiten Sie mit dem Auswahl-Werkzeug und ziehen Sie die Pfade auseinander, so dass das Glas der Abbildung 2 entspricht.
9. Als Nächstes sollen Sie die Endpunkte am Fuß des Glases verbinden. Verwenden Sie hierzu das Direktauswahl-Werkzeug und markieren Sie zuerst den einen Punkt. Halten Sie die **Umschalt-Taste** und markieren Sie den anderen Punkt.
10. Wählen Sie **Objekt**, **Pfad**, **Zusammenfügen** (oder klicken Sie mit der rechten Maustaste und wählen Sie **Zusammenfügen**), damit sich die Pfade verbinden. Machen Sie das Gleiche am oberen Rand des Glases.

Wenn Sie einen perspektivischen Eindruck im Glas erreichen möchten, können Sie mit dem Ellipse-Werkzeug und dem Zeichenstift im Werkzeugbedienfeld arbeiten. Zeichnen Sie eine Ellipse mit dem Ellipse-Werkzeug und kopieren Sie diese mit **Bearbeiten**, **Kopieren** oder mit dem Tastaturbefehl **Strg + C**.

10 Mit Pfaden arbeiten

11. Fügen Sie mithilfe von **Strg** + **V** zwei weitere Ellipsen ein und platzieren Sie diese wie auf dem nachfolgenden Beispiel zu sehen.

12. Zeichnen Sie mit dem Zeichenstift ein stumpfes Dreieck, markieren es und wählen eine Farbe im Farbbedienfeld. Machen Sie das Gleiche mit der Ellipse 2, um das Glas mit einem Getränk zu füllen.

13. Ihr Glas sollte dem Beispiel in der Mitte möglichst ähnlich sein. Speichern Sie die Zeichnung mit der Bezeichnung **Glas** und schließen Sie das Dokument.

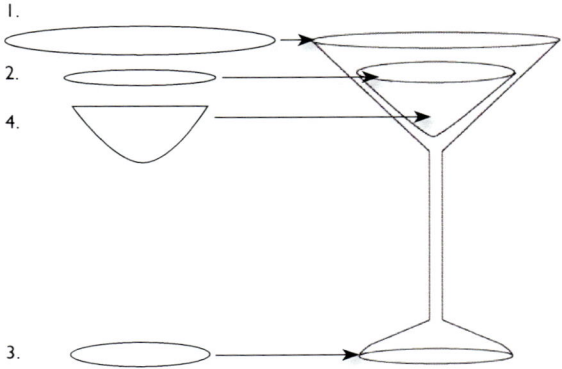

Der Dialog Spiegeln

1. Öffnen Sie ein neues, leeres Dokument und doppelklicken Sie auf das **Spiegeln-Werkzeug** oder wählen Sie **Objekt, Transformieren, Spiegeln**. Darauf erscheint der nachfolgende Dialog.

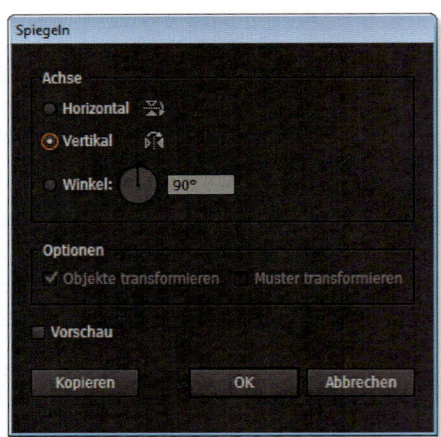

Vertikal bedeutet, dass das Objekt um seine vertikale (senkrechte) Achse gespiegelt wird. **Horizontal** spiegelt das Objekt waagrecht. Mit der Schaltfläche **Kopieren** erhalten Sie eine gespiegelte Kopie. Durch Anklicken von **OK** wird nur das ursprüngliche Objekt gespiegelt.

Wie Sie bereits wissen, können Sie das Spiegeln-Werkzeug direkt einsetzen, genau wie beim Spiegeln des Glases in der vorherigen Übung. Denken Sie daran, die **Alt-Taste** zu halten, wenn Sie den zweiten Punkt einklicken, um eine Kopie zu erstellen.

2. Klicken Sie auf die Schaltfläche **Abbrechen** und schließen Sie das Dokument.

Bilder nachzeichnen

Nachzeichnen bedeutet, dass Sie Ihre gerasterten Bilder wie z. B. Fotografien im JPEG-Format oder eingescannte Skizzen usw. in Vektorgrafik umwandeln. Sobald die Bilder in Vektorgrafiken umgewandelt wurden, haben Sie unendliche Möglichkeiten, diese genau wie jedes beliebige Vektorobjekt zu bearbeiten.

Die Funktion **Bildnachzeichner** gibt es schon länger, aber in Illustrator CS6 wurde sie von Grund auf überarbeitet und bietet nun ganz neue Möglichkeiten. Durch den leistungsstarken Bildnachzeichner-Motor (64-bit) und die Tatsache, dass nun weniger Arbeitsschritte erforderlich sind, ist der Arbeitsablauf deutlich schneller geworden. Außerdem werden wesentlich bessere Ergebnisse erzielt. Linien und Pfade sind reiner und schärfer geworden und die Farbwiedergabe ist genauer.

Das Bedienfeld Bildnachzeichner

1. Öffnen Sie die Übungsdatei **Motorrad** (ein Photo mit pixelliertem Bild in JPEG-Format).
2. Öffnen Sie das Bedienfeld **Bildnachzeichner** über **Fenster**.
3. Markieren Sie das Motorrad.

Übrigens: Die Bildnachzeichner-Funktion wird immer im Steuerungsbedienfeld angezeigt, wenn Sie in Illustrator ein pixelliertes Bild auswählen.

Ganz oben im Bedienfeld **Bildnachzeichner** sind Schaltflächen für Standard-Bildnachzeichneralternativen angeordnet. Die Voreinstellungen unterscheiden sich in der Darstellung der Farben (Farbtiefe, Graustufen oder Schwarzweiß). Die Einstellungen im Bedienfeld ändern sich, je nachdem, ob Sie die Einstellung **Auto-Farbe** (ganz links) oder **Pfadansicht** (ganz rechts) wählen. Wenn Sie z. B. **Auto-Farbe** wählen, wird Ihre Einstellung direkt nach dem Listenfeld **Vorgabe** gezeigt, siehe Abbildung oben rechts.

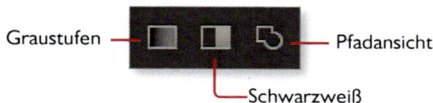

Über **Ansicht** können Sie Ihr nachgezeichnetes Bild auf unterschiedliche Art darstellen, z. B. mit dem Quellbild im Hintergrund oder nur mit Konturen. Weitere Alternativen sind Konturen mit Quellbild oder nur Quellbild.

Modus bietet drei unterschiedliche Alternativen: **Farbe**, **Graustufen** oder **Schwarzweiß**.

Palette zeigt unterschiedliche Alternativen, wenn Sie mit Farbbildern arbeiten: die Modi **Automatisch**, **Vollton** oder **Beschränkt**. Dies hängt davon ab, welche **Vorgabe** Sie gewählt haben.

Mit dem Schieber **Farben** (der auch andere Werte als Farbwerte anzeigen kann) variieren Sie die unterschiedlichen Vorgaben, die mit der von Ihnen gewählten Voreinstellung verknüpft sind, z. B. Farben oder Graustufen.

Sobald Sie im Bedienfeld selbst einige der Einstellungen z. B. unter **Modus**, **Palette**
oder am Schieber unter **Palette** verändern, weichen Sie von den voreingestellten Werten ab. Dies erkennen Sie daran, dass **Benutzerdefiniert** im Feld neben **Vorgabe** angegeben ist. Wenn Sie eine benutzerdefinierte Einstellung speichern möchten, klicken Sie auf das Kontextmenü rechts neben dem Feld. Dort können Sie Ihre Einstellung als neue Vorgabe speichern.

In der nächsten Übung sollen Sie einige der voreingestellten Bildnachzeichneralternativen ausprobieren.

4. Lassen Sie das Optionsfeld Vorschau markiert. Klicken Sie auf die Schaltfläche **Hohe Farbtiefe**.

Darauf erscheint ein Dialog, in dem mitgeteilt wird, dass der Bildnachzeichner-Motor die neuen Werte berechnet.

Wie Sie sehen, geht dies schnell und das Ergebnis gleicht dem Beispiel rechts (obwohl Ihr Motorrad vermutlich von einem Auswahlrahmen umgeben ist.) Die Bildwiedergabe ist fast fotografisch genau.

Ganz unten im Bedienfeld **Bildnachzeichner** ist ein Informationssymbol angeordnet neben dem angegeben ist, wie viele **Pfade**, **Farben** und **Ankerpunkte** sich aus Ihrer Bildvorgabe ergeben.

5. Klicken Sie als Nächstes auf die Schaltfläche **Schwarzweiß**.

Achten Sie darauf, wie sich das Bild verändert, aber auch darauf, welche Informationen über die veränderten Bildwerte ganz unten im Bedienfeld angegeben werden.

Wie Sie sehen können, hat sich die Anzahl der Pfade und Ankerpunkte drastisch verringert als Sie eine Alternative gewählt haben, die nur zwei Farben enthält (anstelle der vorherigen Alternative Hohe Farbtiefe, die 2977 Farben umfasst).

6. Klicken Sie auf die Schaltfläche **Geringe Farbtiefe**.

Klicken Sie auf den Pfeil neben **Erweitert**. Darauf werden drei Schieber angezeigt (siehe Abbildung unten links).

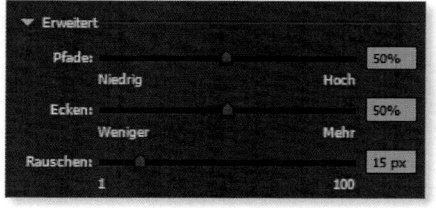

In den unterschiedlichen Vorgabenalternativen sind die Prozentwerte für die Schieber **Pfade**, **Ecken** und **Rauschen** vorbestimmt. Somit erhalten unterschiedliche Bilder, die Sie mit der Vorgabe **Auto-Farbe** bearbeiten, unter **Erweitert** immer die gleichen Prozentwerte. Das kann bedeuten, dass Sie unter Umständen unter **Erweitert** eigene Einstellungen vornehmen müssen, um den entsprechenden Modus für den gewünschten Bildinhalt zu finden.

7. Nehmen Sie unter **Erweitert** einige Veränderungen vor.

Ganz unten im Bedienfeld **Bildnachzeichner** ist die Schaltfläche **Nachzeichnen** angeordnet, mit der Sie den Befehl ausführen. Die Schaltfläche wird aktiviert, sobald Ihr Bild markiert und das Optionsfeld **Vorschau** deaktiviert ist.

8. Stellen Sie sicher, dass Ihr Bild markiert ist. Deaktivieren Sie das Optionsfeld **Vorschau**. Klicken Sie auf die Schaltfläche **Nachzeichnen**.

Jetzt fehlt nur noch ein Schritt, bevor die die Pfade Ihres im Bildnachzeichner bearbeiteten Objekts in Vektoren umgewandelt werden.

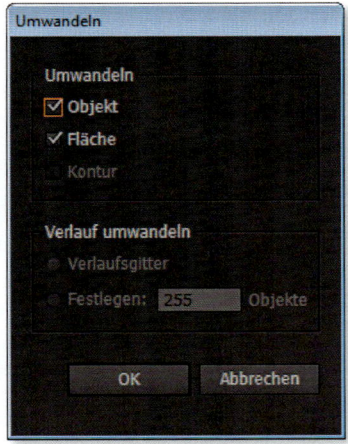

9. Gehen Sie zu **Objekt**, **Umwandeln** und klicken Sie im darauf erscheinenden Dialog auf die Schaltfläche **OK**. (Sowohl Objekt und Fläche müssen markiert sein.)

Jetzt wurde Ihr Bild in ein Vektorbild umgewandelt.

10. Heben Sie die Auswahl auf, speichern Sie das Bild unter **Mein Motorrad** und schließen Sie das Dokument.

Pfade vereinfachen

Eine äußerst praktische Funktion in Illustrator ist die Möglichkeit, Pfade zu vereinfachen. Wenn eine Zeichnung sehr viele Pfade und Ankerpunkte enthält, kann dies zu Problemen beim Drucken führen. Die Dateien werden ganz einfach zu groß. Schauen Sie sich die beiden nachfolgenden Bilder an.

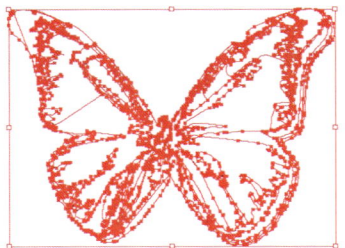
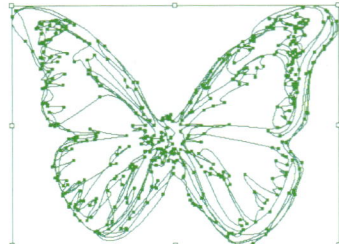

Das linke Bild von einem Schmetterling stammt aus der Symbolbibliothek. Es hat so viele Ankerpunkte, dass es nicht möglich ist, die einzelnen Konturlinien zu erkennen. So viele Ankerpunkte sind nicht erforderlich. Auf dem rechten Bild wird dasselbe Symbolbild gezeigt, diesmal jedoch mit deutlich weniger Ankerpunkten. (Beide Bilder werden in der Pfadansicht gezeigt.)

1. Öffnen Sie das Übungsbild **Schmetterling**.
2. Markieren Sie das gesamte Objekt mit dem Direktauswahl-Werkzeug.
3. Wählen Sie **Objekt**, **Pfad**, **Vereinfachen**.

4. Markieren Sie die Optionsfelder **Vorschau** und **Original anzeigen**. Achten Sie darauf, dass der Dialog nicht den Schmetterling verdeckt, damit Sie verfolgen können, wie er sich verändert.

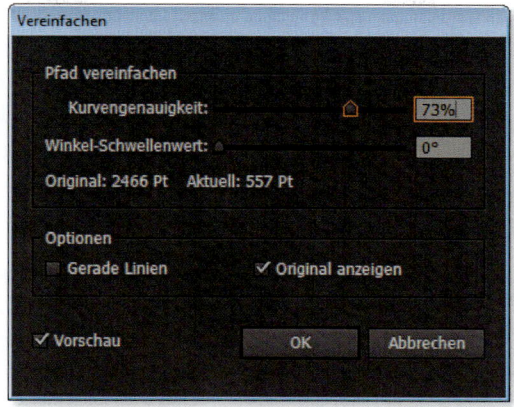

Durch Markieren von **Original anzeigen** werden die ursprünglichen Ankerpunkte rot und die neuen blau markiert.

Mithilfe von **Kurvengenauigkeit** legen Sie fest, wie genau die Pfade dem Original folgen sollen. Ein niedrigerer Wert ergibt weniger Ankerpunkte aber ungenauere Pfade. Mit **Winkel-Schwellenwert** bestimmten Sie die Rundung der Ecke. Wenn der Winkel eines Eckpunktes geringer ist als der Wert, den Sie unter **Winkel-Schwellenwert** angegeben haben, ändert sich der Eckpunkt nicht.

5. Stellen Sie die **Kurvengenauigkeit** auf 73% und den **Winkel-Schwellenwert** auf 0 Grad ein.

Wenn Sie **Vorschau** markiert haben, wird die Anzahl der Ankerpunkte des Originals bzw. der aktuellen Zeichnung angegeben.

Original: 2466 Pt   Aktuell: 557 Pt

6. Klicken Sie auf **OK**.

Der ursprüngliche Schmetterling ist in der Abbildung oben links zu sehen.

7. Speichern Sie das Dokument als **Schmetterlingspfad** und schließen Sie es.

Pfade und Objekte löschen

Es stehen Ihnen unterschiedliche Möglichkeiten zur Verfügung, die von Ihnen gezeichneten Pfade zu löschen oder zu verändern. Sie können z. B. Pfadsegmente oder ein Objekt mit dem **Löschen-Werkzeug** oder dem **Radiergummi-Werkzeug** entfernen. Mit dem Radiergummi können Sie beim Radieren neue Pfade erstellen und somit neue Objekte.

Das **Löschen-Werkzeug** ist in derselben Gruppe angeordnet wie das Buntstift-Werkzeug und wird verwendet, um Teile eines markierten Pfads zu löschen wie z. B. in der Abbildung rechts.

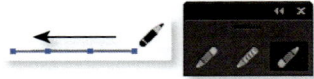

Das **Radiergummi-Werkzeug** wird zum Löschen von Teilen eines gruppierten Objekts und zum gleichzeitigen Zeichnen neuer Pfade und Objekte verwendet.

1. Öffnen Sie das Übungsbild **Keks**.
2. Doppelklicken Sie auf das Radiergummi-Werkzeug, um sich den Dialog **Radiergummioptionen** anzeigen zu lassen.

- **Unter Winkel** wird die Gradanzahl des Drehwinkels angegeben.
- **Rundheit** gibt die Rundheit des Werkzeugs in Prozent an.
- **Größe** gibt die Breite des Werkzeugs in Punkten an.

3. Stellen Sie den Schieber neben **Größe** auf 7 pt ein.
4. Klicken Sie auf die Schaltfläche **OK**.

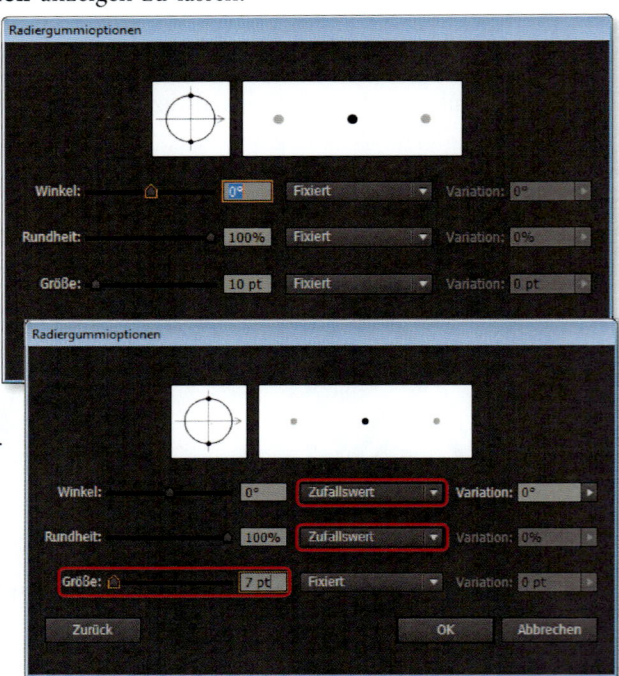

5. Bearbeiten Sie den Keks mit dem Radiergummi, bis er so aussieht wie auf der Abbildung rechts. Halten Sie hierzu die Maustaste und ziehen Sie.

Wenn ein Objekt nicht markiert ist, wird alles ausradiert, sowohl auf als auch zwischen den Ebenen (mehr hierzu im Kapitel Ebenen). Wenn Sie nur ein bestimmtes Objekt ausradieren möchten, markieren Sie es oder öffnen es im Isolationsmodus.

Wie Sie sehen können, entstehen ausradierte Kanäle, wenn Sie mit dem Radiergummi-Werkzeug arbeiten. Gleichzeitig werden neue Pfade und somit neue, separate Objekte geschaffen.

6. Wechseln Sie zum Auswahl-Werkzeug, wählen Sie einen der „Krümel" aus und ziehen ihn etwas vom Keks weg. In diesem Modus können Sie das Objekt auch über **Löschen** entfernen.

7. Markieren Sie den Keks und versuchen Sie, die nicht markierten Krümel auszuradieren.

Wie Sie sehen, können Sie nur den eigentlichen Keks ausradieren, da er als einziges markiert ist. Die nicht markierten Objekte werden nicht bearbeitet.

Tastaturbefehle zum Anpassen der Radierfläche

Sie können den Radiergummi direkt anpassen, um die Radierfläche abzugrenzen.

Vorgehensweise	Maßnahme
Umschalt-Taste + Ziehen	Wandelt den Radiergummi in eine waagrechte, senkrechte oder diagonale Linie um.
Alt-Taste + Ziehen	Blendet einen rechteckigen Auswahlrahmen ein, in dessen Innerem alles gelöscht wird.
Umschalt-Taste + Alt-Taste + Ziehen	Blendet einen quadratischen Auswahlrahmen ein, in dessen Innerem alles gelöscht wird.

8. Schließen Sie das Dokument, ohne es zu speichern.

Übungsaufgabe

Mit dem Radiergummi arbeiten

Zeichnen Sie ein großes Rechteck und arbeiten Sie mit dem **Radiergummi-Werkzeug,** um eine beliebige Anzahl von Puzzleteilen zu erstellen, die dann in unterschiedlichen Farben angelegt werden. Ziehen Sie die Teile auseinander.

Speichern Sie das Dokument unter **Puzzleteile** und drucken es aus.

11 Die Pinsel-Werkzeuge

Bislang haben Sie mit Zeichenwerkzeugen wie dem Buntstift und dem Zeichenstift gearbeitet, um Pfade und Objekte zu erstellen. Jetzt ist es an der Zeit, dass Sie die Pinsel-Werkzeuge von Illustrator kennen lernen. Es gibt zwei verschiedene Pinsel-Werkzeuge, den *Pinsel* und den so genannten *Tropfenpinsel,* die sich stark voneinander unterscheiden. Mit dem Pinsel gestalten oder ändern Sie das Aussehen der Linien (Pfaden) mithilfe unterschiedlicher Pinselstile, die als Standard im Programm abgelegt sind. Sie können auch Ihre eigenen Pinselstile erstellen.

Mit dem Tropfenpinsel erstellen Sie gefüllte Objekte, d. h. also keine Linien oder Pfadsegmente, sondern geschlossene Pfade ohne Kontur.
Mehr zum Thema Tropfenpinsel erfahren Sie weiter hinten im Buch.

Das Pinsel-Werkzeug

Die Technik zum Zeichnen mit dem Pinsel ist die gleiche wie beim Zeichenstift, das bedeutet, dass Sie mit gehaltener Maustaste in einem Zug eine Linie zeichnen und durch Loslassen der Maustaste den Pfad abschließen. Sie klicken also nicht wie beim Zeichenstift zum Erstellen eines Pfads Ankerpunkte ein.

Das Bedienfeld Pinsel

1. Öffnen Sie ein neues, leeres Dokument.
2. Öffnen Sie das Bedienfeld Pinsel über **Fenster**, **Pinsel** (falls es noch nicht im Bedienfeldblock angeordnet ist).
3. Klicken Sie auf das Menü **Pinsel-Bibliotheken** ganz links unten im Bedienfeld.

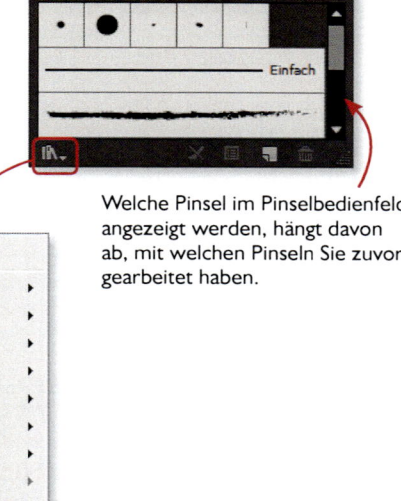

Welche Pinsel im Pinselbedienfeld angezeigt werden, hängt davon ab, mit welchen Pinseln Sie zuvor gearbeitet haben.

Darauf wird ein Menü mit sämtlichen Pinsel-Bibliotheken geöffnet, die zum Lieferumfang des Programms gehören, siehe Abbildung rechts.

141

Übersicht über die fünf Pinseltypen

Die fünf Pinseltypen sind im Kontextmenü des Bedienfelds ganz oben rechts unter Pinsel-Bibliothek angeordnet.

Pinseltyp	Mögliches Aussehen	Funktion
Kalligraphiepinsel		Imitieren die Strichführung eines Kalligraphiestiftes.
Spezial-Pinsel		Setzen Kopien des gewählten Objekts nebeneinander.
Borstenpinsel		Die Pinselstriche gleichen den Linien eines richtigen Borstenpinsels.
Künstlerische Pinsel		Ahmen gemalte Linien nach, die zu breiten, gemalten Flächen aufgezogen werden können.
Dekorative Pinsel		Erstellen einen Musterrapports, der spezifische Muster z. B. für Ecken hat.

4. Wählen Sie die Alternative **Künstlerisch**, **Künstlerisch_Tinte** in der Pinsel-Bibliothek und wählen Sie den Pinsel **Kalligraphie 1**.

Die Pinsel-Bibliothek öffnet sich meist in einem eigenen Bedienfeld.

5. Aktivieren Sie das Pinsel-Werkzeug und zeichnen Sie eine geschwungene Linie.

Wenn Ihr Pinselstrich seltsam aussieht, ungefähr so wie im Beispiel unten, hängt dies damit zusammen, dass eine Flächenfarbe gewählt ist, kontrollieren Sie die Einstellung im Werkzeugbedienfeld.

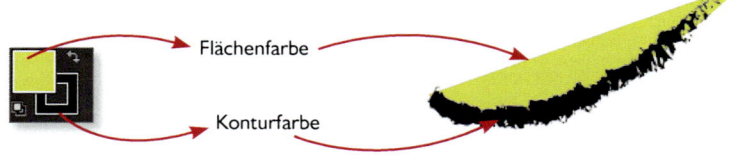

Da der Pinsel in den meisten Fällen von der Konturfarbe ausgeht, darf das Feld für Flächenfarbe im Werkzeugbedienfeld keine Füllung haben.

6. Testen Sie die anderen Pinsel der Gruppe **Künstlerisch** und wechseln Sie die Konturfarbe.

11 Die Pinsel-Werkzeuge

7. Gehen Sie auf **Fenster**, **Pinsel-Bibliotheken**, **Umrandungen**, **Umrandungen_Dies und das**.

Alternativ können Sie auch über das Kontextmenü des Pinselbedienfelds darauf zugreifen.

8. Wählen Sie die Pinselform mit den Froschfüßchen (**Spuren_Amphibie**).

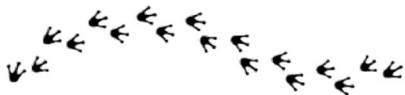

9. Ziehen Sie einen Strich über das Dokument.

Wenn Sie einen Pinsel aus der Pinsel-Bibliothek auswählen, wird er dem Pinselbedienfeld hinzugefügt. Die hinzugefügten Pinsel werden zusammen mit dem Dokument gespeichert, sind aber verschwunden, wenn Sie ein neues Dokument öffnen (falls Sie die Pinsel nicht als eigene Pinsel-Bibliothek gespeichert haben). Wenn Sie Illustrator schließen, werden Ihre geöffneten Pinsel-Bibliotheken geschlossen. Wenn Sie erneut auf eine der Bibliotheken zugreifen möchten, müssen Sie diese wieder öffnen.

10. Schließen und speichern Sie das Dokument.

Pinselformen ändern

Wenn Sie einen Pinsel erstellen oder ändern möchten, doppelklicken Sie auf den betreffenden Pinselstil im Pinselbedienfeld. Darauf erscheint ein Dialog, in dem Sie Änderungen für den gewählten Pinsel vornehmen können. Sie können

> Wenn Sie einen vorhandenen Pinsel ändern möchten, empfiehlt es sich, diesen unter einem anderen Namen zu speichern. Auf die Art stellen Sie sicher, dass Ihnen der Originalpinsel erhalten bleibt.

die Pinselform ändern, indem Sie Größe, Winkel, Rundheit, Durchmesser und Variation anpassen. Außerdem können Sie die Steifigkeit und Glätte des Pinsels durch Doppelklicken auf den Pinsel im Pinselbedienfeld einstellen.

1. Öffnen Sie ein leeres Dokument und wählen Sie **Fenster**, **Pinsel**, falls das Pinselbedienfeld noch nicht angezeigt wird. Klicken Sie auf das Menü **Pinsel-Bibliotheken**, wählen Sie **Künstlerisch**, **Kalligraphisch** und **15 Pt oval** (wie auf der Abbildung rechts).

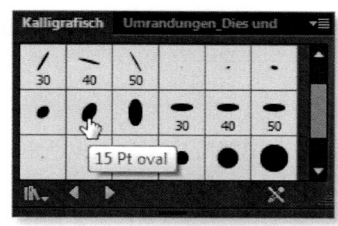

Falls es den Pinsel (15 Pt oval) noch nicht gibt, wird er jetzt dem Pinselbedienfeld hinzugefügt.

2. Doppelklicken Sie auf den Kalligraphiepinsel **15 Pt oval**.

11 Die Pinsel-Werkzeuge

3. Ändern Sie die Werte im Dialog gegen die Nebenstehenden aus und klicken Sie auf **OK**.

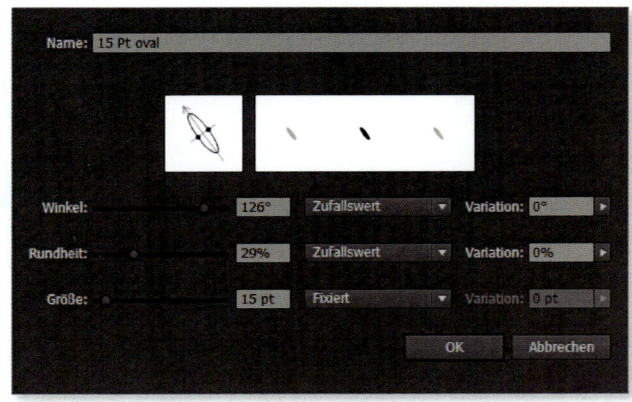

4. Wählen Sie das Pinsel-Werkzeug und testen Sie den neuen Pinsel.

5. Schließen Sie das Dokument, ohne es zu speichern.

Eigene Pinsel erstellen

In Illustrator ist es einfach, eigene Pinsel zu erstellen. Sie können mit Ausgangspunkt von allen fünf Pinseltypen neue Pinsel erstellen. Eine der Neuheiten von Illustrator CS6 ist, dass bei Pinselstrichen Verläufe verwendet werden können (mehr hierzu erfahren Sie im Kapitel über Verläufe).

In dieser Übung sollen Sie einen Pinsel erstellen, mit dem Sie ein Schachbrett oder eine Zielflagge malen können. (Sie malen also mit karierter Farbe.) Das heißt, dass Sie einen **Musterpinsel** erstellen.

1. Öffnen Sie ein neues, leeres Dokument.

2. Zeichnen Sie ein Raster wie in der Abbildung rechts. (Achten Sie darauf, dass das Objekt keine Konturlinie hat, im Beispiel dient die Konturlinie nur zur Verdeutlichung.) Die Flächenfarben sind Schwarz und Weiß. Markieren Sie alles.

Am leichtesten ist es, wenn Sie ein kleines Quadrat zeichnen, und so viele Kopien davon einfügen, wie Sie benötigen. Wählen Sie **Ansicht**, **Raster** und blenden Sie ein Raster ein, um die Quadrate einfacher platzieren zu können.

3. Öffnen Sie das Bedienfeld **Pinsel**.

4. Klicken Sie auf den Pfeil ganz oben rechts im Bedienfeld und wählen Sie die Alternative **Neuer Pinsel**.

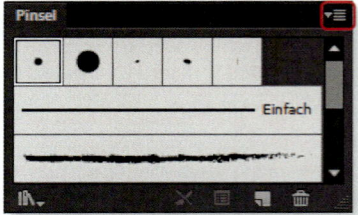

5. Markieren Sie die Alternative **Musterpinsel** und klicken Sie anschließend auf **OK**.

Hinweis! Vergessen Sie nicht, das Objekt oder die Objekte zu markieren, die dem Pinseltyp zugrunde liegen sollen, bevor Sie den Pinseltyp wählen.

6. Geben Sie in dem darauf erscheinenden Dialog **Schachbrett** im Feld neben **Namen** ein. Im Feld **Skalieren** geben Sie an, wie groß der Pinsel sein soll, lassen Sie den Wert 100 % stehen. Stellen Sie den Wert von **Abstand** auf 0 % ein, da es sich um ein fortlaufendes Muster handelt.

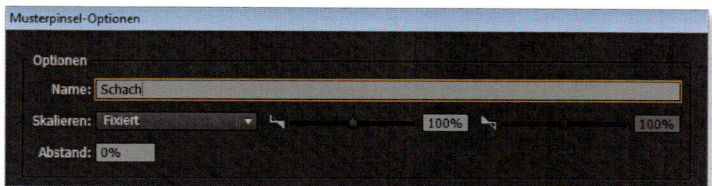

7. Klicken Sie auf **OK**, wählen Sie das Pinsel-Werkzeug und probieren Sie Ihren neuen Pinsel aus.

Pinselstriche auf Objekten

Sie können Pinselstriche sowohl auf Objekten als auch auf Pfadsegmenten einsetzen, solange diese ausgewählt sind.

1. Testen Sie unterschiedliche Pinseltypen auf unterschiedlichen Objekten und Pfadsegmenten.

2. Speichern Sie das Dokument unter **Schach und Pinselstrich** und schließen es.

Spezial-Pinsel

Um Spezial- oder Bild-Pinsel zu erstellen, müssen Sie alle Objekte markieren, die zum Pinsel gehören sollen, ansonsten sind nicht alle Pinseloptionen zugänglich.

1. Öffnen Sie die Datei **Wolken**.
2. Markieren Sie die Wolken mit dem Direktauswahl-Werkzeug.
3. Öffnen Sie das **Pinselbedienfeld** und wählen Sie **Neuer Pinsel** im Kontextmenü.
4. Markieren Sie die Alternative **Spezial-Pinsel** und klicken Sie anschließend auf **OK**.

Darauf erscheint der nachfolgende Dialog.

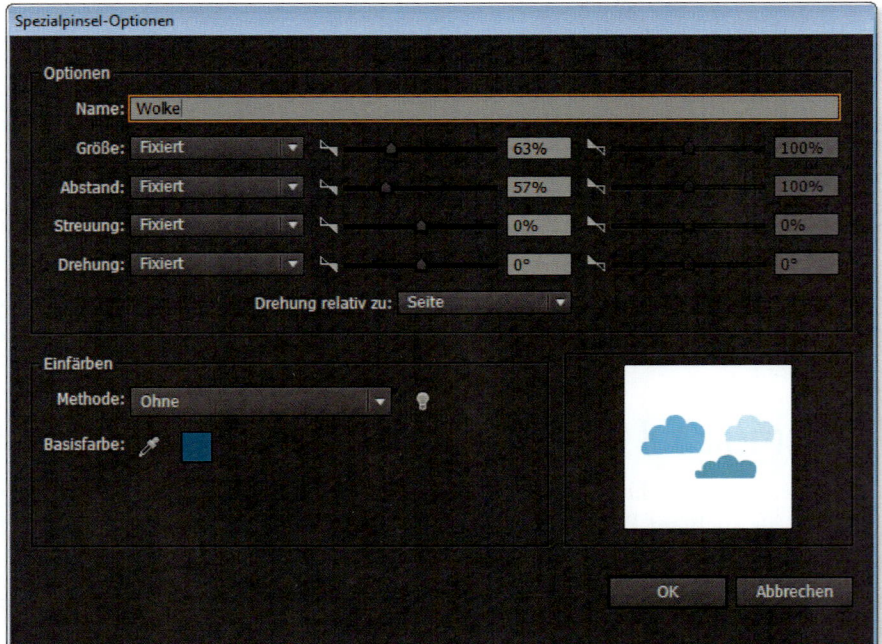

5. Geben Sie im Feld **Namen Wolken** ein. Ändern Sie die Werte nach **Größe** und **Abstand**, so dass sie dem Inhalt des Dialogs oben entsprechen.
6. Klicken Sie anschließend auf **OK**.

Nun haben Sie den Spezial-Pinsel Wolken dem Pinselbedienfeld hinzugefügt.

7. Achten Sie darauf, Wolken im Pinselbedienfeld zu markieren. Mit gewähltem Spirale-Werkzeug können Sie dann eine Spirale aus Wolken zeichnen. Versuchen Sie nun, den Pinsel Wolken mit dem herkömmlichen Pinsel-Werkzeug zu verwenden.

8. Speichern Sie das Dokument als **Einzelne Wolken** und schließen Sie es.

Der Tropfenpinsel

Das **Tropfenpinsel-Werkzeug** ist ein Pinsel, mit dem Flächen oder Formen als geschlossene Pfade ohne Konturen erstellt werden können. Das Werkzeug macht es möglich, in Illustrator in größerem Umfang freihand mit vektorbasierter Grafik zu arbeiten.

> *Der Tropfenpinsel ist besonders effektiv, wenn man ihn zusammen mit einer Wacom-Platte oder einer anderen, druckempfindlichen Zeichenplatte verwendet, da dieser, mehr als alle anderen Werkzeuge in Illustrator, tatsächlich wie ein richtiger Pinsel funktioniert.*

Auf diese Art können Sie im Handumdrehen neue Objekte erstellen. Der Tropfenpinsel ermöglicht eine natürlichere Art des Malens als der Zeichenstift, bei dem Sie Pfade ziehen einzelne Punkte einklicken müssen.

Die Flächen, die Sie mit dem Tropfenpinsel erstellen, unterscheiden sich nicht von anderen vektorbasierten Pfaden. Das bedeutet, dass Sie Musterfüllungen, Effekte und Grafikformate verwenden können. Die Standard-Pinseleinstellungen des Werkzeugs sind die gleichen wie für die Kalligraphie-Pinsel.

Wir empfehlen, den Tropfenpinsel zusammen mit den Auswahl- und **Glätten-Werkzeugen** zu verwenden, am besten wird das Ergebnis mit dem **Radiergummi-Werkzeug**. Mit diesen Werkzeugen „meißeln" Sie Ihr Objekt heraus.

Mit dem Tropfenpinsel arbeiten

1. Erstellen Sie ein neues Dokument.
2. Klicken Sie auf den Tropfenpinsel  im Werkzeugbedienfeld und wählen Sie **15 Pt rund** im Pinselbedienfeld oder über den Rolllistenpfeil im Steuerungsbedienfeld, siehe Abbildung rechts. Wird **15 Pt rund** nicht angezeigt, können Sie den oben angegebenen Anweisungen unter **Pinselformen ändern** folgen.

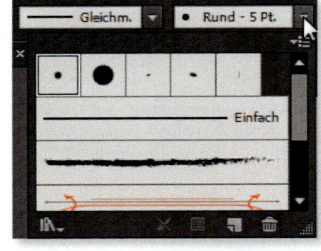

3. Wählen Sie eine schwarze Flächenfarbe und markieren Sie bei Kontur **Ohne** im Werkzeugbedienfeld, siehe Abbildung rechts.

Wenn Sie möchten, dass Ihre Zeichnung mit einer vorhandenen Zeichnung zusammenfließt, ist es wichtig, dass die Zeichnung und das Werkzeug dieselbe Flächenfarbe haben und dass bei Konturfarbe ohne markiert ist.

4. Wenn Sie den Tropfenpinsel über die Zeichenfläche führen, nimmt der Cursor folgende Form an. Zeichnen oder schreiben Sie etwas, indem Sie klicken und die Maustaste halten. Lassen Sie die Maustaste los, wenn Sie mit dem Ergebnis zufrieden sind.

Mit dem Tropfenpinsel können Sie geschlossene Pfade, Flächen ohne Konturen zeichnen.

Mit dem Standard-Pinsel werden offene Pfade in Form von Linien erstellt.

5. Markieren Sie das Objekt, das Sie gezeichnet haben mit einem der Auswahl-Werkzeuge und kontrollieren Sie das Ergebnis.
6. Schließen Sie das Dokument, ohne es zu speichern.

Mit dem Tropfenpinsel zusammenhängende Pfade erstellen

Mit dem Tropfenpinsel können Sie Objekte zusammenfügen und auf Grundlage bereits vorhandener Objekte neue Objekte erstellen. Die einzige Vorgabe hierbei ist, dass die Objekte dieselbe Flächenfarbe und keine Konturen haben. Jetzt sollen Sie den Tropfenpinsel zum Zeichnen eines Stuhls verwenden.

1. Öffnen Sie ein Dokument und zeichnen Sie zwei Ellipsen, die der Abbildung rechts gleichen. Markieren Sie beide Formen und zentrieren Sie sie seitlich. Verwenden Sie bei beiden Objekten dieselbe Flächenfarbe. Hinweis: Keine Konturfarbe!

2. Öffnen Sie das Bedienfeld **Aussehen** (falls es noch nicht angezeigt wird) und deaktivieren Sie die Option **Neues Bild hat Grundform** im Bedienfeldmenü, falls diese markiert ist. Hierdurch verwendet der Tropfenpinsel Einstellungen und Aussehen eines vorhandenen, markierten Objekts.

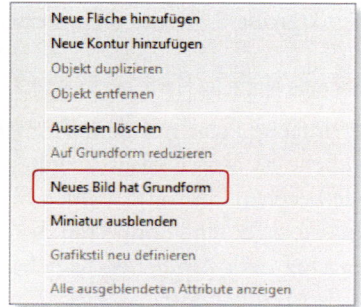

3. Markieren Sie das **Tropfenpinsel-Werkzeug** im Werkzeugbedienfeld und wählen Sie den Pinsel **15 Pt rund** im Pinselbedienfeld oder über das Steuerungsbedienfeld, siehe unten.

4. Zeichnen Sie zwei gerade Linien, die die Ellipsen verbinden, siehe Abbildung rechts. Wenn Sie gleichzeitig die **Umschalt-Taste** halten, werden die Linien rechtwinklig. Komplettieren Sie mit vier Stuhlbeinen.

5. Wechseln Sie zum Direktauswahl-Werkzeug im Werkzeugbedienfeld. Klicken und Ziehen Sie einen Auswahlrahmen um die zuvor getrennten Objekte.

Nun zeigt der gemeinsame Pfad, der um das gesamte Objekt läuft, an, dass es zu einem Objekt zusammengefügt wurde, siehe Abbildung rechts.

Auf dem kleinen Bild ist der Stuhl ohne Flächenfarbe zu sehen.

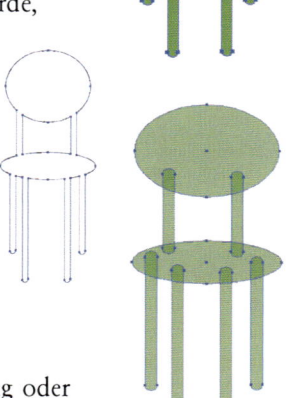

6. Speichern Sie das Dokument als **Stuhl** und schließen Sie es.

Mit dem Tropfenpinsel können Sie also Pfade oder Füllungen zu einem einzigen Objekt zusammenfügen.

Wenn Sie stattdessen das herkömmliche Pinsel-Werkzeug oder Konturen verwendet hätten, hätten Sie neue offene Pfade (oder mehrere einzelne) erstellt, siehe Stuhl rechts.

Übungsaufgaben

Mit dem Tropfenpinsel einen Buchstaben schreiben

Verwenden Sie den Tropfenpinsel, um freihand ein B zu schreiben. Arbeiten Sie mit Punktgröße 8. Testen Sie unterschiedliche Farben.

Mit dem Tropfenpinsel eine einfache Figur zeichnen

Skizzieren Sie eine einfache Figur mit dem Tropfenpinsel, bei der sämtliche Konturen Kontakt miteinander haben (z. B. wie bei dem Telefon). Wählen Sie ein einfaches Motiv wie z. B. eine Sonne mit Sonnenstrahlen, einen Hot Dog oder Ähnliches. Speichern Sie die Zeichnung als **Meine Figur**.

Einen eigenen Spezial-Pinsel erstellen

Gehen Sie hierbei von der Figur aus, die Sie mit dem Tropfenpinsel erstellt haben, und die unter der Bezeichnung **Meine Figur** gespeichert wurde.

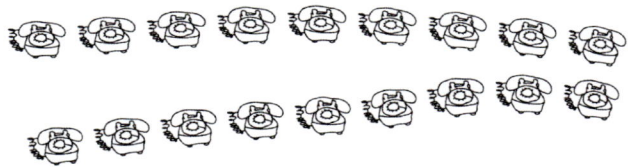

Einen künstlerischen Pinsel auf einem Kreis anwenden

Zeichnen Sie mithilfe des Pinsel-Werkzeugs **Ameisen, Künstlerische, Umrandungen_Dies und das** einen Kreis.

Zeichnen Sie einen Stuhl mit verzerrtem Schatten

Zeichnen Sie einen schwarzen Stuhl mit dazu gehörendem Schatten. Der Stuhl muss nicht aussehen wie im Beispiel, sondern Sie können auch Ihr eigenes Modell zeichnen.

Tipp! Weiter vorne im Buch haben Sie bereits mit der Funktion **Frei verzerren** gearbeitet, um einen ähnlichen Schatten zu zeichnen.

12 Objekte transformieren

Allgemeines

Mit Transformieren ist das Verschieben, Drehen, Spiegeln, Skalieren und Verbiegen von Objekten gemeint. In Illustrator haben Sie unzählige Alternativen, wie Sie ein Objekt transformieren können.

Es kann sinnvoll sein, Kapitel 2 noch einmal durchzulesen, bevor Sie mit dem Tranformieren von Objekten beginnen. Unter **Bearbeiten**, **Voreinstellungen**, **Allgemein** finden Sie wichtige und nützliche Einstellungen, mit denen Sie z. B. die Anzahl der Tastaturschritte und die Eckenradien festlegen. Denken Sie daran, dass die Einstellungen, die Sie dort mit leerer Arbeitsfläche vornehmen, d. h. ohne ein Dokument geöffnet zu haben, für **alle** Dokumente gelten, bis Sie das nächste Mal Änderungen vornehmen. Die Einstellungen, die Sie mit geöffnetem Dokument vornehmen, gelten dahin gegen nur für genau dieses Dokument.

Eine wichtige Einstellung, die Sie sich genauer ansehen sollten, ist, wie weit ein Objekt beim Betätigen einer Pfeil-Taste verschoben wird (**Bearbeiten**, **Voreinstellungen**, **Allgemein**).

Die Standardmaßeinheit in Illustrator ist Punkte (1 Pt=0,3528 mm). Um die Standardmaßeinheiten zu ändern, wählen Sie Bearbeiten, Voreinstellungen, Einheiten und geben im Feld Allgemein z. B. Pixel ein. Der Wert kann auch weniger als 1 px betragen.

Objekte in der Größe verändern

Wir beginnen mit einer kurzen Wiederholung, wie Sie die genauen Maße des Objekts angeben, das Sie zeichnen möchten.

Beginnen Sie damit, dass Sie ein Formwerkzeug, z. B. das **Rechteck-Werkzeug** wählen. Wenn Sie anschließend mit dem Werkzeug in die Arbeitsfläche klicken, öffnet sich der Dialog Rechteck, in dem Sie die Abmessungen einstellen können, siehe Abbildung rechts. Das Rechteck wird erstellt, sobald Sie auf die Schaltfläche **OK** klicken.

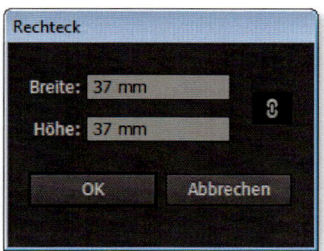

1. Zeichnen Sie ein Rechteck mit den im Dialog angegebenen Abmessungen in ein neues Dokument ein.

2. Um das Rechteck freihand zu skalieren, markieren Sie es mit dem Auswahl-Werkzeug, klicken in einen der Griffe im Begrenzungsrahmen und ziehen. (Wird kein Begrenzungsrahmen angezeigt, können Sie diesen über **Ansicht**, **Begrenzungsrahmen einblenden** anzeigen lassen.)

> Wenn Sie im Werkzeugbedienfeld ein Objektwerkzeug markiert haben und anschließend mit dem Auswahl-Werkzeug auf die Arbeitsfläche klicken, können Sie den zum Objekt gehörenden Dialog aufrufen.

> Wenn Sie die Größe proportional verändern möchten, halten Sie beim Ziehen eines Eckpunktes die Umschalt-Taste.

Objekte verschieben

Um eine markierte Figur zu verschieben, stellen Sie das Auswahl-Werkzeug auf den Begrenzungsrahmen und ziehen. Wenn Sie die Option **Objektauswahl nur über Pfad** unter **Bearbeiten**, **Voreinstellungen**, **Auswahl und Ankerpunkt-Anzeige** deaktiviert haben, können Sie den Cursor auch in das Objekt stellen und ziehen.

3. Stellen Sie sicher, dass das Rechteck markiert ist.

4. Doppelklicken Sie auf das **Auswahl-Werkzeug** im Werkzeugbedienfeld und geben Sie die neue Position direkt an. Stellen Sie sicher, dass das Optionsfeld **Vorschau** markiert ist, damit Sie die Änderungen sehen können, bevor Sie auf die Schaltfläche **OK** klicken.

Objekte transformieren

Im Bedienfeld **Transformieren** wird die Größe des ausgewählten Objekts in den Feldern **B** für Breite und **H** für Höhe angezeigt. In diesem Bedienfeld können Sie auch eigene Werte eingeben, beachten Sie jedoch, dass diese erst dann umgesetzt werden, wenn Sie die **Eingabe-Taste** betätigen.

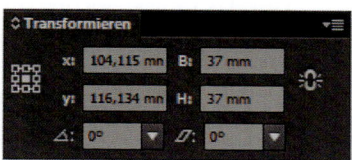

5. Stellen Sie sicher, dass das Rechteck markiert ist. Wählen Sie **Fenster**, **Transformieren**. Darauf erscheint der oben abgebildete Dialog.

6. Ändern Sie die Abmessungen auf 80 bzw. 60 mm um.

Die kleine Figur, die sowohl im Bedienfeld **Transformieren** als auch im Steuerungsbedienfeld zu sehen ist, gibt den aktuellen Messpunkt an. Die Figur besteht aus insgesamt 9 Quadraten, die hier als Symbole angezeigt werden. Der aktuelle Messpunkt ist das gefüllte der neun Quadrate.

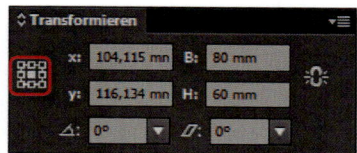

Die Zahlen neben **X** bzw. **Y** geben die Koordinaten für den aktuellen Messpunkt an. Um den Messpunkt zu ändern, klicken Sie einfach ein anderes Quadrat an.

7. Markieren Sie den Messpunkt in der unteren, rechten Ecke.

8. Geben Sie die X-Koordinaten **80 mm** und die Y-Koordinaten **150 mm** ein und betätigen Sie die **Eingabe-Taste**.

Darauf wird der Messpunkt des Rechtecks zu genau dieser Koordinate verschoben. Dies können Sie kontrollieren, indem Sie die Lineale einblenden und mit einem der Auswahl-Pfeile auf die untere linke Ecke des Rechtecks klicken, worauf eine gestrichelte Linie an dem Punkt der Lineale angezeigt wird, an dem sich die Pfeilspitze befindet, um Ihnen das Ablesen des Wertes zu erleichtern.

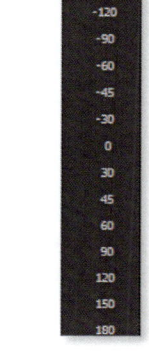

Neben dem Symbol für **Drehen** klicken Sie auf die Pfeilspitze, um den nebenstehenden Dialog zu öffnen, in dem Sie zwischen vordefinierten Gradzahlen zum Drehen des Objekts wählen können. Natürlich können Sie auch einen eigenen Wert direkt in das Feld eingeben.

9. Geben Sie **47,5** im Feld **Drehen** ein und betätigen Sie die **Eingabe-Taste**.

Wie Sie sehen, dreht sich das Objekt um den Messpunkt.

10. Um das Objekt wieder zurück zu drehen, geben Sie **-47,5** ein und betätigen die **Eingabe-Taste**. Probieren Sie es aus!

Im daneben liegenden Feld können Sie das ausgewählte Objekt verbiegen.

11. Klicken Sie auf die Pfeilspitze neben **Verbiegen**, um sich das Menü mit den vordefinierten Winkeln anzeigen zu lassen. Natürlich können Sie auch einen eigenen Wert direkt in das Feld eingeben. Geben Sie **26** im Feld **Verbiegen** ein und betätigen Sie die **Eingabe-Taste**.

12. Schließen Sie das Dokument, ohne es zu speichern.

Objekte drehen

Mithilfe des **Drehen-Werkzeugs** können Sie ein ausgewähltes Objekt drehen. Das Drehen-Werkzeug ist in derselben Gruppe wie das Spiegeln-Werkzeug angeordnet. Reißen Sie die Gruppe ab, damit sie ein eigenes Bedienfeld bildet.

1. Öffnen Sie ein neues, leeres Dokument und zeichnen Sie ein Quadrat mit den Abmessungen 50 × 50 mm.

2. Da das Quadrat bereits ausgewählt ist, wählen Sie das **Drehen-Werkzeug** (das in derselben Gruppe wie das **Spiegeln-Werkzeug** im Werkzeugbedienfeld angeordnet ist).

Wenn Sie den Cursor auf das Objekt stellen, wird ein Fadenkreuz angezeigt. Sobald Sie klicken, wird es zu einem festen Punkt um den sich das Objekt drehen wird.

3. Klicken Sie in die Figur!

4. Stellen Sie das **Drehen-Werkzeug** in die Figur, halten Sie die Maustaste und drehen Sie das Objekt. Die Drehung erfolgt um den Punkt, den Sie im vorherigen Schritt eingeklickt haben.

5. Doppelklicken Sie auf das **Drehen-Werkzeug**, um den Dialog aufzurufen. Neben **Winkel** können Sie den exakten Drehwinkel einstellen.

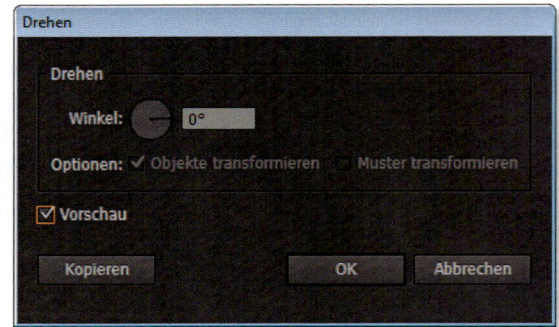

6. Klicken Sie auf die Schaltfläche **Abbrechen** im Dialog und schließen Sie das Dokument, ohne es zu speichern.

> Wenn Sie ein Objekt um seine Mitte drehen möchten, geht es schneller, wenn Sie es vor dem Drehen mit dem Auswahl-Werkzeug markieren. Führen Sie den Cursor über einen Eckpunkt und klicken und ziehen Sie das Objekt, sobald neben dem Cursor der gebogene Doppelpfeil erscheint.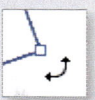

Mit Muster gefüllte Objekte drehen

Bei einem mustergefüllten Objekt haben Sie zwei Möglichkeiten. Entweder drehen Sie das Objekt ohne dass sich das Muster mitdreht oder Sie drehen Objekt und Muster zusammen (wählen Sie **Objekte transformieren** oder **Muster transformieren** im Dialog **Drehen**).
Siehe nachfolgende Abbildung.

Objekt mit Musterfüllung | Objekt und Musterfüllung um 45° gedreht | Musterfüllung um 45° gedreht | Objekt um 45° gedreht.

Erneut transformieren

Die Funktion **Erneut transformieren** kann von großem Nutzen sein, wenn Sie die gleiche Transformation mehrfach ausführen müssen, vor allem, wenn Sie Objekte kopieren.

1. Öffnen Sie ein neues, leeres Dokument.
2. Zeichnen Sie mit dem Zeichenstift ein Blütenblatt, siehe Abbildung rechts.
3. Zeichnen Sie ein weiteres Blütenblatt. Hierbei können Sie z. B. das erste Blütenblatt kopieren und die Kopie mit dem **Spiegeln-Werkzeug** spiegeln.
4. Markieren Sie die beiden Blütenblätter, wählen Sie das Drehen-Werkzeug und klicken Sie den Drehpunkt ganz unten zwischen den Blütenblättern ein, siehe Beispiel auf der nächsten Seite.

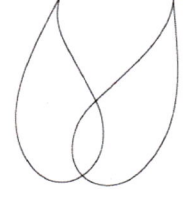

5. Achten Sie darauf, dass das Drehen-Werkzeug nach wie vor aktiviert ist und die Blätter ausgewählt sind. Erstellen Sie eine Kopie, indem Sie einen der Griffe des Blütenblatts anklicken während Sie die **Alt-Taste** halten.

Diese Vorgehensweise ist völlig korrekt, schneller geht es jedoch, wenn Sie **Objekt**, **Transformieren**, **Erneut Transformieren** wählen. Wenn Sie den Tastaturbefehl **Strg + D** verwenden, arbeiten Sie sogar noch schneller.

6. Markieren Sie alle Blütenblätter und gruppieren Sie sie zu einem Objekt.

7. Füllen Sie die Blätter mit einer Farbe, verändern Sie die Kontur auf 3 Pt und wählen Sie die Konturfarbe Weiß.

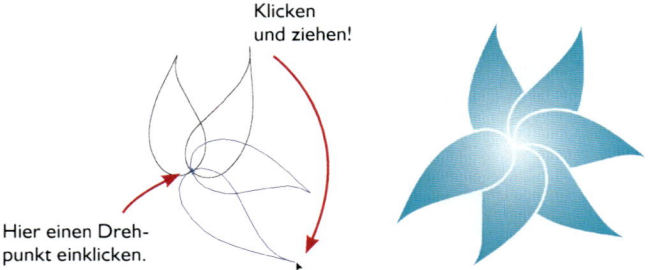

Die Zeichnung wird besonders effektvoll, wenn Sie einen Verlauf verwenden. Öffnen Sie das Bedienfeld Verlauf und wählen Sie **Kreisförmig** neben **Art**. Wechseln Sie zum **Verlaufwerkzeug** im Werkzeugbedienfeld und platzieren Sie das Fadenkreuz in der Mitte der Blüte, klicken und ziehen Sie die Maus zur Spitze von einem der Blütenblätter, um einen hellen Verlauf zu erstellen.

Um die Zeichnung wieder auf die Farbe zurückzusetzen, die Sie in einem früheren Arbeitsschritt gewählt haben, klicken und ziehen Sie die Farbe aus dem Bedienfeld **Farbfelder** herunter und platzieren diese auf dem schwarzen Schieber im Verlaufbedienfeld, siehe Abbildung rechts.

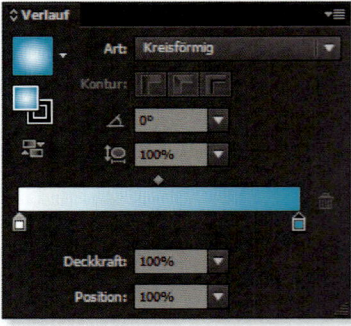

8. Speichern Sie das Dokument als **Blüte** und schließen Sie es.

Objekte skalieren

Bislang haben Sie das Auswahl-Werkzeug verwendet, um die Größe eines Objekts durch Ziehen am Begrenzungsrahmen zu ändern, in Illustrator gibt es jedoch hierfür ein spezielles Werkzeug, das **Skalieren-Werkzeug**, das in derselben Gruppe wie das **Verbiegen-** und das **Form-ändern-Werkzeug** angeordnet ist.

Durch Doppelklicken auf das **Skalieren-Werkzeug** wird folgender Dialog angezeigt. Hier können Sie angeben, ob Sie **Gleichmäßig**, d. h. proportional, ohne das Objekt zu deformieren oder **Ungleichmäßig** d. h. **Horizontal** und **Vertikal** unabhängig voneinander skalieren möchten.

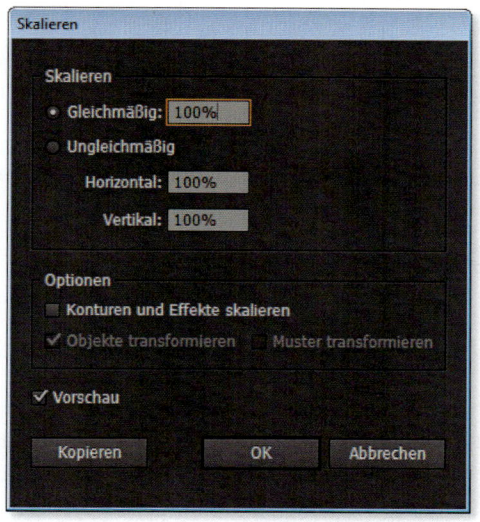

Es empfiehlt sich, das Optionsfeld **Vorschau** immer aktiviert zu haben, damit Sie sehen können, wie Ihr Objekt aussieht, bevor Sie auf **OK** klicken.

Unter **Optionen** können Sie angeben, ob Konturen und Effekte zusammen mit dem Objekt skaliert werden sollen. Das bedeutet, dass sich die Konturlinie Ihres ursprünglichen Objekts von 1 Pt auf 2 Pt verbreitert, wenn Sie das Objekt auf 200 % vergrößern. **Objekte transformieren** und **Muster transformieren** sind nur dann aktiv, wenn ein markiertes Objekt ein Muster enthält.

Objekte verbiegen

Verbiegen bedeutet ganz einfach, dass Sie ein Objekt neigen. Das Verbiegen-Werkzeug ist in derselben Gruppe wie das **Skalieren-** und das **Form-ändern-Werkzeug** angeordnet.

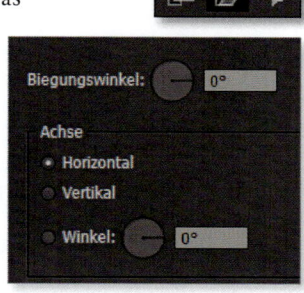

Durch Doppelklicken auf das Verbiegen-Werkzeug wird ein Dialog angezeigt, dessen wichtigste Einstellungen in der Abbildung rechts zu sehen sind.

12 Objekte transformieren

Dort können Sie genaue Einstellungen vornehmen. Wenn Sie das Objekt freihand, d. h. ohne Voreinstellungen, verbiegen möchten, wählen Sie einfach das Verbiegen-Werkzeug. Denken Sie daran dass das Objekt hierzu markiert sein muss.

 Hier wurde das Symbol Auto aus der Symbolbibliothek Tiki mit dem Verbiegen-Werkzeug bearbeitet.

Frei transformieren

Das **Frei-transformieren-Werkzeug** hat keinen eigenen Dialog, Sie arbeiten direkt mit dem Objekt. Mit diesem Werkzeug können Sie Objekte verschieben, skalieren und drehen.

1. Zeichnen Sie ein Rechteck in einem neuen, leeren Dokument.
2. Markieren Sie das Rechteck mit dem Auswahl-Werkzeug.
3. Wählen Sie das **Frei-transformieren-Werkzeug**.
4. Jetzt können Sie nach Belieben Skalieren, Verschieben und Drehen. Versuchen Sie es!

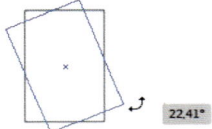

Drehen Sie das Objekt.

Wenn Sie mit dem Direktauswahl-Werkzeug arbeiten, können Sie das Rechteck in eine andere Form verwandeln. Markieren Sie als Erstes die Punkte des Pfads, den Sie verändern möchten, und ziehen Sie.

5. Wählen Sie die beiden untersten Ankerpunkte mit dem Direktauswahl-Werkzeug aus, siehe Abbildung rechts.

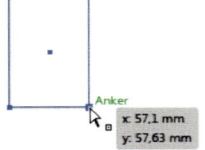

Markieren Sie die Ankerpunkte mit dem Direktauswahl-Werkzeug.

6. Wählen Sie anschließend das **Frei-transformieren-Werkzeug**.
7. Drehen Sie die Figur nach rechts. Wie Sie sehen, werden nur die ausgewählten Ankerpunkte verschoben. Die Figur sieht nun aus wie im Beispiel rechts.
8. Transformieren Sie die Figur, indem Sie andere Ankerpunkte auswählen und mit **Frei transformieren** ziehen und drehen.

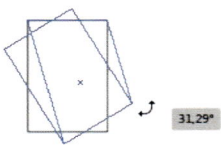

Die markierten Ankerpunkte werden verschoben, die nicht markierten nicht.

9. Schließen Sie das Dokument, ohne es zu speichern.

Angleichen

Mit dem Angleichen-Werkzeug können Sie z. B. einen Übergang zwischen zwei Objekten erstellen. Allerdings werden Übergänge zwischen unterschiedlichen Objekten eher selten verwendet, innerhalb eines Objekts ist die Funktion jedoch sehr nützlich.

Der Dialog Angleichung-Optionen

Durch Doppelklicken auf das Angleichen-Werkzeug öffnet sich der rechts abgebildete Dialog.

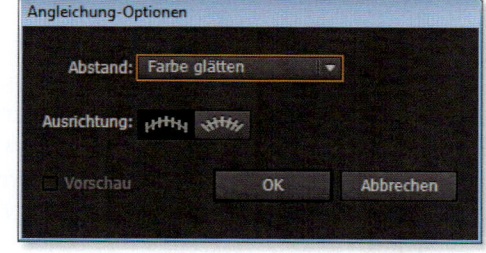

Unter **Abstand** können Sie zwischen folgenden Alternativen wählen:

- **Farbe glätten** bedeutet, dass die Farbe vom einen Objekt zum anderen abgeschwächt wird.

- **Festgelegte Stufen** legt fest, wie viele Zwischenstufen gezeichnet werden müssen.

- **Festgelegter Abstand** gibt ganz einfach den Abstand zwischen den Zwischenformen an.

Ausrichtung bestimmt, ob die Zwischenformen an der Seite oder am Pfad ausgerichtet werden sollen.

Mit festgelegten Stufen angleichen

1. Öffnen Sie ein neues, leeres Dokument. Zeichnen Sie einen Kreis und platzieren Sie ihn in der oberen linken Ecke, siehe Abbildung rechts.

2. Zeichnen Sie als Nächstes einen fünfzackigen Stern, den Sie in der rechten unteren Ecke des Dokuments platzieren. Siehe Beispiel.

3. Beide Objekte sollen eine Kontur von 2 Pt schwarz aber keine Füllung haben.

4. Doppelklicken Sie auf das Angleichen-Werkzeug und wählen Sie **festgelegte Stufen** neben **Abstand** und geben die Anzahl der Stufen mit **8** an. Klicken Sie auf die Schaltfläche **OK**.

12 Objekte transformieren

5. Klicken Sie nun mit dem Angleichen-Werkzeug auf einen Ankerpunkt auf der Kreislinie, z. B. bei A, siehe Abbildung rechts,

6. und anschließend auf den Ankerpunkt B im Stern.

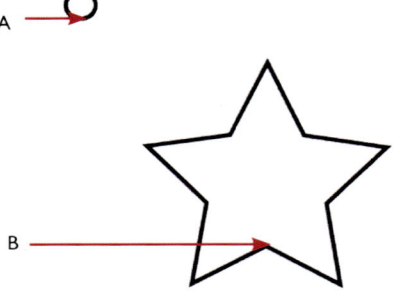

Wenn Sie alles richtig gemacht haben, sieht das Ergebnis aus wie im Beispiel rechts unten.

7. Machen Sie die Angleichung rückgängig und tauschen Sie den kleinen Kreis gegen einen kleinen Stern aus, den Sie um 180 Grad drehen. (Der große Stern wird nicht verändert.) Markieren Sie beide Sterne mit dem Direktauswahl-Werkzeug.

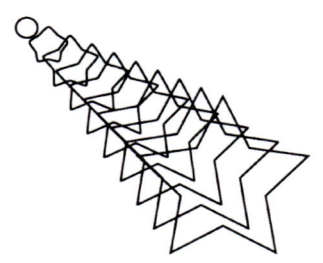

8. Doppelklicken Sie auf das Angleichen-Werkzeug und klicken Sie auf die rechte Schaltfläche neben **Ausrichtung** und anschließend auf **OK**.

Bei gehaltener rechter Maustaste werden die Figuren gedreht, je nachdem, welche Ankerpunkte Sie anklicken.

Wählen Sie den Ankerpunkt A im kleinen Stern und den Ankerpunkt B im großen Stern mit dem Angleichen-Werkzeug aus. Die Figuren drehen sich, je nachdem, welche Punkte Sie markieren. Das Ergebnis sollte der nachfolgenden Abbildung ähneln.

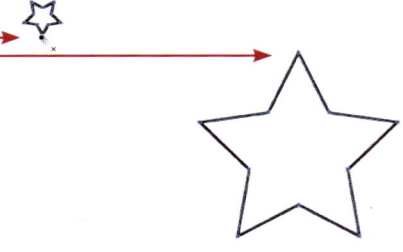

Durch Anklicken der Ankerpunkte in Objekt A und B, die nicht auf einer Linie liegen, wird das zuerst markierte Objekt gedreht.

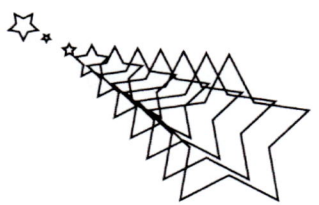

160

Angleichen von gefüllten Objekten

1. Löschen Sie die Figuren, die Sie bis jetzt erstellt haben. Zeichnen Sie ein Dreieck, das Sie mit gelber Farbe füllen und einen Kreis, den Sie mit blauer Farbe füllen. Entfernen Sie eventuelle Konturen.

2. Versuchen Sie nun, die Objekte einander anzugleichen.

Sowohl Farbe als auch Form gehen vom einen Objekt ins andere über.

3. Speichern Sie das Dokument als **Angleichung** und schließen Sie es.

Pfad in Angleichung justieren

1. Öffnen Sie ein neues, leeres Dokument.

2. Zeichnen Sie zwei Kreise, den einen in der oberen linken und den anderen in der unteren rechten Ecke der Zeichenfläche. Verwenden Sie weiße Füllfarbe und schwarze Kontur.

3. Gleichen Sie die beiden Objekte an, stellen Sie die Anzahl der Stufen auf **15** ein.

Das Ergebnis sollte nun ungefähr so aussehen wie in der Abbildung rechts. Wie Sie sehen, verläuft ein Pfad, den Sie nach Belieben verändern können, durch die Kreismittelpunkte.

4. Klicken Sie mit dem Zeichenstift auf einen der neuen Punkte des Pfads.

5. Arbeiten Sie mit dem Direktauswahl-Werkzeug und verschieben Sie den Pfad wie in der Abbildung zu sehen nach rechts.

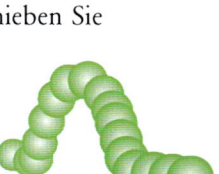

6. Legen Sie das Objekt farbig an und speichern Sie das Dokument als **Kugelgelenke**.

Angleichen innerhalb eines Objekts

Eine andere Möglichkeit, ein Objekt zu transformieren, ist das Angleichen innerhalb des Objekts. Sie können Objekte übereinander legen und diese aneinander angleichen.

1. Zeichnen Sie in einem neuen, leeren Dokument einen Tropfen mit blauer Füllfarbe ein.
2. Kopieren Sie den Tropfen, indem Sie z. B. die **F3-Taste** betätigen. Fügen Sie mit der **F4-Taste** eine Kopie ein. Legen Sie die Kopie mit Hellblau an.
3. Verkleinern Sie den kopierten Tropfen und platzieren Sie ihn im Inneren des großen Tropfens wie in der Abbildung rechts.
4. Wählen Sie beide Tropfen aus. Doppelklicken Sie auf das Angleichen-Werkzeug, wählen Sie **Farben glätten** und klicken Sie auf **OK**.
5. Klicken Sie mit dem Angleichen-Werkzeug auf die Spitze des großen und dann auf die Spitze des kleinen Tropfens.
6. Testen Sie, was passiert, wenn Sie auf unterschiedliche Ankerpunkte klicken, um eine möglichst effektvolle Füllung zu erstellen.
7. Schließen Sie das Dokument und speichern es unter dem Namen **Tropfen**.

Mithilfe von regelmäßigen Stufen einen kreisförmigen Pfad zeichnen

1. Öffnen Sie ein neues Dokument.
2. Zeichnen Sie einen Kreis, den Sie mit dem Farbton **Erdfarben radial 29** füllen, der im **Menü Farbfeldbibliotheken**, **Verläufe**, **Erdfarben** abgelegt ist. Wählen Sie bei Konturfarbe „ohne".
3. Kopieren Sie den Kreis und platzieren Sie die Kopie neben dem ersten. Wählen Sie beide Kreise aus, siehe Abbildung unten.

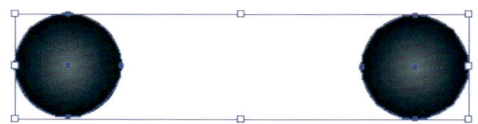

4. Zeichnen Sie unter den Kreisen eine etwas größere Ellipse ohne Konturfarbe und Füllung ein. Heben Sie die Auswahl der Ellipse auf. Jetzt ist die Ellipse unsichtbar, wenn Sie möchten, können Sie ihr eine zarte Konturfarbe geben.

5. Doppelklicken Sie auf das **Angleichen-Werkzeug**. Gleichen Sie die beiden Objekte an, stellen Sie die Anzahl der Stufen auf 10 ein.

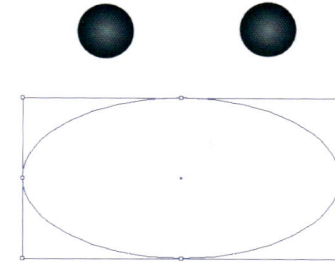

Das Ergebnis sollte der Abbildung rechts gleichen.

6. Markieren Sie die beiden blauen Kreise und die Ellipse.

7. Gehen Sie auf **Objekt**, **Angleichen** und klicken Sie auf **Achse ersetzen**.

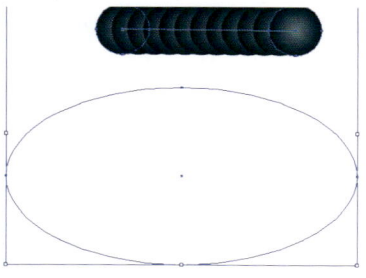

Jetzt sollte das Ergebnis wie folgt aussehen:

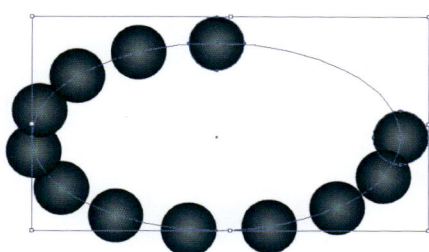

Um einen gleichmäßigen Übergang zwischen den Kreisen und der Ellipse zu erhalten, muss noch ein letzter Schritt ausgeführt werden.

8. Markieren Sie alles. Wählen Sie das Schere-Werkzeug und schneiden Sie den Ellipsenpfad durch, siehe Abbildung rechts.

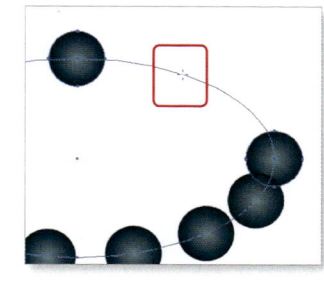

Das war alles, jetzt sind die Kreise gleichmäßig angeglichen!

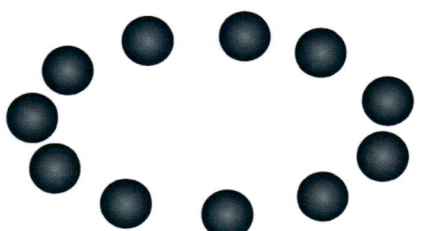

Die Anzahl der Stufen können Sie auch im Nachhinein problemlos verändern. Markieren Sie den Pfad, doppelklicken Sie auf das Angleichen-Werkzeug und geben die neuen Werte ein.

9. Speichern Sie das Dokument als **Rosenkranz** und schließen Sie es.

Das Formerstellungswerkzeug

Mit diesem Werkzeug können Sie mithilfe von Zusammenfügen und Entfernen verschiedene Figuren zu einer Einheit verbinden. Im Dialog, der sich öffnet, wenn Sie das Werkzeug anklicken, stellen Sie dessen Funktionsweise ein. Klicken Sie auf **Zurücksetzen**, wenn Sie zu den Standardeinstellungen zurückkehren möchten.

Lückensuche Hier geben Sie den Abstand zwischen den Figuren an, indem Sie im Listenfeld **Lückenlänge** einen Wert eingeben.

Offenen gefüllten Pfad als geschlossen behandeln Durch Markieren dieses Optionsfelds wird für einen offenen Pfad eine unsichtbare Kontur geschaffen, wodurch sich ein Bereich bildet. Wenn Sie in den Bereich klicken, wird eine Figur angezeigt.

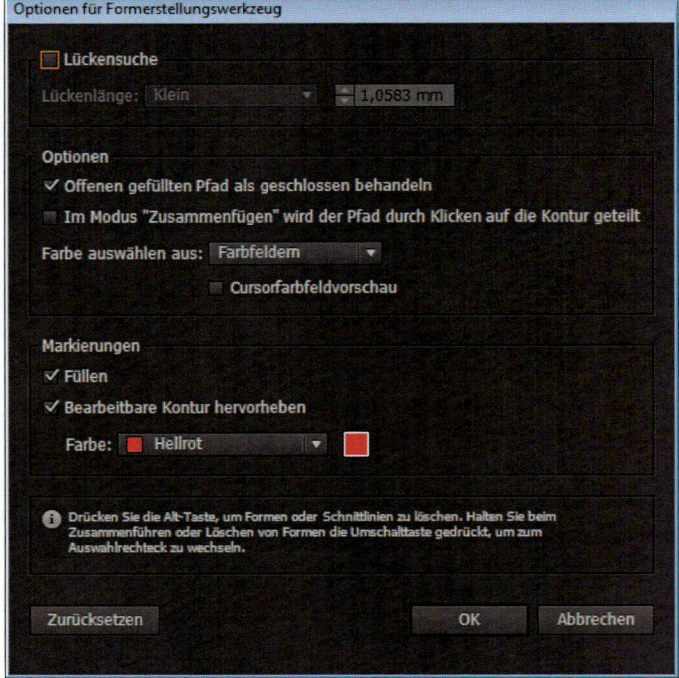

Im Modus „Zusammenfügen" wird der Pfad durch Klicken auf die Kontur geteilt Mit dieser Option können Sie den übergeordneten Pfad in zwei Teile teilen. Der erste Pfad wird von der Kontur aus erstellt, die Sie anklicken. Der zweite Pfad ist der verbleibende Teil des übergeordneten Pfades abzüglich des ersten Pfades.

Farbe auswählen aus Hier geben Sie an, ob Sie das Objekt mithilfe von Farbfeldern oder mit Farben aus dem Bildmaterial farbig machen möchten.

Füllen Wenn diese Option markiert ist, wird der Pfad oder der Bereich, den Sie zusammenfügen können, grau markiert, sobald Sie den Cursor darauf stellen. Wenn diese Option nicht markiert ist, werden die ausgewählten Bereiche oder Pfade wie gewöhnlich angezeigt.

Bearbeitbare Kontur hervorheben bedeutet, dass die Konturen, die Sie bearbeiten können, markiert und in der Farbe angezeigt werden, die Sie im Listenfeld **Farbe** ausgewählt haben.

Objekte zusammenfügen

Nachfolgend wird diese Funktion mit einem einfachen Beispiel verdeutlicht.

1. Erstellen Sie folgende Figuren und wählen Sie sie aus (Abbildung a).
2. Wählen Sie das **Formerstellungswerkzeug** und führen Sie den Cursor von oben nach unten über die Figuren, um einen gemeinsamen, roten Begrenzungsrahmen zu erstellen (Abbildung b). Wie Sie sehen, wird neben dem Cursor ein Plus-Zeichen angezeigt.
3. Lassen Sie die Maustaste los. Jetzt werden die Figuren zu einem Objekt zusammengefügt (Abbildung c).

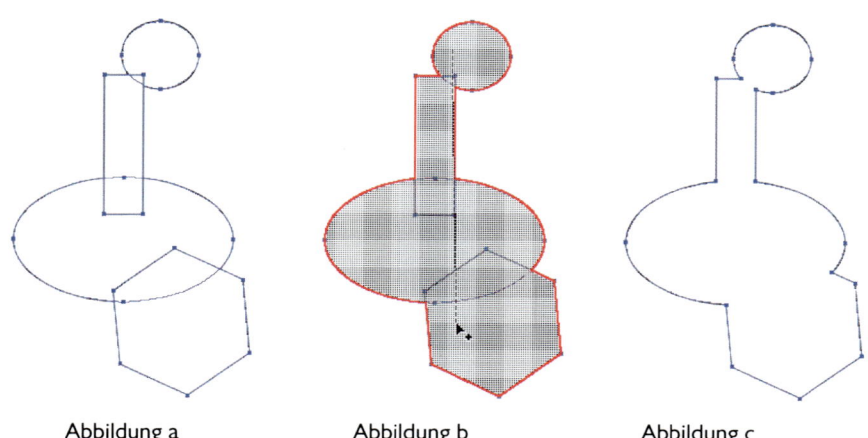

Abbildung a   Abbildung b   Abbildung c

Entfernen

Wenn Sie stattdessen eine Figur entfernen möchten, halten Sie die **Alt-Taste** während Sie die Figur anklicken. Alles, was rot markiert ist (wenn der Cursor auf einer Linie steht), wird entfernt. Wie Sie sehen, wird neben dem Cursor ein Minus-Zeichen angezeigt.

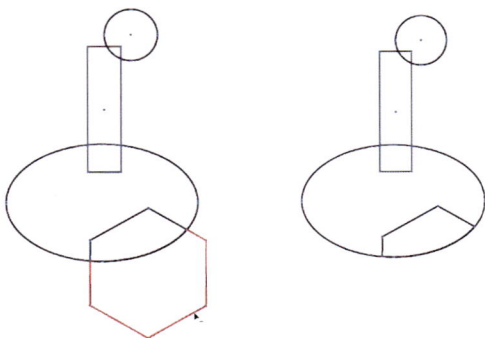

Sie können auch an der Figur ziehen, die Sie entfernen möchten. Darauf wird der Teil, der entfernt werden soll, durch eine gestrichelte Linie markiert. Verwenden Sie die **Alt-Taste**, um die Funktion **Entfernen** zu aktivieren.

Objekte farbig machen

Über den Dialog **Optionen für Formerstellungswerkzeug** können Sie durch Markieren von Cursorfarbfeldvorschau neben dem Cursor Farbfelder anzeigen lassen. Hierdurch haben Sie die Möglichkeit, die Farbfelder mithilfe der Pfeiltasten auszuwählen. Verwenden Sie die Pfeiltasten nach rechts bzw. links, um sich zwischen den Farbfeldern zu bewegen. Die aktive Farbe wird mit einem Rahmen gekennzeichnet. Wenn Sie die Farbe gewählt haben, müssen Sie lediglich in den Bereich klicken, den Sie mit der aktuellen Farbe anlegen möchten.

4. Versuchen Sie, einen Teil der von Ihnen erstellten Figur zu entfernen und den verbleibenden Teil farbig anzulegen.

5. Schließen Sie das Dokument, ohne es zu speichern.

Übungsaufgaben

Objekte transformieren

Bei dieser Aufgabe ist es erforderlich, dass Sie mit mehreren verschiedenen Werkzeugen arbeiten. Im Übungsbild **Gepard** sollen Sie den Schweif so verlängert, dass das Ergebnis möglichst natürlich ist. Drucken Sie das Ergebnis aus!

Vorher   Nachher

Zeichnen Sie einen Käse mit unterschiedlichen Werkzeugen

Wenn Sie die Grundform nicht selbst erstellen möchten, öffnen Sie die Übungsdatei **Käse**. Alternativ können Sie den Käse natürlich auch selbst zeichnen.

Zeichnen Sie einige Löcher ein. Arbeiten Sie mit dem Formwerkzeug, um die Kreise zu entfernen.

Speichern Sie das Dokument als **Löcherkäse** und schließen Sie es.

13 Objekte ordnen und handhaben

Objekte ausrichten

Beim Ausrichten von Objekten wird geplant, wo sich ausgewählte Objekte im Verhältnis zu anderen Markierungen, Zeichenflächen oder Objekten befinden sollen. Die intelligenten Hilfslinien, die wir Ihnen bereits vorgestellt haben, können ebenfalls zum Platzieren von Objekten verwendet werden.

In diesem Kapitel beschäftigen wir uns näher mit dem Inhalt des Bedienfelds **Ausrichten**, auf das Sie über das Menü **Fenster** zugreifen. Die Optionen zum Ausrichten sind auch im Steuerungsbedienfeld abgelegt, siehe Abbildung unten.

1. Erstellen Sie ein neues Dokument. Wählen Sie **Fenster**, **Ausrichten**, um das Bedienfeld **Ausrichten** anzuzeigen.

   Wie Sie sehen, ist das Bedienfeld in **Objekte ausrichten**, **Objekte verteilen**, **Abstand verteilen** und **Ausrichten an** unterteilt. (Falls Ihr Bedienfeld nicht aussieht wie in der Abbildung rechts, klicken Sie auf den Doppelpfeil, der oben links im Bedienfeld zu sehen ist. Es gibt drei unterschiedliche Varianten.)

   Unabhängig davon, ob Sie Objekte ausrichten oder verteilen, wird der Befehl von einer angegebenen Achse aus ausgeführt und als Ausgangspunkt werden die Konturen oder Ankerpunkte des Objekts verwendet. Sie können wählen, ob Sie an einer Zeichenfläche oder an einem so genannten *Basisobjekt* ausrichten möchten.

   Ein Basisobjekt ist ein Objekt, das Sie selbst auswählen, indem Sie es vor dem Ausrichten oder Verteilen nochmals markieren.

Waagrechtes Ausrichten

1. Zeichnen Sie ein Quadrat und einen Kreis in das Dokument ein. Machen Sie den Kreis kleiner als das Quadrat, siehe rechts. Füllen Sie die Figuren mit unterschiedlichen Farben. Platzieren Sie die Figuren wie im Beispiel zu sehen.

2. Markieren Sie die Figuren.

3. Klicken Sie auf die Schaltfläche **Links ausrichten** im Bedienfeld **Ausrichten**. Die Objekte werden an der linken Kante ausgerichtet.

4. Machen Sie den Schritt rückgängig und klicken Sie auf die Schaltfläche **Horizontal zentriert ausrichten**. Jetzt werden die Mittelpunkte der Objekte direkt untereinander platziert. Machen Sie die Arbeitsschritte rückgängig.

5. Klicken Sie auf die Schaltfläche **Rechts ausrichten**. Die Objekte werden an der rechten Kante ausgerichtet. Machen Sie die Arbeitsschritte rückgängig.

Vertikal ausrichten

1. Klicken Sie auf die Schaltfläche **Oben ausrichten**. Darauf werden die Objekte so ausgerichtet, dass deren Oberkante auf der gleichen Höhe liegt. Machen Sie die Arbeitsschritte rückgängig.

2. Klicken Sie auf die Schaltfläche **Vertikal zentriert ausrichten**. Darauf werden die Mittelpunkte der Objekte in einer Höhe ausgerichtet. Machen Sie die Arbeitsschritte rückgängig.

3. Klicken Sie auf die Schaltfläche **Unten ausrichten**. Darauf werden die Objekte so ausgerichtet, dass deren Unterkanten auf einer Höhe liegen. Machen Sie die Arbeitsschritte rückgängig.

Objekte verteilen

Im mittleren Bereich des Bedienfelds **Ausrichten** sind sechs Schaltflächen zum Verteilen von Objekten angeordnet.

Abstand verteilen

1. Zeichnen Sie vier unterschiedliche Figuren (z. B. einen Kreis, ein Quadrat, einen Stern und ein Polygon).

2. Platzieren Sie diese in unterschiedlichen Abständen nebeneinander, damit deutlich zu erkennen ist, was passiert, wenn Sie mit der Funktion **Abstand verteilen** arbeiten.

3. Markieren Sie die Figuren mit dem Auswahl-Werkzeug und klicken Sie auf **Horizontal verteilen: Abstand** unter **Abstand verteilen** im Bedienfeld **Ausrichten**. Jetzt werden die Figuren in gleichmäßigem Abstand angeordnet.

Ausrichten an

Ganz rechts unten im Bedienfeld **Ausrichten** ist die Funktion **Ausrichten an** angeordnet. Wenn Sie auf die Schaltfläche klicken, wird ein Menü mit drei Alternativen angezeigt (wenn Sie kein Basisobjekt markiert haben, ist diese Option ausgegraut).

Mit **Ausrichten an** können Sie ausgewählte Objekte nicht nur aneinander, sondern auch an der Zeichenfläche oder dem Begrenzungsrahmen ausrichten.

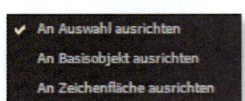

1. Achten Sie darauf, dass die Objekte nach wie vor markiert sind, wenn nicht, wählen Sie sie mit dem Auswahl-Werkzeug aus.

2. Klicken Sie auf die Schaltfläche **Ausrichten an** und testen Sie, wie sich die unterschiedlichen Alternativen auf die Platzierung der Objekte auswirken.

Jetzt werden die Objekte an den Kanten der aktiven Zeichenfläche und deren Mittelpunkt ausgerichtet. Wenn Sie ein Basisobjekt bestimmt haben, an dem die Objekte ausgerichtet werden sollen, müssen Sie die Option **An Basisobjekt ausrichten** wählen.

3. Klicken Sie 1x auf die Schaltfläche **Ausrichten an** und wählen Sie **An Auswahl ausrichten**.

Basisobjekte

Wenn Sie den Abstand zwischen den Objekten selbst festlegen möchten, müssen Sie ein so genanntes Basisobjekt bestimmen, bevor Sie im Feld **Abstand verteilen** einen Wert eingeben.

Um ein Basisobjekt zu bestimmen, markieren Sie zunächst sämtliche Objekte, die ausgerichtet werden sollen und wählen anschließend das Objekt aus, das als Basisobjekt dienen soll. Das Basisobjekt hat eine kräftigere blaue Markierung als die restlichen ausgewählten Objekte. Wenn ein Basisobjekt ausgewählt ist, können Sie im Feld **Abstand verteilen** einen Wert angeben.

1. Machen Sie mit den Objekten aus der vorherigen Übung weiter, markieren Sie diese erneut und klicken Sie ein weiteres Mal auf den Kreis, um ihn als Basisobjekt zu definieren.

2. Ändern Sie den Wert im Feld **Abstand verteilen** auf **10 mm**, siehe Abbildung rechts.

3. Klicken Sie auf die Schaltfläche **Horizontal verteilen: Abstand**. Der Abstand zwischen den Objekten beträgt jetzt 10 mm.

4. Schließen Sie das Dokument, ohne es zu speichern.

Objekte sortieren

Wenn Sie in Illustrator Objekte zeichnen, wird das zuletzt gezeichnete Objekt über das vorhergehende gelegt, siehe Abbildung rechts. Der Stern liegt vor dem Kreis, der wiederum vor dem Rechteck liegt.

Sie können die Stapelfolge der Objekte über **Objekt**, **Anordnen** ändern oder indem Sie im Kontextmenü, das Sie über den rechten Mausklick aufrufen, **Anordnen** wählen. Darauf wird ein Menü mit vier Sortieralternativen angezeigt.

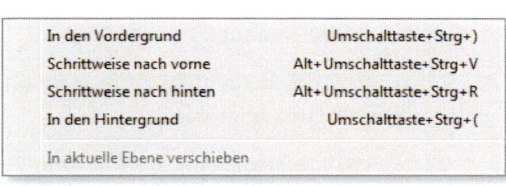

1. Öffnen Sie ein neues, leeres Dokument.

2. Zeichnen Sie die Figuren wie oben angegeben: ein rotes Rechteck, einen grünen Kreis und einen hellbraunen Stern.

13 Objekte ordnen und handhaben

3. Wählen Sie das Auswahl-Werkzeug (Sie können beide Auswahl-Werkzeuge verwenden) und markieren Sie den Stern.

4. Wählen Sie **Objekt**, **Anordnen**, **In den Hintergrund**, darauf nimmt die Figur das Aussehen wie in der Abbildung rechts an.

Jetzt haben Sie die Position des Sterns von Vordergrund auf Hintergrund verändert. Wenn Sie stattdessen **Schrittweise nach hinten** wählen, wird der Stern nur einen Schritt nach hinten verschoben und liegt jetzt unter dem grünen Kreis.

5. Schließen Sie das Dokument, ohne es zu speichern.

Pathfinder

Um z. B. unterschiedliche Objekte miteinander zu kombinieren, können Sie abgesehen vom **Formerstellungswerkzeug** auch mit dem Bedienfeld **Pathfinder** arbeiten, mit dem Sie Pfade auf unterschiedliche Art kombinieren können, indem Sie diese vereinen, aufteilen oder beschneiden.
Rufen Sie das Bedienfeld über **Fenster**, **Pathfinder** auf.

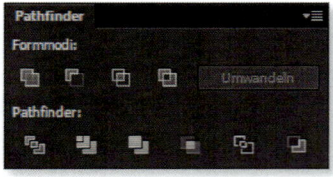

Pfade und Objekte kombinieren

Die Formmodi

1. Zeichnen Sie ein Quadrat und einen Kreis in ein neues Dokument ein.

   Ohne Füllung, Konturlinie schwarz, 2 Pt. Legen Sie Quadrat und Kreis teilweise übereinander.

2. Öffnen Sie das Bedienfeld Pathfinder über **Fenster**, **Pathfinder**, (falls es noch nicht angezeigt wird).

3. Markieren Sie beide Objekte mit dem Auswahl-Werkzeug. Klicken Sie auf die Schaltfläche **Vereinen** in der oberen Reihe im Feld **Formmodi**. Darauf schmelzen beide Objekte zu einem zusammen.

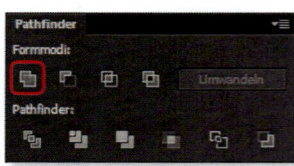

172

13 Objekte ordnen und handhaben

Vorher   Nachher

4. Machen Sie die Arbeitsschritte rückgängig.

5. Füllen Sie die Objekte mit unterschiedlichen Farben.

6. Markieren Sie die Objekte und klicken Sie auf die Schaltfläche **Vorderes Objekt abziehen**. Darauf wird das vordere Objekt zusammen mit dem überlappenden Bereich gelöscht.

7. Machen Sie die Arbeitsschritte rückgängig.

8. Klicken Sie auf die Schaltfläche **Schnittmenge bilden**. Jetzt bleibt nur noch die Schnittmenge der Figuren übrig. Beachten Sie, dass die Farbe in der Figur, die im Vordergrund liegt, bestimmt, welche Farbe die restlichen Figuren annehmen.

> *Klicken Sie mit gehaltener Alt-Taste auf die Schaltflächen des Pathfinder, um eine gestanzte Form des Originals zu erstellen. (Wie dies funktioniert, ist am besten zu sehen, wenn Sie mit gehaltener Alt-Taste auf Schnittmenge bilden klicken.)*

9. Machen Sie die Arbeitsschritte rückgängig.

10. Klicken Sie auf die Schaltfläche **Schnittmenge entfernen**. Die Farbe des gemeinsamen Bereichs verschwindet und die verbleibende Figur erhält die gleiche Farbe wie das Objekt, das im Vordergrund lag.

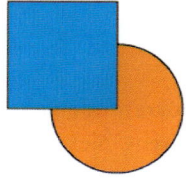 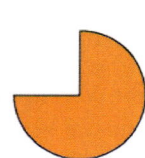  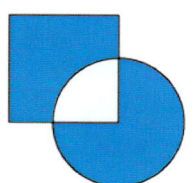

Das Original   Vorderes Objekt   Schnittmenge bilden   Schnittmenge entfernen
                    abziehen

11. Machen Sie die Arbeitsschritte rückgängig.

Pathfinder

1. Klicken Sie auf die Schaltfläche **Fläche aufteilen** ganz links in der Reihe unter **Pathfinder**.

173

2. Zunächst sieht es so aus, als ob nichts passiert. Heben Sie die Auswahl des Objekts auf. Wählen Sie das Gruppenauswahl-Werkzeug und markieren Sie das eine Objekt, z. B. das Quadrat, und ziehen Sie es an die Seite.

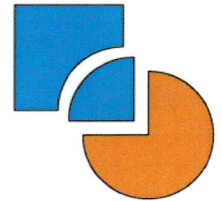

3. Machen Sie es mit den anderen Teilen genauso, siehe Abbildung rechts.

4. Machen Sie alle Schritte rückgängig, bis Sie wieder bei **Fläche aufteilen** angekommen sind. Die Objekte sind jetzt wiederhergestellt. Achten Sie darauf, dass das Quadrat im Vordergrund liegt und dass die Objekte ausgewählt sind.

5. Klicken Sie auf die Schaltfläche **Überlappungsbereich entfernen**. Mit diesem Befehl wird der Teil des unteren Objekts entfernt, das von dem Objekt im Vordergrund überdeckt wird sowie die Konturen, siehe Beispiel rechts. Ziehen Sie die Objekte mit dem Gruppenauswahl-Werkzeug auseinander und machen Sie dann den Schritt rückgängig.

6. Achten Sie darauf, dass die Objekte ausgewählt sind. Klicken Sie auf die Schaltfläche **Schnittmenge bilden**. Das Ergebnis ist in der Abbildung rechts zu sehen. Die Kontur verschwindet und die beiden Objekte verschmelzen zu einem. (Sie können jedoch mit dem Gruppenauswahl-Werkzeug auseinander gezogen werden.)

Wie Sie sehen, gleicht dieser Befehl der Option **Vereinen** unter **Formmodi**, jedoch mit einem wichtigen Unterschied. Wenn Sie Vereinen für zwei Objekte mit unterschiedlicher Füllung verwenden, erhalten beide dieselbe Füllung, wobei die Farbe von dem Objekt bestimmt wird, das im Vordergrund liegt.

Mit dem Befehl **Schnittmenge bilden** behalten beide Objekte ihre ursprüngliche Farbe.

7. Machen Sie die Arbeitsschritte rückgängig.

8. Klicken Sie auf die Schaltfläche **Schnittmengenfläche**. Hier bleibt nur die gemeinsame Fläche übrig.

13 Objekte ordnen und handhaben

9. Zeichnen Sie drei Kreise mit unterschiedlichen Farben, die Sie teilweise überlappen lassen, siehe Abbildung unten links.

10. Zeichnen Sie einen Stern ohne Füllung und legen diesen über die drei Kreise, siehe Figur unten in der Mitte.

11. Markieren Sie alle Objekte und klicken Sie auf die Schaltfläche **Schnittmengenfläche.** Das Ergebnis ist ein Stern, der die Farben der drei zuvor gezeichneten Kreise teilt, siehe Abbildung unten rechts.

Kontur aufteilen

Mithilfe von **Kontur aufteilen** in **Pathfinder** können Sie sich z. B. die Konturen einer Zeichnung anzeigen lassen. Die Stärke der Konturen stellen Sie im Steuerungsbedienfeld oder im Bedienfeld **Kontur** ein.

> *Bei komplizierten Zeichnungen (Vektorobjekten), benötigen Sie einen leistungsstarken Rechner da es ansonsten lange dauern kann, bis die Konturen erstellt werden. Im schlimmsten Fall hängt sich das Programm auf und Sie müssen Illustrator erneut starten.*

1. Zeichnen Sie zwei mit unterschiedlichen Farben gefüllte Kreise, die sich teilweise überdecken.

2. Markieren Sie beide Kreise und klicken Sie auf die Schaltfläche **Kontur aufteilen**.

3. Sowohl Kontur als auch Füllung verschwinden. Stellen Sie die Konturen auf Schwarz, 1 Pt im Steuerungsbedienfeld ein. Alternativ können Sie die Kontur auch über **Fläche und Kontur** im Werkzeugbedienfeld ändern.

4. Wählen Sie das Gruppenauswahl-Werkzeug und ziehen Sie die eine Kreishälfte zur Seite.

5. Gehen Sie bei der anderen Hälfte genauso vor.

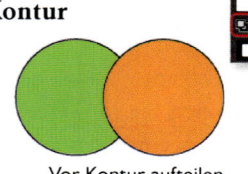

Vor Kontur aufteilen

Wie Sie sehen, entstehen hierdurch nicht nur Konturen der Objekte, es werden auch die Pfade an den Punkten getrennt, an denen sie sich überschneiden!

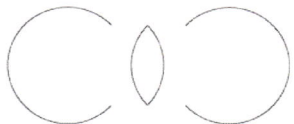

Nach Kontur aufteilen und auseinander ziehen

175

6. Machen Sie die Schritte rückgängig, bis Sie wieder bei Ihren ursprünglichen, ausgewählten Kreisen angekommen sind.

7. Klicken Sie auf die Schaltfläche **Hinteres Objekt abziehen**. Das Objekt, das im Hintergrund liegt, verschwindet zusammen mit der Schnittfläche.

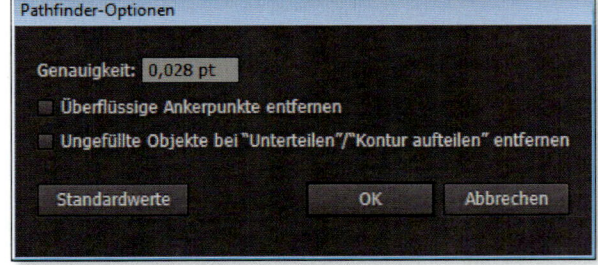

Pathfinder-Optionen

Wenn Sie für den Pathfinder weitere Einstellungen vornehmen möchten, öffnen Sie das Bedienfeldmenü oben rechts im Bedienfeld und wählen die Alternative **Pathfinder-Optionen**. Im Dialog können Sie die gewünschten Einstellungen vornehmen.

- **Genauigkeit** hier geben Sie an, wie genau die Funktion ein Pfadobjekt berechnen soll.

- Mit **Überflüssige Ankerpunkte entfernen** können Sie, wie der Name sagt, überflüssige Ankerpunkte entfernen.

- **Ungefüllte Objekte bei „Unterteilen"/„Kontur aufteilen" entfernen**. Mit dieser Option legen Sie fest, ob Sie alle ungefüllten Objekte in der ausgewählten Zeichnung entfernen möchten, wenn Sie auf **Unterteilen** oder **Kontur aufteilen** klicken.

Über das Pathfinder-Bedienfeldmenü können Sie auch auf andere Einstellungen, wie z. B. **Überfüllen** zugreifen. Mit dieser Einstellung können Sie vermeiden, dass zwischen den Farben in einem Objekt „Lücken" entstehen, da mit dieser Option die Farben etwas über die Objektkante hinaus gedruckt werden. Dies können Sie im Dialog **Pathfinder-Überfüllen** einstellen. Weitere Informationen zur Funktion Überfüllen entnehmen Sie bitte der Online-Hilfe.

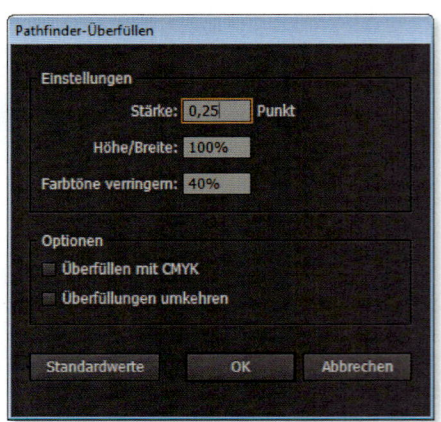

8. Schließen Sie das Dokument, ohne es zu speichern.

Zeichenmodi

Im unteren Teil des Werkzeugbedienfelds sind drei Zeichenmodi angeordnet, die Ihnen die Möglichkeit geben zu wählen, wie neue Objekte gezeichnet werden sollen bzw. wo sie im Verhältnis zu den bereits existierenden Objekten angeordnet werden.

Als Standard ist **Normal zeichnen** aktiviert. Um hinter einem markierten Objekt zu zeichnen, klicken Sie auf **Dahinter zeichnen**. Hierdurch ist es nicht erforderlich, dass Sie im Nachhinein die Stapelfolge ändern müssen, da Sie bereits im Vorfeld wissen, dass das neue Objekt im Hintergrund liegen soll. Wenn Sie den Modus **Innen zeichnen** wählen, können Sie im Inneren eines markierten Objekts zeichnen. In diesem Modus können Sie die Stapelfolge ändern oder eine Schnittmaske zeichnen, auswählen und erstellen. Der Modus ist nur wählbar, wenn ein Objekt ausgewählt ist.

Übungsaufgaben

Objekte ausrichten

Zeichnen Sie ein Quadrat, einen Kreis und einen fünfzackigen Stern. Füllen Sie die Objekte mit unterschiedlichen Nuancen eines Farbtons (keine Konturfarbe).

Welche der Schaltflächen im Bedienfeld **Ausrichten** müssen Sie anklicken, damit die Figuren einen gemeinsamen horizontalen Mittelpunkt erhalten wie in der Abbildung unten?

Objekte sortieren

Arbeiten Sie mit **Objekt**, **Anordnen** oder klicken Sie mit der rechten Maustaste und wählen Sie **Anordnen** im darauf erscheinenden Kontextmenü, um die Figuren nach Farbintensität zu sortieren. Siehe nachfolgende Abbildungen.

Gemeinsamer Mittelpunkt

Geben Sie den Figuren einen gemeinsamen Mittelpunkt und sortieren Sie diese in der gleichen Reihenfolge wie im Beispiel rechts.

Konturen erstellen

Verwenden Sie die Figuren, die Sie in der vorherigen Aufgabe gezeichnet haben. Arbeiten Sie mit dem Bedienfeld **Pathfinder**, um die verschiedenen Objekte miteinander zu kombinieren. (Sie müssen eventuell einige der ausgewählten Teile entfernen oder verschieben, um sich Hohlräume anzeigen zu lassen.) Versuchen Sie es, das Ergebnis muss nicht genauso aussehen wie das Beispiel unten.

14 Text

Illustrator bietet sechs Text-Werkzeuge.

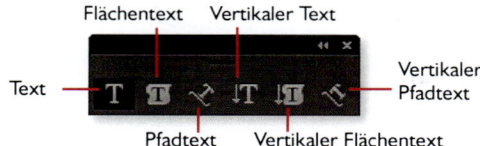

Das Bedienfeld Zeichen

1. Lösen Sie die Text-Werkzeuge vom Werkzeugbedienfeld, damit diese ein eigenes Bedienfeld bilden.
2. Öffnen Sie ein neues Dokument. Wählen Sie das Text-Werkzeug für waagrechten Text.
3. Klicken Sie in die Zeichenfläche, um den Einfügepunkt zu platzieren.
4. Geben Sie den Text **Heiho, heiho, wir sind vergnügt und froh!** ein.

Öffnen Sie das Zeichenbedienfeld über **Fenster**, **Schrift**, **Zeichen** und klicken Sie auf den Pfeil in der oberen linken Ecke, um die erweiterte Version des Bedienfelds anzuzeigen.

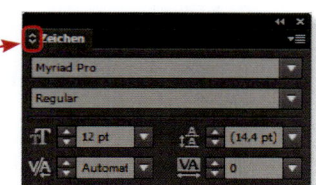

Das erweiterte Zeichenbedienfeld - Übersicht

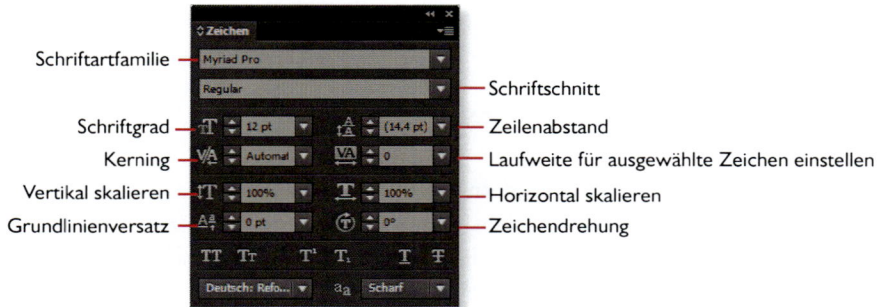

Wenn Sie nicht mit den Grundbegriffen der Typographie vertraut sind, bedürfen eventuell einige der Ausdrücke einer Erklärung.

Typographische Grundbegriffe

Der Schriftgrad wird in Punkten angegeben. Die normale Schriftgröße für Fließtext in einem Buch ist 10-12 Punkte.

Der Zeilenabstand ist der Abstand zwischen den Zeilen, der von Grundlinie zu Grundlinie gemessen wird (der gedachten Linie, auf der die Buchstaben „stehen").

Spationieren bedeutet, dass die Buchstaben in größerem Abstand, in so genanntem Sperrsatz gesetzt werden.

Unterschneiden ist das genaue Gegenteil, d. h. dass die Buchstaben enger zusammengerückt werden.

Kerning und Unterschneiden ähneln einander, beim Kerning werden jedoch nur bestimmte Buchstabenpaare enger zusammengerückt. Bei den Buchstabenkombinationen wie z. B. VA oder TY entsteht der Eindruck, dass sie zu weit auseinander stehen. Wenn Sie Optisch markiert haben, passt Illustrator die Abstände automatisch an.

Mit Vertikal und Horizontal skalieren können Sie die Buchstaben in der Höhe bzw. Breite verändern, eine Funktion, die bei bestimmten Logos nützlich ist. Bei normalem Text sollte man davon absehen, einzelne Buchstaben zu verändern.

Grundlinienversatz einstellen bedeutet, dass die ausgewählten Buchstaben nach oben oder unten verschoben werden.

5. Wählen Sie das Direktauswahl-Werkzeug. Der von Ihnen eingegebene Text wird automatisch ausgewählt, was durch den Pfad unter dem Text erkennbar ist, siehe Beispiel unten.

Sie können Text auf zwei unterschiedliche Arten markieren - mit dem Direktauswahl-Werkzeug und indem Sie das Auswahl-Werkzeug einklicken und über den Text ziehen.

<u>Heiho, heiho, wir sind vergnügt und froh!</u>

6. Ändern Sie die Schriftart. Ändern Sie den Schriftgrad auf 15 Punkte (Sie können den Wert selbst eingeben, d. h. es ist also nicht erforderlich, aus der Liste auszuwählen) und wählen Sie unter Schriftschnitt kursiv.

Es sind folgende Schriftschnitte verfügbar:

- **Regular** oder **Roman** ist der normale Schriftschnitt.
- **Italic** ist kursiv.
- **Bold** ist fett.

7. Wenn Sie eine Script-Schriftart gewählt haben, sieht Ihr Text vermutlich so aus wie auf der Abbildung unten. Machen Sie die Auswahl rückgängig, indem Sie neben den Text klicken.

Heiho, heiho, wir sind vergnügt und froh!

8. Um den Text farbig zu machen, muss er markiert sein. Sie markieren den Text, indem Sie ihn mit einem Auswahl-Werkzeug anklicken oder mithilfe des Text-Werkzeugs. Wählen Sie im Bedienfeld **Farbe** eine geeignete Farbe aus. Machen Sie den Text blau.

Kontur- und Füllfarbe einer Schriftart ändern

Jede Schriftart besteht natürlich aus Kontur- und Füllfarbe, was jedoch bei geringem Schriftgrad schwierig zu erkennen ist.

1. Arbeiten Sie mit dem vorhergehenden Dokument weiter und klicken Sie mit dem Text-Werkzeug auf der Zeichenfläche einen Einsatzpunkt ein.

2. Schreiben Sie das Wort **HALLO!** und ändern Sie den Schriftschnitt auf fett (bold), Arial, Schriftgrad 72 Pt.

3. Ändern Sie die Flächenfarbe auf Rot und die Konturfarbe auf Blau. Die Konturstärke sollte auf 1 Pt. eingestellt sein. Das Ergebnis sieht aus wie auf der Abbildung links.

Zum Drehen des Textes wählen Sie das Drehen-Werkzeug. Alternativ können Sie den Text mit dem Auswahl-Werkzeug markieren und den Cursor direkt außerhalb des Begrenzungsrahmens platzieren. Der darauf erscheinende gebogene Doppelpfeil zeigt an, dass Sie klicken und drehen können.

Wenn Sie einzelne Buchstaben im Text ändern möchten, um diese z. B. zu vergrößern, müssen sie mit dem Text-Werkzeug markiert werden. Klicken Sie das Werkzeug ein und ziehen es über den Buchstaben, siehe Abbildung rechts.

4. Machen Sie den markierten mittleren Buchstaben deutlich größer, z. B. 105 Pt. Wenn der Wert nicht in der Liste angegeben ist, können Sie einen eigenen Wert angeben und anschließend die **Eingabe-Taste** betätigen. Machen Sie das **A** zu einem kleinen Buchstaben.

5. Rücken Sie die Buchstaben mit der Funktion Laufweite für ausgewählte Zeichen einstellen enger zusammen, die im Bedienfeld **Zeichen** angeordnet ist. Markieren Sie den Text mit einem der Auswahl-Werkzeuge oder mit dem Text-Werkzeug. Geben Sie im Feld für Laufweite für ausgewählte Zeichen einstellen z. B. 125 ein und betätigen Sie die **Eingabe-Taste**.

Ein positiver Wert erhöht den Zeichenabstand, ein negativer Wert rückt die Zeichen enger zusammen.

Textkonturen erstellen

Mit der Funktion **In Pfade umwandeln** können Sie Ankerpunkte und Pfade zu jedem Buchstaben hinzufügen. Dies ist praktisch, wenn Sie z. B. Form und Lage der Buchstaben beeinflussen möchten.

1. Markieren Sie den Textpfad, indem Sie mit einem der Auswahl-Werkzeuge auf den Pfad oder auf die Umgebung klicken. Darauf erscheint eine Linie, siehe Abbildung rechts.

2. Klicken Sie mit der rechten Maustaste und wählen Sie die Option **In Pfade umwandeln**. Darauf werden an jeder Kontur Pfade angezeigt, siehe Abbildung rechts.

3. Markieren Sie alle Buchstaben mit einem der Auswahl-Werkzeuge.

4. Doppelklicken Sie auf das **Strudel-Werkzeug**, das im Werkzeugbedienfeld in derselben Gruppe wie das Breitenwerkzeug angeordnet ist.

5. Geben Sie unter **Strudel-Optionen** die Werte aus der Abbildung rechts ein.

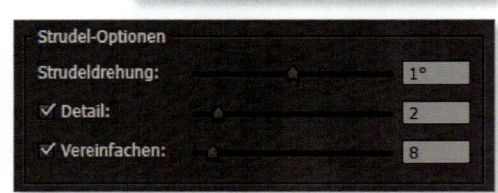

6. Es erscheint ein Kreuz, das von einem Kreis umgeben ist und anzeigt, in welchem Bereich Ihr Werkzeug die Form des Textes verändern wird. Versuchen Sie, den Text zu rotieren, indem Sie mit dem Cursor darauf klicken. Um das Rotieren des Textes zu beenden, lassen Sie die Maustaste los. Stoppen Sie den Vorgang, so lange der Text noch lesbar ist, siehe Abbildung unten.

Natürlich können Sie zum Erstellen unterschiedlicher Effekte auch andere Werkzeuge verwenden wie z. B. das **Breiten-**, **Zusammenziehen-**, **Ausbuchten-**, **Kristallisieren-** oder **Frei-transformieren-Werkzeug**.

7. Speichern Sie das Dokument als **Hallo** und schließen Sie es.

Vertikaler Text

Das **Vertikaler-Text-Werkzeug** hat die gleiche Funktion wie das **Text-Werkzeug**, allerdings mit dem Unterschied, dass der Text vertikal geschrieben wird.

1. Öffnen Sie ein neues Dokument. Wählen Sie das Vertikaler-Text-Werkzeug. Schreiben Sie ein Wort, z. B. **Hallo** in Schriftart Arial, Schriftgrad 60 Pt.
2. Füllen Sie die Buchstaben mit Orange und stellen Sie die Kontur auf 2 Pt., Dunkelblau ein.
3. Markieren Sie das Wort. Nun sollen Sie die Buchstaben so drehen, dass das Wort dem Text unten auf der Seite gleicht.
4. Öffnen Sie auch das Bedienfeld **Zeichen**, falls es noch nicht geöffnet ist.
5. Drehen Sie den Text um **-90°**, siehe Abbildung rechts.

Wenn Sie den Abstand zwischen den Buchstaben vergrößern oder verkleinern möchten, arbeiten Sie mit der Funktion **Laufweite für ausgewählte Zeichen einstellen**. Ein Minuszeichen vor dem Wert gibt an, dass die Buchstaben dichter zusammengerückt werden.

6. Speichern und schließen Sie das Dokument.

Flächentext

Mit dem **Flächentext-** bzw. dem **Vertikaler-Flächentext-Werkzeug** fügen Sie in ein bereits gezeichnetes Objekt Text ein. Das Objekt dient hierbei als Platzhalter für den Text.

1. Zeichnen Sie eine Figur, z. B. einen fünfzackigen Stern, in ein neues Dokument ein.
2. Wählen Sie das **Flächentext-Werkzeug** und klicken Sie auf den Pfad, der den Stern umgibt. Wenn Sie daneben klicken, wird ein Warnhinweis angezeigt. Wenn Sie alles richtig gemacht haben, sehen Sie nun einen blinkenden Textcursor.

14 Text

3. Geben Sie in den Stern einen beliebigen Text ein, siehe Abbildung rechts.

Der Text wird nun in dem gezeichneten Objekt angeordnet. Genau wie sonst auch haben Sie hier die Möglichkeit, eine Kontur zu erstellen. Achten Sie jedoch darauf, dass nur die Figur und nicht auch der Text ausgewählt wird, wenn Sie eine Konturfarbe verwenden möchten.

Jede beliebige Figur kann Text enthalten. Das **Vertikaler-Flächentext-Werkzeug** funktioniert auf die gleiche Weise.

Um den Abstand zwischen Pfad (Kontur) und Text zu erhöhen, arbeiten Sie mit Einzug. Wir kommen darauf weiter hinten im Buch zurück.

4. Schließen und speichern Sie das Dokument.

Textblöcke verketten

Es kommt vor, dass man Text auf mehrere Figuren verteilen möchte, dies wird als Verketten von Textblöcken bezeichnet.

1. Öffnen Sie ein neues, leeres Dokument.
2. Zeichnen Sie ein Quadrat mit einer Seitenlänge von 40 mm. Wählen Sie das **Flächentext-Werkzeug**, klicken Sie mit dem Werkzeug auf den Pfad und geben Sie folgenden Text mit einem Schriftgrad von 12 Pt. ein:

Wann ist es sinnvoll, Texte zu verketten? Zum Beispiel wenn man mit einer oder mehreren Illustrationen arbeitet, die zwei oder mehrere Textblöcke enthalten. Wenn die Blöcke Teile des selben Textes enthalten sollen, können Sie die Größe des Blocks verändern, während die Funktion dafür sorgt, dass der Text entsprechend der Form des Textblocks angepasst und umgebrochen wird.

Die Textmenge passt nicht in das Quadrat, was aus dem kleinen roten Pluszeichen unten im Textrahmen hervorgeht.

3. Zeichnen Sie einen Kreis mit einem Durchmesser von 50 mm etwas unterhalb und rechts vom Quadrat.
4. Markieren Sie Quadrat und Kreis (die Textblöcke) mit dem Direktauswahl-Werkzeug.

5. Wählen Sie **Schrift**, **Verketteter Text**, **Erstellen**. Darauf wird der leere Kreis mit dem Text gefüllt, der im Quadrat keinen Platz gefunden hat. Jetzt haben Sie die beiden Textblöcke verkettet.

6. Um die Verkettung aufzuheben, wählen Sie **Schrift**, **Verketteter Text**, **Verkettung entfernen**.

7. Schließen Sie das Dokument, ohne es zu speichern.

Zeilen und Spalten

1. Öffnen Sie ein neues, leeres Dokument. Wählen Sie das Rechteck-Werkzeug und zeichnen Sie ein Rechteck mit den Abmessungen 110 mm (Breite) und 180 mm (Höhe) ohne Füllung und Kontur.

2. Klicken Sie den Cursor mit dem **Flächentext-Werkzeug** auf die Kontur des Rechtecks.

3. Wählen Sie **Schrift**, **Flächentextoptionen**. Sie müssen das richtige Werkzeug verwenden, ansonsten ist diese Option im **Schrift-Menü** ausgegraut.

Im Dialog geben Sie an, wie das gezeichnete Rechteck aufgeteilt werden soll. **Zeilen** erstellt waagrechte Textblöcke und **Spalten** senkrechte. Unter **Abstand** geben Sie an, wie groß der Abstand zwischen den Textblöcken sein soll.
Unter **Optionen Textfluss** legen Sie fest, wie der Text zwischen den Blöcken fließen soll, d. h. zeilenweise von links nach rechts oder spaltenweise von oben nach unten.

4. Achten Sie darauf, dass die Option **Vorschau** markiert ist und ziehen Sie den Dialog zur Seite, damit Sie die Veränderungen im Dokument sehen können.

5. Geben Sie 2 Zeilen und 3 Spalten mit einem Abstand von 5 mm an und lassen Sie den Text spaltenweise von oben nach unten fließen. Darauf entstehen sechs Textblöcke. Klicken Sie auf **OK**.

6. Wählen Sie **Datei**, **Platzieren** und die Übungsdatei **Text**.

7. Achten Sie darauf, dass das Optionsfeld **Textformatierung entfernen** im darauf erscheinenden Dialog Microsoft Word-Optionen markiert ist. Klicken Sie auf die Schaltfläche **OK**.

8. Darauf verteilt sich der Text so auf sämtliche Textblöcke, wie Sie es unter der Option **Textfluss** angegeben haben, siehe Beispiel rechts.

Das Pluszeichen in der unteren rechten Spalte zeigt an, dass nicht der gesamte Text zu sehen ist.

9. Speichern Sie die Übung unter dem Namen **Textblock** (klicken Sie auf die Schaltfläche **OK** im Dialog **Illustrator-Optionen**) und schließen das Dokument.

Das Bedienfeld Absatz

Im Bedienfeld **Absatz** sind Befehle zum Justieren von Text angeordnet. Sie öffnen das Bedienfeld über **Fenster**, **Schrift**, **Absatz**. In der oberen Zeile

sind sieben Schaltflächen angeordnet, die von links nach rechts folgende Funktionen haben: **Linksbündig ausrichten**, **Zentrieren**, **Rechtsbündig ausrichten**, **Blocksatz, letzte Zeile linksbündig, zentriert oder rechtsbündig** sowie **Blocksatz (alle Zeilen)**.

10. Öffnen Sie die Datei **Textblock,** die Sie gerade gespeichert und geschlossen haben.

11. Markieren Sie den oberen linken Textblock mit dem **Flächentext-Werkzeug** oder dem Text-Werkzeug und klicken Sie anschließend auf **Zentrieren** im Bedienfeld **Absatz**. Wie Sie sehen, werden sämtliche Absätze im markierten Text von der Textjustierung beeinflusst, auch wenn Sie nur ein kleines Stück des Absatzes markiert haben.

12. Justieren Sie Textblock Nr. 2 **Rechtsbündig** und Textblock Nr. 3 im **Blocksatz, letzte Zeile linksbündig**.

13. Testen Sie auch, wie die anderen Schaltflächen den Text beeinflussen.

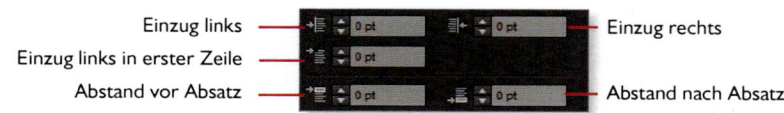

14. Schließen Sie das Dokument, ohne es zu speichern.

Text auf Pfad

Mithilfe der beiden Pfadtext-Werkzeuge können Sie Text an einem von Ihnen gezeichneten Pfad entlang laufen lassen. Der Unterschied zwischen den Werkzeugen liegt in der Ausrichtung der Buchstaben.

1. Öffnen Sie ein neues, leeres Dokument. Zeichnen Sie eine Ellipse. Wählen Sie das **Pfadtext-Werkzeug** und klicken Sie den Pfad an. Darauf beginnt der Einfügepunkt auf dem Pfad zu blinken. Geben Sie jetzt einen Text ein, siehe Beispiel unten.

Pfadtext sieht aus wie oben.   Vertikaler Pfadtext sieht so aus.

Um den Text auf dem Pfad zu verschieben, müssen Sie den Pfad mit dem Auswahl-Werkzeug markieren.

2. Markieren Sie den Text mit dem Auswahl-Werkzeug. Klicken Sie auf den vertikalen Strich, darauf nimmt der Cursor das Aussehen wie auf der Abbildung rechts an.

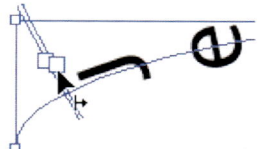

3. Halten Sie die Maustaste und ziehen Sie nach rechts. Jetzt wird der gesamte Textblock auf dem Pfad verschoben.

Typographische Finessen

1. Öffnen Sie das Bedienfeld **Zeichen** und expandieren Sie es komplett.

Mit der Funktion **Horizontal skalieren** können Sie die Buchstaben breiter oder schmaler machen, die Konturenstärke kann jedoch hierdurch nicht verändert werden. Sie können einen Prozentwert aus dem Listenfeld verwenden oder einen eigenen Wert von bis zu 10000 % im Feld eingeben.

Wenn Sie die Buchstaben in der Höhe verändern möchten, geben Sie einen Wert im Feld **Vertikal skalieren** im Bedienfeld **Zeichen** ein, siehe kleine Abbildung rechts. Die Option hat die gleiche Funktion wie Horizontal skalieren, mit dem Unterschied, dass die Höhe des Buchstabens verändert wird, siehe Beispiele unten.

Buchstabe B auf 1000 % verbreitert.

Die Zeichenbreite des linken Buchstabens ist 25 % und wird schrittweise auf 200 % erhöht. Sie können auch höhere Werte in das Feld eingeben, wenn die Buchstaben noch breiter sein sollen.

Die Grundlinie

Über das Feld **Grundlinienversatz einstellen** stellen Sie die Grundlinie ein, d. h. die gedachte Linie, auf der die Buchstaben stehen. Sie können die Funktion z. B. einsetzen, wenn Sie hochgestellte Zeichen verwenden (km²). (Hierbei muss das Zeichen, das verändert werden soll, natürlich markiert sein.) Normalerweise wird hierbei die hoch- oder tiefgestellte Zahl auch verkleinert.

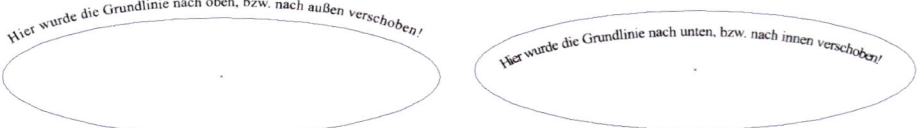

Über das Feld **Zeichendrehung** im Bedienfeld Zeichen wird das markierte Zeichen gedreht. Ein positiver Wert dreht das Zeichen gegen den Uhrzeigersinn, ein negativer Wert im Uhrzeigersinn, siehe Beispiel rechts.

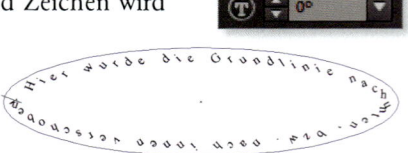

Silbentrennung

Durch Anklicken des Pfeils oben rechts im Bedienfeld **Absatz** öffnen Sie das Bedienfeldmenü. Wählen Sie dort die Option **Silbentrennung**. Darauf öffnet sich ein Dialog, in dem Sie die Parameter für die Silbentrennung einstellen können. Vor- und Nachsilben sollten immer mindestens zwei Buchstaben enthalten.

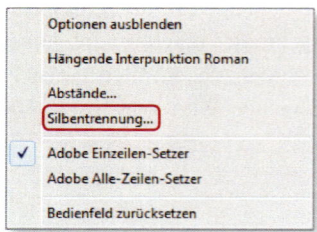

Im Dialog Silbentrennung wird angegeben, dass nur Worte, die mehr als sechs Buchstaben haben, getrennt werden, siehe rechts.

Max. Trennstriche legt fest, wie oft ein Wort getrennt werden darf.

Trennbereich ist der Bereich zwischen Rand und Text, in dem die Silbentrennung vorgenommen wird.

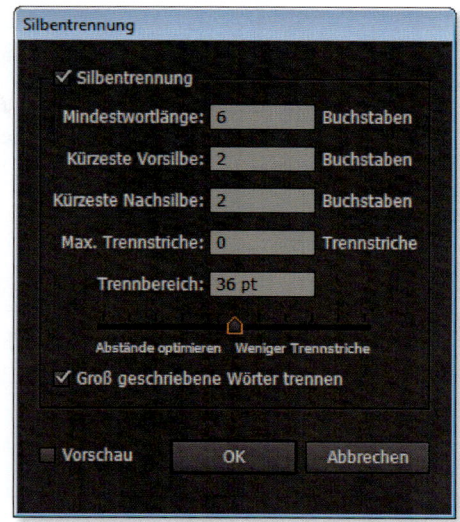

Durch Ziehen am Schieber können Sie die Anzahl der Trennstriche zu Ungunsten der Wortabstände optimieren.

2. Schließen Sie das Dokument, ohne es zu speichern.

Umfließen

Umfließen bedeutet, dass der Text um die Konturen eines Objekts angeordnet wird. Sie können alle Objekte, außer denen, die Sie mit dem Pinsel erstellt haben, mit Text umfließen lassen.

1. Öffnen Sie die Übungsdatei **Konturenführung**.
2. Wählen Sie **Datei**, **Platzieren** und die Übungsdatei **Text**. Markieren Sie die Datei und klicken Sie auf **Platzieren**.
3. Klicken Sie im darauf erscheinenden Dialog auf die Schaltfläche **OK**. Achten Sie darauf, dass das Optionsfeld **Textformatierung entfernen** nicht markiert ist, siehe Abbildung rechts.
4. Klicken Sie auf **OK**, auch wenn der Dialog vor Schriftproblemen warnt.
5. Der Text wird über das Bild gelegt. Platzieren Sie den Text im Hintergrund (**Objekt**, **Anordnen**, **In den Hintergrund**). Alternativ können Sie die Option auch mithilfe des rechten Mausklicks aufrufen.
6. Markieren Sie nur das Objekt (Vater und Kind) mit dem Auswahl-Werkzeug.
7. Wählen Sie **Objekt**, **Umfließen**, **Erstellen**.
8. Heben Sie die Auswahl des Objekts auf.

Jetzt ist das Objekt von einem weißen Rand umgeben. Es gibt die Möglichkeit, den Versatz, d. h. das Ausmaß des Umfließens anzupassen.

9. Markieren Sie Vater und Kind erneut und gehen Sie dann auf **Objekt**, **Umfließen** und **Umfließenoptionen**.

Im darauf erscheinenden Dialog können Sie die Breite des Versatzes anpassen.

10. Geben Sie **10** Pt. im Feld neben **Versatz** ein. Achten Sie darauf, dass das Optionsfeld **Umfließen umkehren** nicht markiert ist. Klicken Sie auf **OK**.

Das Ergebnis sieht ungefähr so aus wie auf der Abbildung rechts.

11. Speichern Sie das Dokument als **Text und Bild** und schließen Sie es.

Text mit Konturlinien

Sie haben mit dieser Funktion zwar bereits gearbeitet, aber eine kurze Wiederholung kann ja bekanntlich nicht schaden. Hinweis! Wir zeigen Ihnen das Ergebnis in zwei unterschiedlichen Schriftarten.

1. Öffnen Sie ein neues, leeres Dokument.
2. Geben Sie einen beliebigen Text in einem Schriftgrad von mindestens 40 Pt., fett (bold) ein.
3. Markieren Sie den Text mit einem der Auswahl-Werkzeuge.
4. Wählen Sie **Schrift**, **In Pfade umwandeln**.
5. Stellen Sie unter der Option Fläche ohne ein.
6. Geben Sie eine Konturstärke von 1 Pt. schwarz an. Entfernen Sie die Markierung.

Grafikstile für Text

Wie Sie bereits gesehen haben, sind in der Bibliothek für Grafikstile im Grafikstile-Bedienfeld eine Reihe von Vorlagen abgelegt. Diese Grafikstile können nicht nur für Objekte, sondern auch für Text angewendet werden.

1. Arbeiten Sie mit dem vorherigen Dokument weiter.

2. Geben Sie das Wort **tut** mit dem Text-Werkzeug, Schriftgrad 200 Pt., fett, ein. Markieren Sie den Text mit einem der Auswahl-Werkzeuge.

3. Rufen Sie das Bedienfeld **Grafikstile** (**Fenster, Grafikstile**) auf.

4. Öffnen Sie **Scribble-Effekte** in der **Grafikstile-Bibliothek** und wählen Sie **Gekritzel 11**. (Klicken Sie auf das Feld, um den Grafikstil auf den Text zu übertragen.)

Darauf wird der Grafikstil direkt auf den Text übertragen. Um den Grafikstil des

Was müssen Sie tun, um den Text z. B. grün zu machen?

Textes zu ändern, müssen Sie lediglich im Bedienfeld auf den neuen Stil klicken, dieser wird dann sofort übernommen, wenn der Text markiert ist. Fall nicht, ziehen Sie den neuen Stil aus dem Bedienfeld **Grafikstile** über den Text und lassen die Maustaste los.

5. Öffnen Sie den Grafikstil **Schaltflächen und Rollover** (**Menü Grafikstil-Bibliotheken, Schaltflächen und Rollover**).

6. Verwenden Sie den Stil **Schaltfl. beleuchtet Mausklick** für Ihren Text.

7. Öffnen Sie das Bedienfeld **Aussehen**, wenn Sie es noch nicht aufgerufen haben.

Der Inhalt des Bedienfelds Aussehen ähnelt der Abbildung rechts. Hier wird der aktuelle Grafikstil beschrieben, der geändert werden kann, falls das Objekt markiert ist.

8. Speichern Sie das Dokument unter **Tut** und schließen Sie es.

Schriftarten ersetzen

Eine praktische Funktion von Illustrator ist **Schriftarten ersetzen**, auch wenn Sie diese vermutlich nicht so häufig benötigen. Mit dieser Funktion können Sie die unterschiedlichen Schriftarten auflisten, die Sie in einem Dokument verwendet haben und diese gegen andere Schriftarten austauschen.

1. Erstellen Sie ein neues, leeres Dokument.
2. Wählen Sie das Text-Werkzeug und schreiben Sie einige Zeilen mit unterschiedlichen Schriftarten.
3. Wählen Sie **Schrift**, **Schriftart suchen**, darauf wird der nachfolgende Dialog angezeigt.

Im oberen Feld sind die Schriftarten aufgelistet, die im geöffneten Dokument verwendet wurden.

Im Beispiel wurden vier unterschiedliche Schriftarten benutzt.

Im Feld **Ersetzen durch Schrift aus** können Sie **Dokument** wählen, d. h. eine Schrift aus Ihrem aktuellen Dokument oder **System**, um sich alle auf Ihrem Rechner verfügbaren Schriftarten anzeigen zu lassen.

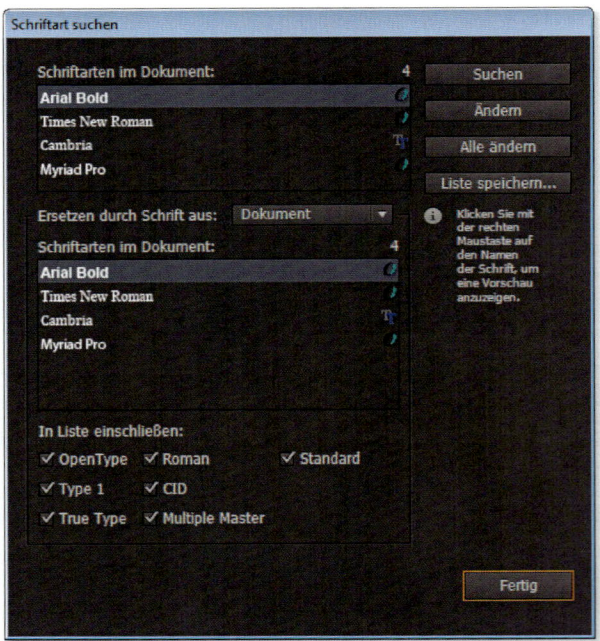

4. Klicken Sie auf eine Schriftart im oberen Feld und markieren Sie im unteren Feld eine andere Schriftart.
5. Klicken Sie auf die Schaltfläche **Ändern**, jetzt wird die Schriftart ersetzt.
6. Klicken Sie auf die Schaltfläche **Fertig** ganz unten im Dialog.
7. Schließen Sie das Dokument, ohne es zu speichern.

Rechtschreibprüfung

Es gibt nichts, was die Glaubwürdigkeit eines Dokuments mehr beeinträchtigt als Rechtschreibfehler. Bekanntlich ist es äußerst schwierig, seine eigenen Texte Korrektur zu lesen, bitten Sie jemand anderen um Hilfe. Vermeiden Sie es, nur auf dem Bildschirm Korrektur zu lesen.

Illustrator bietet zwar eine Rechtschreibprüfung, das Programm findet jedoch längst nicht alle Fehler. Verlassen Sie sich daher nicht nur auf die Rechtschreibprüfung, sondern lesen Sie das Dokument immer noch einmal auf Papier Korrektur!

1. Öffnen Sie ein neues, leeres Dokument und geben Sie einige falsch geschriebene Wörter ein wie z. B. **„Knnopf"**.

2. Wählen Sie **Bearbeiten, Rechtschreibprüfung**. Darauf wird der Dialog **Rechtschreibprüfung** angezeigt. Klicken Sie auf die Schaltfläche **Beginnen**.

Wenn das Programm einen geeigneten Ersatz findet, wird diese Alternative im Feld **Vorschläge** angezeigt.

3. Markieren Sie die Alternative **Knopf** im Feld Vorschläge und klicken Sie anschließend auf die Schaltfläche **Ändern**.

4. Wenn die Rechtschreibprüfung beendet ist, klicken Sie auf die Schaltfläche **Fertig**.

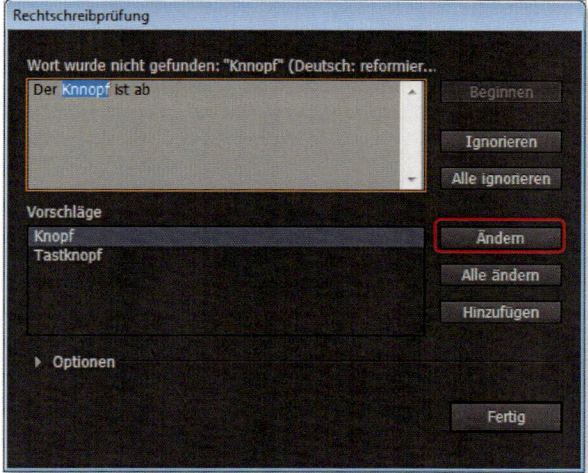

5. Schließen und speichern Sie das Dokument.

Pipette auf Text

Die Pipette kann zum „Aufnehmen" des Formats eines Objekts und anschließend mithilfe des Füllwerkzeugs zum Applizieren auf anderen Objekten verwendet werden. Die Pipette eignet sich hervorragend zum Kopieren von Textattributen.

1. Öffnen Sie ein neues, leeres Dokument. Geben Sie zwei Textzeilen ein. Geben Sie den Zeilen unterschiedliche Farben und Schriftarten, siehe Beispiel rechts.

   Was sind Ihre Lieblingsfarben?
   Ich mag Blau, Rot und Lila

Jetzt sollen Sie die beiden Schriftarten und Farben des Textes **Was sind Ihre Lieblingsfarben?** gegen die der darunter liegenden Zeile austauschen.

2. Wählen Sie das **Pipette-Werkzeug** und führen es über die Zeile **Ich mag Blau, Rot und Lila**. Wie Sie sehen, erscheint ein kleines T neben dem Pipetten-Symbol. das angibt, dass Textattribute „aufgenommen" werden können, siehe Abbildung oben rechts.

3. Klicken Sie, um die Textattribute „aufzunehmen". Halten Sie die **Alt-Taste**.

4. Ziehen Sie die Pipette über „**Was sind Ihre ....**" und klicken Sie, darauf sieht der Text genauso aus, wie der Text in der Zeile darunter.

   Was sind Ihre Lieblingsfarben?
   Ich mag Blau, Rot und Lila

5. Schließen Sie das Dokument, ohne es zu speichern.

Einstellungen für die Pipette

Durch Doppelklick auf das Pipette-Werkzeug wird ein Dialog angezeigt, in dem Sie Einstellungen vornehmen können. Den Dialog haben Sie bereits im Kapitel *Konturen und Flächen* kennen gelernt.

Im linken Feld **Pipette nimmt auf** geben Sie an, welche Attribute die Pipette aufnehmen soll und im rechten Feld **Pipette-Werkzeug füllt mit** legen Sie fest, welche Attribute verwendet werden sollen.

Hinweis! Sie können in beiden Feldern unterschiedliche Attribute markieren.

Übungsaufgaben

Mit unterschiedlichen Schriftarten arbeiten

Erstellen Sie einen Flyer für Brombeeren wie im Beispiel rechts. Arbeiten Sie mit den Standardschriften Ihres Rechners.

Öffnen Sie das Übungsbild **Brombeere**.

Wenn Sie fertig sind, speichern Sie das Dokument unter **Brombeerflyer**.

Mit den Text-Werkzeugen arbeiten

Erstellen Sie die nachfolgend abgebildeten Textbeispiele. Arbeiten Sie mit Schriftart Arial, den Schriftgrad legen Sie selbst fest.

Speichern Sie das Dokument unter **Text-Werkzeuge**.

Grafikstile für einen Text verwenden

Wählen Sie **Kunsteffekte** im Bedienfeld **Grafikstile**, um das Aussehen des Textstils zu ändern. Gehen Sie von Arial aus, erstellen Sie anschließend Textkonturen, bevor Sie mit dem Verändern des Grafikstils beginnen. Speichern Sie das Dokument als **Form**.

Platzieren und Umfließen von Text

Arbeiten Sie mit dem Übungsbild **Gärtner** und dem Übungstext **Text**, um unterschiedliche Varianten von Text und Objektplatzierung zu testen, siehe Beispiel unten. Beginnen Sie damit, das Übungsbild zu öffnen und montieren Sie anschließend den Text.

Vergrößern Sie die Überschrift. Wenn die Textmenge erweitert werden muss, kopieren Sie den Text und fügen ihn so oft ein, bis die Seite gefüllt ist.

Drucken Sie das Ergebnis aus!

15 Symbole

Symbole sind Zeichnungen oder besser gesagt Objekte, auf die Sie über das Bedienfeld **Symbole** zugreifen und die Sie in einem Dokument mehrfach verwenden können. Der Vorteil der Symbole ist, dass sie die Dateigröße nicht verändern, unabhängig davon, wie häufig sie im Dokument vorkommen.

Das Menü „Symbol-Bibliotheken"

Sie können zwischen einem fertigen Symbol aus einer der Bibliotheken wählen, die Sie über die Schaltfläche **Menü Symbol-Bibliotheken** öffnen (siehe Bedienfeld oben) oder indem Sie im Bedienfeldmenü die Option **Symbol-Bibliothek öffnen** anklicken.

Wenn Sie auf eine größere Auswahl Symbole zugreifen möchten, können Sie diese über **Fenster**, **Symbol-Bibliothek** und **Andere Bibliotheken** hochladen.

Zum Arbeiten mit den Symbolen verwenden Sie die Symbol-Werkzeuge aus dem Werkzeugbedienfeld.

Symbol-Werkzeuge

Symbole speichern...
3D-Symbole
Blumen
Blumig Vektorpaket
Diagramme
Erbstück
Feier
Haare und Pelz
Hoheitlich Vektorpaket
Karten
Kommunikation
Kunststrukturen
Leuchten für Bänder
Leuchten für Flussdiagramme
Leuchten für Organigramme
Logo-Elemente
Mobil
Mode
Natur
Pfeile
Primitiv
Punktmuster Vektorpaket
Retro
Schmutz Vektorpaket
Sushi
Tiki
Verrückte Wissenschaft
Web-Schaltflächen
Web-Symbole
Benutzerdefiniert
Andere Bibliothek...

Ein Symbol erstellen

1. Erstellen Sie ein neues, leeres Dokument.
2. Lösen Sie die Symbol-Werkzeuge vom Werkzeugbedienfeld, damit diese ein eigenes Bedienfeld bilden.
3. Öffnen Sie das Bedienfeld **Symbole** über **Fenster**, **Symbole**.
4. Wählen Sie das Auswahl-Werkzeug und stellen Sie es auf das Symbol **Vektorschmutz** im Bedienfeld Symbol.

5. Klicken Sie auf das Symbol und ziehen Sie es ins Dokument. Sobald Sie die Maustaste loslassen, wird ein Pfeil mit einem umrandeten Plus-Zeichen angezeigt.

Das Symbol ist von einem Begrenzungsrahmen umgeben und kann z. B. mit dem Auswahl-Werkzeug beliebig verschoben werden.

Symbole in der Symbol-Bibliothek auswählen

1. Klicken Sie auf die Schaltfläche **Menü Symbol-Bibliotheken** und wählen Sie die Symbol-Bibliothek **Logo-Elemente**.
2. Ziehen Sie eines der Symbole in das Dokument. Skalieren, drehen und verschieben Sie das Symbol mithilfe des Auswahl-Werkzeugs.
3. Schließen und speichern Sie das Dokument.

Die Symbol-Werkzeuge

Symbole aufsprühen

Wenn Sie nur ein Symbol benötigen, ist es am einfachsten, wenn Sie es anklicken und auf die Zeichenfläche ziehen oder indem Sie die Schaltfläche **Symbolinstanz platzieren** im Bedienfeld Symbole anklicken. Wenn Sie jedoch mehrere Symbole erstellen möchten, arbeiten Sie mit dem **Symbol-aufsprühen-Werkzeug**. Hiermit werden mehrere Symbole auf der Zeichenfläche erstellt (die Anzahl hängt davon ab, welche Einstellungen vorgenommen wurden).

Symbolinstanz platzieren.

4. Öffnen Sie ein neues, leeres Dokument und wählen Sie das **Symbol-aufsprühen-Werkzeug**.

15 Symbole

5. Suchen Sie sich in einer der Bibliotheken ein beliebiges Symbol aus. Klicken Sie das Symbol an, um die „Sprühdose" zu laden.

6. Klicken und ziehen Sie es mit dem **Symbol-aufsprühen-Werkzeug** ins Dokument.

Darauf erscheinen eine große Anzahl Symbole im Begrenzungsrahmen. Sämtliche Symbolinstanzen, die Sie aufsprühen, werden wie ein einziges Objekt behandelt. Wenn Sie einzelne Symbole erstellen möchten, müssen Sie diese einzeln mit einem der Auswahl-Werkzeuge in das Dokument ziehen.

Der Dialog Symbol-Werkzeug-Optionen

1. Doppelklicken Sie auf das **Symbol-aufsprühen-Werkzeug**. Darauf wird der nachfolgende Dialog angezeigt.

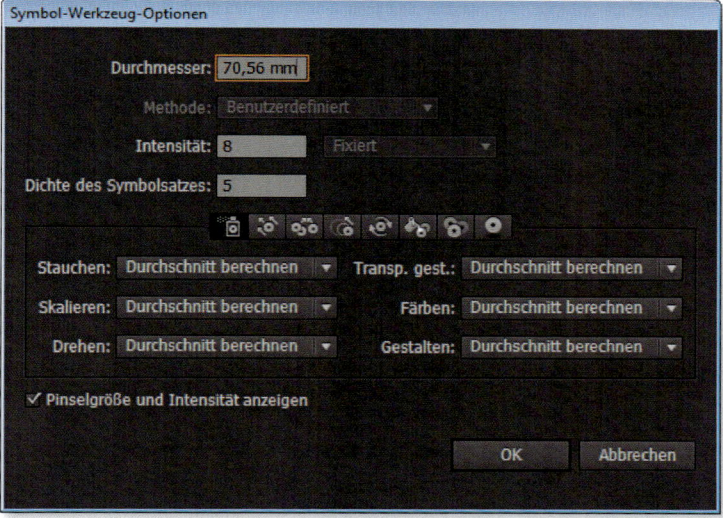

Der Wert neben **Durchmesser** gibt an, wie groß der Durchmesser des Werkzeugs sein soll. **Intensität** gibt an, wie schnell die Symbole z. B. beim Aufsprühen angezeigt werden. Bei einem niedrigen Wert dauert es länger, bis die Symbole erscheinen als bei einem hohen. **Dichte des Symbolsatzes** gibt an, wie dicht die Symbole nebeneinander gesetzt werden. Ein geringer Wert resultiert in einem größeren Abstand zwischen den Symbolinstanzen. In der darunter liegenden Zeile werden sämtliche Symbol-Werkzeuge angezeigt. Es ist also möglich, die Eigenschaften der einzelnen Werkzeuge in einem einzigen Dialog einzustellen.

2. Markieren Sie **Pinselgröße und Intensität anzeigen** im Dialog. Hierdurch wird die Größe des Werkzeug-Cursors als Ring und die Intensität durch die Farbe des Rings angezeigt. Eine hohe Intensität ergibt einen kräftiger gefärbten Ring als eine geringe, bei der der Ring fast weiß erscheint.

3. Stellen Sie neben **Durchmesser** 100 mm ein. Geben Sie eine **Intensität** von 8 und eine **Dichte des Symbolsatzes** von 5 an und klicken Sie auf die Schaltfläche **OK**.

4. Wählen Sie das Symbol-aufsprühen-Werkzeug und sprühen Sie einige Symbole auf.

Das oben gezeigte Symbol stammt aus der Symbol-Bibliothek Blumen.

5. Schließen und speichern Sie das Dokument.

Symbole verschieben

Um aufgesprühte Symbole zu verschieben, arbeiten Sie mit dem **Symbol-verschieben-Werkzeug**.

1. Erstellen Sie ein neues Dokument.

2. Wählen Sie das Symbol **Japanischer Ahorn** (Symbol-Bibliothek **Natur**) und sprühen Sie einige Blätter auf, siehe Beispiel rechts.

3. Wählen Sie das **Symbol-verschieben-Werkzeug** und versuchen Sie, die Blätter durch Klicken und Ziehen neu zu ordnen (hierzu müssen diese markiert sein, nicht einzeln, sondern als Gruppe).

4. Doppelklicken Sie auf das **Symbol-verschieben-Werkzeug**, ändern Sie im darauf erscheinenden Dialog die Werkzeuggröße auf 40 mm und klicken Sie auf **OK**. Jetzt geht es einfacher.

5. Löschen Sie die Blätter.

Symbole zusammenziehen

1. Wählen Sie das Symbol **Ballon 3** (in der Symbol-Bibliothek **Feier**) und sprühen Sie einige Ballons in das Dokument ein.

2. Wählen Sie das **Symbol-stauchen-Werkzeug**. Stellen Sie die Werkzeuggröße auf 100 mm ein und klicken Sie auf **OK**.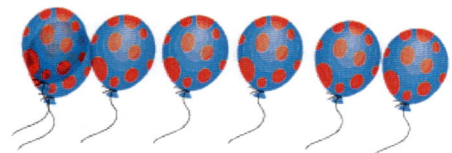

3. Die Symbole werden dichter zusammen geschoben, wenn Sie die Maustaste klicken und gedrückt halten. Wenn Sie die Symbole auseinander ziehen möchten, halten Sie während des Mausklicks die **Alt-Taste**.

4. Löschen Sie sämtliche Objekte im Dokument.

Die Größe eines Symbols angeben

1. Wählen Sie ein beliebiges Symbol (oder laden Sie neue herunter) und sprühen Sie einige Instanzen in das neue leere Dokument. Arbeiten Sie mit der Werkzeuggröße 200 mm.

2. Wählen Sie das **Symbol-skalieren-Werkzeug** und platzieren Sie das Werkzeug mitten im Objekt.

3. Halten Sie die Maustaste einige Sekunden gedrückt. Sämtliche Symbole werden vergrößert. Dies liegt daran, dass alles, was sich innerhalb des Werkzeugdurchmessers befindet, beeinflusst wird.

4. Machen Sie die Arbeitsschritte rückgängig.

5. Doppelklicken Sie auf das **Symbol-skalieren-Werkzeug**. Ändern Sie die Werkzeuggröße auf 15 mm. Klicken Sie auf **OK**.

6. Stellen Sie das Werkzeug mitten auf ein Objekt und halten Sie für einen Moment die Maustaste. Jetzt wird nur das Symbol vergrößert. Durch Halten der **Alt-Taste** verkleinern Sie das angeklickte Objekt.

7. Löschen Sie alle Instanzen Ihres Symbols.

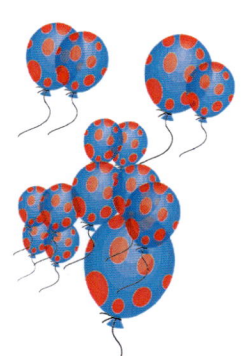

15 Symbole

Methode zum Angeben der Symbolgröße

1. Sprühen Sie einige Instanzen des Symbols **Haus** (aus der Symbol-Bibliothek **Logo-Elemente**) auf die Zeichenfläche.

2. Doppelklicken Sie auf das **Symbol-skalieren-Werkzeug**, wählen Sie **Zufallswert** unter **Methode** und klicken Sie auf **OK**.

3. Stellen Sie das Werkzeug in das „Wohngebiet" und klicken und ziehen Sie (mit gehaltener Maustaste) an unterschiedlichen Stellen. Die Häuser ändern ihre Größe gemäß eines Zufallswerts, siehe Beispiel rechts.

4. Löschen Sie die Symbole.

Symbole drehen

1. Wählen Sie ein beliebiges Symbol (im Beispiel wurde **Ameise** aus der Symbol-Bibliothek **Natur**) verwendet, und sprühen Sie einige Symbole auf, ungefähr so, wie im Beispiel unten links zu sehen.

2. Wählen Sie das **Symbol-drehen-Werkzeug** und ändern Sie den Durchmesser auf **40 mm** und **Benutzerdefiniert**. Stellen Sie das Werkzeug über einige Symbole, halten Sie die Maustaste.

Um die Symbole, die sich innerhalb des Werkzeugkreises befinden, werden jetzt kleine, farbige Pfeile angezeigt. Durch Ziehen der Maus ändern Sie die Richtung der Pfeile und somit die der Symbole.

Alle Ameisen laufen in die gleiche Richtung.

Die Ameisen laufen in unterschiedliche Richtungen.

3. Ändern Sie die Richtung der Symbole, so dass diese in unterschiedliche Richtungen zeigen, siehe oben rechts.

Die Symbole folgen der Bewegung der Maus, aber dennoch in einer bestimmten Ordnung. Dieser Effekt wird erreicht, wenn **Benutzerdefiniert** unter **Methode** im Optionsfeld eingestellt ist. Sie als Anwender steuern, was passiert. Wenn Sie jedoch die Alternative **Zufallswert** wählen, bedeutet das, dass die Symbole beliebig verteilt werden.

Wenn alle Werkzeuge im Dialog auf **Durchschnitt berechnen** stehen, der angezeigt wird, wenn Sie auf das **Symbol-aufsprühen-Werkzeug** doppelklicken, aber dennoch ein merkwürdiges Ergebnis erscheint, sollten Sie die Einstellungen im Dialog für das Symbol-drehen-Werkzeug kontrollieren.

4. Schließen und speichern Sie das Dokument.

Symbole färben

Mit dem **Symbol-färben-Werkzeug** können Sie ein Symbol einfärben oder dessen Farbe ändern. Die Farbe wird von der Flächenfarbe bestimmt, die Sie im Werkzeugbedienfeld gewählt haben. (Denken Sie daran, dass die Dateigröße enorm anwachsen kann, wenn Sie das **Symbol-färben-Werkzeug** verwenden.)

1. Erstellen Sie ein neues, leeres Dokument.
2. Ziehen Sie das Symbol **Feder** aus der Symbol-Bibliothek **Natur** auf Ihre Zeichenfläche. Wiederholen Sie den Vorgang mehrmals.
3. Arbeiten Sie mit dem Auswahl-Werkzeug, um einige Symbole zu vergrößern.
4. Wählen Sie das **Symbol-färben-Werkzeug** und z. B. die Flächenfarbe Blau.

5. Markieren Sie ein Symbol nach dem anderen, führen Sie das Werkzeug über das Symbol und klicken oder halten Sie die Maustaste. Gehen Sie bei den anderen Symbolen genauso vor.

Je länger Sie die Maustaste halten oder klicken, desto kräftiger wird die Farbe. Wenn Sie die Farbmenge reduzieren möchten, halten Sie die **Alt-Taste**, wenn Sie die Farbmenge beibehalten möchten, halten Sie die **Umschalt-Taste**.

Hinweis! Verläufe (die wir im nächsten Kapitel besprechen) und Muster können Sie nicht zusammen mit dem **Symbol-färben-Werkzeug** verwenden.

Symbole transparent gestalten

Mit diesem Werkzeug kann ein Symbol mehr oder weniger transparent gemacht werden, so dass der Hintergrund teilweise durch das Symbol hindurch scheint.

1. Verschieben Sie die großen Symbole, die Sie in der vorherigen Übung erstellt haben so, dass sie möglichst viele kleine Symbole überdecken. Arbeiten Sie mit rechtem Mausklick, **Anordnen**, **In den Vordergrund**. Stellen Sie sicher, dass alle Objekte ausgewählt sind.
2. Doppelklicken Sie auf das **Symbol-transparent-gestalten-Werkzeug** und stellen Sie die **Intensität** auf 2 ein.
3. Klicken Sie einige Male auf die großen Symbole. Der Hintergrund wird immer deutlicher sichtbar, je häufiger Sie klicken.
4. Speichern Sie das Dokument als **Bunte Federn** und schließen Sie es.

Symbole gestalten

Symbole gestalten bedeutet, dass Sie auf einfache Weise ein fertiges Symbol mithilfe eines Stils aus dem Bedienfeld **Grafikstile** bearbeiten können. Um das geänderte Symbol mit einem der Symbol-Werkzeuge verwenden zu können, müssen Sie es zunächst im Bedienfeld **Symbole** ablegen.

1. Öffnen Sie ein neues, leeres Dokument.
2. Rufen Sie die Bedienfelder **Grafikstil** und **Symbole** auf. Falls sie zusammen in einer „Kartothek" angeordnet sind, versuchen Sie, eines der Bedienfelder zu verschieben.

Sie sollen jetzt das Symbol **Läufer** (aus der Symbolgruppe **Logo-Elemente**) gestalten.

3. Ziehen Sie den Läufer auf das Dokument oder klicken Sie auf die Schaltfläche **Symbolinstanz platzieren**, die ganz unten im Bedienfeld **Symbole** angeordnet ist.
4. Vergrößern Sie die Figur, damit Sie sie besser sehen können, die Figur muss immer noch markiert sein.
5. Wählen Sie das **Symbol-gestalten-Werkzeug** und stellen Sie die Werkzeuggröße auf 100 mm ein.

6. Gehen Sie zur **Grafikstil-Bibliothek** und wählen Sie den Stil **Meißel** in der Gruppe **Kunsteffekte**.

7. Stellen Sie das **Symbol-gestalten-Werkzeug** mitten auf das Symbol und klicken Sie einmal.

Wie Sie sehen, funktioniert dies nicht. Im eingeblendeten Dialog werden Sie darüber informiert, dass Sie einen Stil aus dem Bedienfeld **Grafikstile** verwenden müssen.

8. Klicken Sie auf den Effekt **Meißel** und ziehen ihn in das Bedienfeld **Grafikstile** und führen Sie die genannten Schritte nochmals aus. Wählen Sie jetzt **Meißel** als Grafikstil und wiederholen Sie den Vorgang.

Das Ergebnis sieht aus wie in der Abbildung rechts zu sehen.

Wissen Sie noch, welches Bedienfeld Sie verwenden müssen, um die Farbe eines Symbols z. B. auf Blau zu ändern? Genau – das Bedienfeld **Aussehen**!

Wenn Sie den gestalteten Läufer verwenden möchten, müssen Sie die neue Variante zum Bedienfeld **Symbole** hinzufügen.

9. Markieren Sie den Läufer mit dem Auswahl-Werkzeug, ziehen ihn in das Bedienfeld **Symbole** und klicken Sie im Dialog **Symboloptionen** auf **OK**.

10. Verwenden Sie das **Symbol-sprühen-Werkzeug**, klicken Sie auf Ihr neues Symbol (wenn es nicht schon markiert ist) und kontrollieren Sie, ob es funktioniert.

11. Schließen Sie das Dokument, ohne es zu speichern.

Eigene Symbole erstellen

Die meisten Objekte, die in Illustrator erstellt werden, können Sie in Symbole umwandeln, die dann mehrfach in einem Dokument verwendet werden können. Wenn Sie ein Symbol aus einer eigenen Vektorgrafik erstellen, müssen Sie daran denken, die Pfade im Bild (über **Objekt**, **Pfad**, **Vereinfachen**) zu vereinfachen, bevor Sie die Grafik umwandeln, damit die Datei nicht zu groß wird und somit schlecht zu bearbeiten ist.

1. Öffnen Sie das Übungsbild **Guppy**.

2. Machen Sie den Guppy etwas kleiner. Klicken und ziehen Sie den Guppy in das Bedienfeld **Symbole**, siehe Abbildungen rechts.

Wenn Sie ein Objekt in das Bedienfeld Symbole ziehen, wird der Dialog **Symboloptionen** angezeigt. Dort geben Sie die Einstellungen für das Symbol wie Namen, Art und Registrierung an. Diese Einstellungen dienen vor allem zum Anpassen des Symbols an **Flash** (ein Programm, das zum Animieren von Vektorgrafiken verwendet wird).

3. Geben Sie als Namen **Guppy** ein, markieren Sie **Grafik** nach **Art**, platzieren Sie den **Registrierungspunkt** in der Mitte, falls er nicht bereits dort sitzt und klicken Sie auf **OK**.

4. Arbeiten Sie mit den Symbol-Werkzeugen und erstellen Sie einen Fischschwarm wie in der nachfolgenden Abbildung.

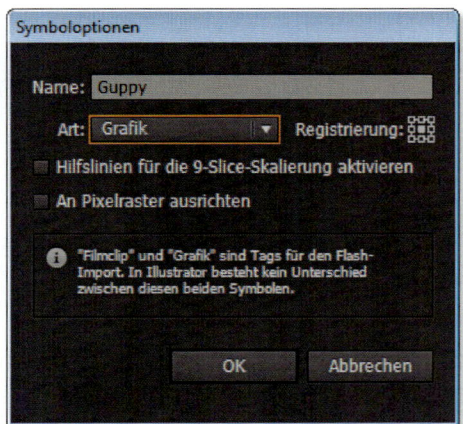

5. Speichern Sie das Bild als **Guppyschwarm** und schließen Sie das Dokument.

Die Farbe eines existierenden Symbols ändern

Um die Farbe eines Symbols zu ändern, müssen Sie, nachdem Sie das Symbol ins Dokument gezogen haben, die Verknüpfung zwischen dem Symbol und dem Bedienfeld **Symbole** unterbrechen. Wenn Sie auf das Symbol doppelklicken, erscheint ein Dialog, der Sie fragt, ob Sie die Symbole wirklich verändern möchten. Wenn Sie auf **OK** klicken, haben Sie die Verknüpfung unterbrochen und können nun die Einzelheiten des Symbols mit dem Direktauswahl-Werkzeug markieren und die Flächen- und Konturfarbe ändern.

Übungsaufgaben

Mit Symbolen arbeiten 1

Erstellen Sie ein neues Dokument und zeichnen Sie einige grüne Blätter. Verkleinern Sie die Blätter und wandeln sie in Symbole um. Speichern Sie das Dokument als **Grüne Blätter**.

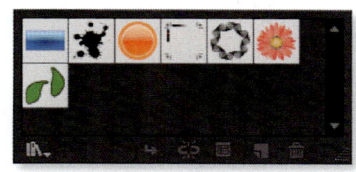

Öffnen Sie das Übungsbild **Kahler Baum**. Kopieren Sie den Baum und fügen Sie die Kopie in das Dokument **Grüne Blätter** ein, um die Symbole, die Sie gerade erstellt haben, einzusetzen. Vergrößern Sie den Baum, so dass er die gesamte Fläche ausfüllt. Arbeiten Sie mit den Symbol-Werkzeugen und lassen Sie an dem Baum grüne Blätter sprießen. Passen Sie die Größe der Blätter an.

Der Baum sollte der Abbildung rechts möglichst ähnlich sein. Speichern Sie das Bild unter dem Namen **Baum**.

Mit Symbolen arbeiten 2

Arbeiten Sie mit dem Dokument **Baum**, das Sie gerade erstellt haben. Diese Übung können Sie nur durchführen, wenn Sie auch die vorherige Übung gemacht haben. Öffnen Sie die Übungsdatei **Roter Apfel** und wandeln Sie den Apfel in ein Symbol um. Hängen Sie anschließend Äpfel in den Baum. Speichern Sie das Dokument und drucken es aus.

Mit den Symbol-Werkzeugen arbeiten

Fahren Sie mit dem Arbeiten mit Symbolen im Dokument **Baum** fort. Wählen Sie das **Symbol-färben-Werkzeug** und versuchen Sie, die Farbtöne der Blätter zu variieren, damit sie lebendiger wirken. Arbeiten Sie hierzu auch mit dem **Symbol-transparent-gestalten-Werkzeug** und machen Sie einige der Blätter transparenter, siehe Abbildung rechts.

16 Verläufe

Was ist ein Verlauf?

Unter einem Verlauf versteht man eine Farbe, die gradweise heller wird oder mit einem oder mehreren anderen Farbtönen vermischt ist, siehe nachfolgende Beispiele.

Linearer und kreisförmiger Verlauf, der schrittweise heller wird.

Linearer und kreisförmiger Verlauf, bei dem zwei Farbtöne miteinander vermischt werden.

Ein Verlauf kann als Farbfeld gespeichert werden, das dann wie jedes beliebige andere Farbfeld eingesetzt werden kann. In den folgenden Übungen werden Sie lernen, ein oder mehrere Objekte mit unterschiedlichen Arten von gleichmäßigen Farbabstufungen anzulegen.

Das Bedienfeld Verlauf

Eines der Werkzeuge, mit denen Sie Verläufe erstellen und bearbeiten können, ist das Bedienfeld **Verlauf**. Sie öffnen es über **Fenster**, **Verlauf**.

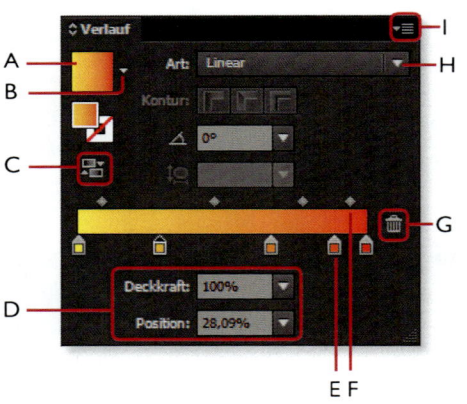

A. Verlaufsfeld
B. Verlaufsmenü
C. Verlauf umkehren
D. Deckkrafteinstellungen
E. Verlaufsregler
F. Mittelpunkt, Raute
G. Verlaufsregler löschen
H. Verlaufswähler
I. Schaltfläche für Bedienfeldmenü

Einstellungen für Winkel.

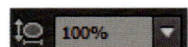

Einstellungen für die Proportionen bei kreisförmigem Verlauf.

Unterschiedliche Arten von Verläufen

Linearer und kreisförmiger Verlauf

Alle Verläufe sind entweder **Linear** oder **Kreisförmig**. Im Verlaufsbedienfeld können Sie die **Art** des Verlaufs von **Kreisförmig** auf **Linear** ändern. Wenn Ihr Verlauf geneigt sein soll, geben Sie einen Wert im Feld **Winkel** an.

Linearer Verlauf Kreisförmiger Verlauf Kreisförmiger Verlauf (umgekehrt)

Auf fertige Verläufe können Sie durch Anklicken des Pfeils neben dem **Verlaufssymbol** im Bedienfeld Verlauf zugreifen. Wenn keine Verläufe im Bedienfeld **Farbfelder** gespeichert sind, werden nur die Standardverläufe angezeigt.

Hinzufügen von Verläufen

Über die Schaltfläche **Menü Farbfeldbibliotheken** im Bedienfeld **Farbfelder** können Sie auf weitere, fertige Verläufe zugreifen und diese hinzufügen.

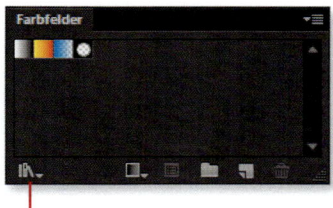

Öffnen Sie das Verlaufsmenü mit der Schaltfläche Menü Farbfeldbibliotheken.

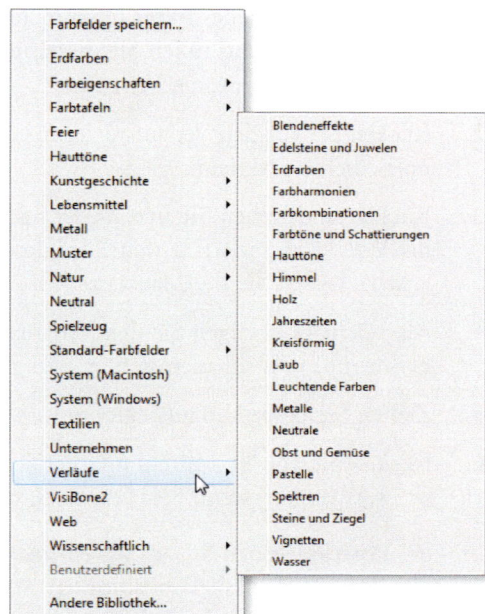

Wählen die Art von Verlauf, den Sie hinzufügen möchten, in dem Menü aus, das eingeblendet wird, wenn Sie **Verlauf** wählen. Der gewählte Verlauf wird als separates Bedienfeld geöffnet. Von dort klicken und ziehen Sie die Verläufe in das Bedienfeld **Farbfelder**, d. h. Sie fügen Verläufe hinzu.

16 Verläufe

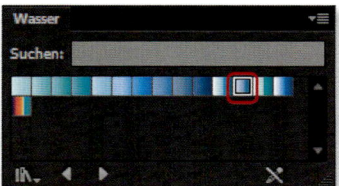

Vom separaten Verlaufsbedienfeld klicken und ziehen Sie einen oder mehrere Verläufe in das Bedienfeld Farbfelder.

Der verschobene Verlauf wird im Verlaufsmenü des Bedienfelds angezeigt, siehe Abbildung rechts.

Eigene Verläufe erstellen

Sie können auch eigene Verläufe erstellen und diese mithilfe der Optionsfelder im Bedienfeld Verlauf an Ihre Vorgaben anpassen. Um einen Verlauf zu erstellen und zu ändern, müssen Sie zunächst wissen, wie ein Verlauf aufgebaut ist. Der erste Verlaufsregler in der Abbildung rechts gibt die Startfarbe (Weiß) und der zweite die Endfarbe (Schwarz) an. Der Mittelpunkt, die kleine Raute, gibt den Verlaufsmittelpunkt an, d. h. den Punkt, an dem beide Farben zu jeweils 50 % enthalten sind.

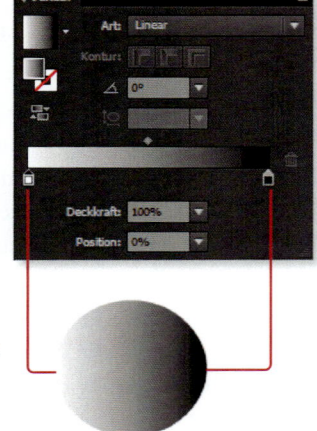

1. Öffnen Sie ein neues leeres Dokument, zeichnen Sie einen Kreis und füllen Sie diesen mit einem schwarzweißen, linearen Verlauf.
2. Klicken Sie auf den Verlaufsregler für die Startfarbe (den weißen Farbstopp) im Bedienfeld Verlauf.
3. Klicken und ziehen Sie den Regler nach rechts, achten Sie darauf, wie sich der Verlauf verändert, je weiter Sie den Verlaufsregler für Weiß nach rechts ziehen. Lassen Sie die Maustaste los.
4. Als Nächstes bewegen Sie den Verlaufsregler für die Endfarbe (den schwarzen Farbstopp) und schauen sich an, was passiert.
5. Ziehen Sie beide Verlaufsregler in ihre Ursprungsposition zurück.
6. Klicken Sie auf die Mittelpunktmarkierung (die Raute) und schauen Sie sich an, was passiert, wenn Sie diese nach rechts oder links verschieben.

Im Feld **Position** geben Sie an, wo ein markierter Verlaufsregler (oder Mittelpunkt) auf der Verlaufsskala positioniert werden soll. (Wurde keiner der Verlaufsregler verschoben, kann das Feld **Position** ausgegraut sein.)

7. Stellen Sie sicher, dass das Objekt mit Verlauf nach wie vor markiert ist.

Wenn Sie den Pfeil mit der Maus unter das Verlaufsfeld stellen, wird ein Pluszeichen angezeigt, siehe Abbildung rechts. Das bedeutet, dass Sie einen neuen Verlaufsregler hinzufügen können.

8. Klicken Sie zwei neue Verlaufsregler ein. Siehe nachfolgende Abbildung.

Der Verlauf Ihres Objekts ändert sich erst, wenn Sie den Mittelpunkt verschieben. Dies liegt daran, dass wir mit einer gleichmäßigen Grauskala arbeiten. Die neuen Verlaufsregler erhalten automatisch die Farbe, auf die sie zeigen.

9. Verschieben Sie die Mittelpunkte und schauen Sie sich an, wie sich der Verlauf des Objekts ändert.

10. Entfernen Sie die Verlaufsregler, die Sie hinzugefügt haben, indem Sie sie anklicken und nach unten aus dem Bedienfeld ziehen. Alternativ können Sie einen Verlaufsregler markieren und anschließend **Verlaufsregler löschen** (das Mülltonnensymbol) anklicken.

11. Schließen und speichern Sie das Dokument.

Die Verlaufsregler

Sie können interessante Effekte erzielen, indem Sie neue Verlaufsregler in das Bedienfeld **Verlauf** einklicken und deren Position verändern.

Den Verlauf umkehren

1. Öffnen Sie ein neues, leeres Dokument und zeichnen Sie einen großen, siebenzackigen Stern.

2. Öffnen Sie das Bedienfeld **Verlauf**, falls es nicht schon angezeigt wird, und legen Sie den Stern mit dem schwarzweißen linearen Verlauf an.

3. Klicken Sie drei neue Verlaufsregler (2-4 unter der Abbildung rechts) zwischen den äußeren Verlaufsreglern ein.

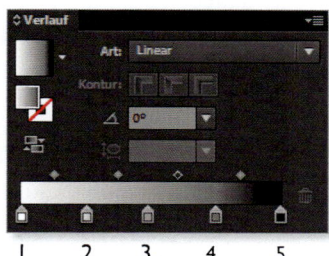

4. Tauschen Sie die Position der Regler 2 und 3 sowie 4 und 5.

5. Achten Sie darauf, dass **Art** auf **Linearer** Verlauf eingestellt ist. Der Stern sieht jetzt so aus, als ob er aus Wellblech bestünde.

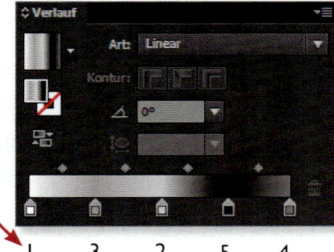

6. Stellen Sie nun auf **Kreisförmigen** Verlauf um.

7. Schließen und speichern Sie das Dokument.

Farben eines Verlaufs ändern

1. Öffnen Sie ein neues, leeres Dokument.

2. Zeichnen Sie einen Kreis mit einem Durchmesser von ca. 6 cm.

3. Öffnen Sie die Bedienfelder Verlauf und Farbe. Das Aussehen des Bedienfelds **Farbe** kann je nach gewähltem Farbmodus unterschiedlich sein. Wählen Sie **RGB** im Bedienfeldmenü.

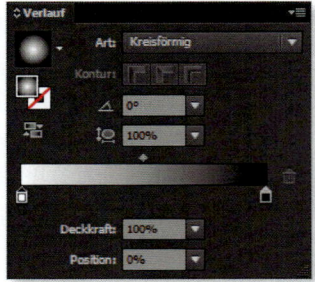

4. Füllen Sie den Kreis mit dem schwarzweißen kreisförmigen Verlauf.

5. Klicken Sie auf die Startfarbe im Bedienfeld Verlauf.

6. Stelle Sie sicher, dass Sie im Bedienfeld Farbe RGB eingestellt haben (es ist möglich, dass die Einstellung beim Anklicken des Verlaufsreglers auf eine Grauskala gewechselt hat). Im Bedienfeld Farbe rechts können Sie sehen, dass diese Farbe Reinweiß ist – alle Regler stehen auf 255.

Ganz links ist das Optionsfeld **Ohne Farbe**, rechts daneben sind die Felder für Weiß und Schwarz angeordnet, mit denen Sie schnell Reinweiß oder Schwarz einstellen können.

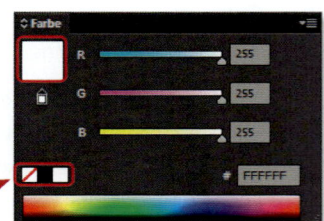

Als Nächstes sollen Sie den Verlauf im Kreis von Schwarz/Weiß auf Gelb/Blau ändern. Beginnen Sie damit, die weiße Farbe des Verlaufs auszutauschen.

Wenn Sie die Farben mit den Verlaufsreglern ändern möchten, müssen Sie einen der Regler anklicken. Darauf wird ein Menü eingeblendet, in dem Sie die Farbe entweder über das Bedienfeld Farbe (wenn Sie das Palettensymbol markieren) oder das Bedienfeld Farbfelder wählen können, das in der Abbildung rechts zu sehen ist.

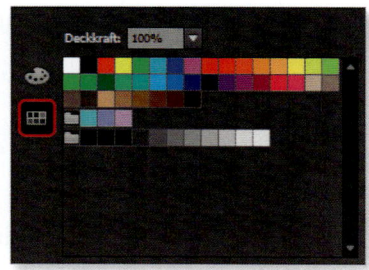

7. Doppelklicken Sie auf die Startfarbe (Weiß). Wählen Sie in dem Dialog, der darauf erscheint, **Farbfeld** und anschließend den passenden Gelbton im Bedienfeld aus.

Wenn Sie möchten, können Sie die Farbe anschließend durch Verschieben der Verlaufsregler im Bedienfeld **Farbe** ändern. Alternativ können Sie die entsprechenden Werte im jeweiligen Feld eingeben, siehe Abbildung rechts.

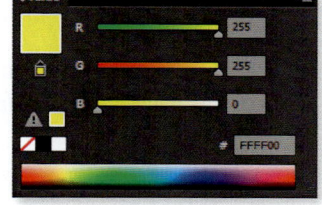

8. Klicken Sie jetzt im Bedienfeld Verlauf auf den rechten Verlaufsregler, die Endfarbe. Tauschen Sie das Schwarz auf die gleiche Art gegen einen Blauton aus, wie Sie es bereits mit dem Gelbton getan haben. Stellen Sie sicher, dass nach wie vor RGB-Modus markiert ist. Dies kontrollieren Sie, wie bereits beschrieben, im Kontextmenü des Bedienfelds.

9. Justieren Sie den Mittelpunkt des Verlaufs, bis Sie mit dem Ergebnis zufrieden sind. Wenn Sie alles richtig gemacht haben, hat sich Ihr Kreis jetzt in eine blaue Kugel mit gelbem Reflex verwandelt.

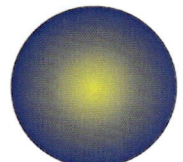

Transparente Verläufe

Sie können bei einem Verlauf mit Deckkraft arbeiten und somit transparente Verläufe erstellen.

Hierzu markieren Sie zunächst einen Verlaufsregler im Bedienfeld Verlauf und reduzieren den Wert im Feld für **Deckkraft**. Der Wert 0 % entspricht einer vollkommenen Transparenz.

Dass Transparenz gewählt wurde, wird im Verlaufsbedienfeld dadurch angezeigt, dass der Verlaufsregler und das Verlaufsymbol mit einem Raster belegt sind sowie durch einen kleinen, gerasterten Balken am Verlaufsregler.

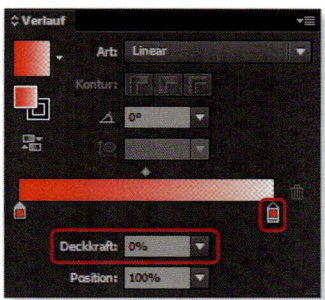

Das Raster im Bedienfeld zeigt einen transparenten Verlauf an.

Farben zu einem Verlauf hinzufügen

1. Löschen Sie die Kugel, die Sie in der vorherigen Übung erstellt haben.
2. In dieser Übung sollen Sie zu einem bereits bestehenden Verlauf weitere Farben hinzufügen. Achten Sie darauf, dass die beiden Bedienfelder **Farbfelder** und Verlauf geöffnet sind.
3. Zeichnen Sie einen Kreis mit einem Durchmesser von 8,5 cm und füllen Sie ihn mit einem kreisförmigen Verlauf. Achten Sie darauf, dass das Objekt ausgewählt ist.
4. Klicken und ziehen Sie den neuen Farbregler vom Bedienfeld **Farbfelder** in das Bedienfeld Verlauf, siehe Abbildungen rechts.
5. Wählen Sie ähnliche Farben wie in der nachfolgenden Abbildung.

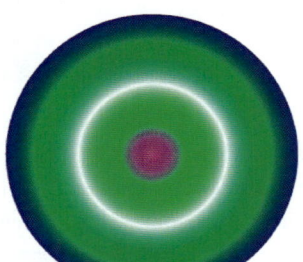

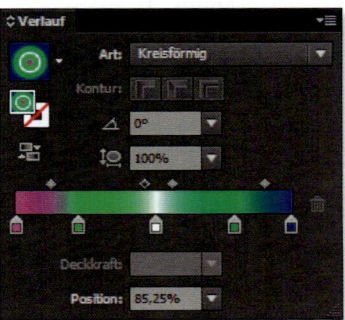

6. Schließen Sie das Dokument, ohne es zu speichern.

Das Verlaufwerkzeug

Wenn Sie einen Verlauf als Füllung verwenden, werden die Lichter immer an derselben Stelle platziert. Unter Lichtern versteht man die hellen Partien in einem Bild, im Gegensatz zu Schatten, wie die dunklen Partien genannt werden. Um Ihren Verlauf genauer an Ihre Wünsche anzupassen, arbeiten Sie mit dem **Verlaufwerkzeug**, das im Werkzeugbedienfeld angeordnet ist.

1. Erstellen Sie ein neues, leeres Dokument.
2. Zeichnen Sie einen Kreis ohne Kontur mit schwarzer Füllung und einem Durchmesser von 7 cm. Entfernen Sie die Markierung.
3. Öffnen Sie die Bedienfelder **Farbfelder** und **Verlauf**, falls sie noch nicht angezeigt werden.

4. Ändern Sie den schwarz/weißen Verlauf auf rot/gelb, indem Sie ein rotes und ein gelbes Farbfeld anklicken und zur entsprechenden Markierung im Verlaufsregler ziehen. Kontrollieren Sie, ob Sie **Kreisförmiger** Verlauf gewählt haben.

5. Stellen Sie sicher, dass Ihr Verlauf als Flächenfarbe im Werkzeugmenü aktiviert ist.

6. Wählen Sie das Verlaufwerkzeug im Werkzeugbedienfeld und klicken Sie in den schwarzen Kreis.

Darauf erhält dieser den gelb/roten Verlauf, gleichzeitig wird eine Art „Direktverlaufsregler" auf dem Kreis platziert, siehe Abbildungen unten. Dieser hat die gleiche Funktion wie der Verlaufsregler im Bedienfeld Verlauf, jedoch mit dem Unterschied, dass Sie das Werkzeug direkt im Anschluss an das Objekt einsetzen können.

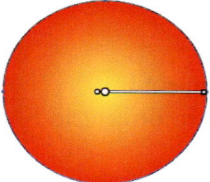

Wenn Sie mit dem Verlaufwerkzeug auf ein Objekt klicken, wird ein Verlauf erstellt und das Direktverlaufwerkzeug wird angezeigt.

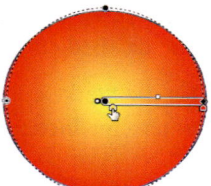

Erst wenn Sie den Cursor über die Linie im Verlauf ziehen, wird deutlich, dass es sich um einen Verlaufsregler handelt.

Sie arbeiten mit dem Verlaufwerkzeug, indem Sie die unterschiedlichen Verlaufsregler anklicken und ziehen und auf diese Art den Verlauf direkt am Objekt anpassen.

Startpunkt, klicken und ziehen, um den Verlauf zu verschieben.

Endpunkt/drehen, klicken und ziehen, um den Verlauf zu verlängern oder zu drehen.

Mittelpunkt

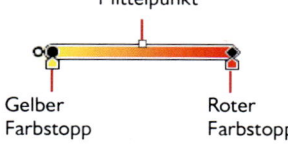

Mittelpunkt (bei kreisförmigem Verlauf), klicken und ziehen, um den Mittelpunkt eines kreisförmigen Verlaufs zu ändern.

Gelber Farbstopp

Roter Farbstopp

Mit aktiviertem Verlaufwerkzeug können Sie den Begrenzungsrahmen zum Anpassen der Verlaufsform verwenden. Sie können z. B. einen kreisförmigen Verlauf oval machen, indem Sie den schwarzen Punkt ganz oben im Begrenzungsrahmen anklicken und ziehen, siehe Abbildung rechts.

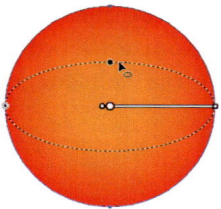

Die nachfolgenden Abbildungen haben ähnliche Farbeinstellungen in ihren Verläufen (es wurde eine Markierung mit 0 % Deckkraft hinzugefügt). Der kreisförmige Verlauf wurde ovaler gemacht und vergrößert.

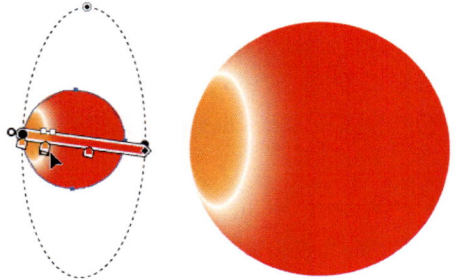

7. Schließen Sie das Dokument, ohne es zu speichern.

Verläufe auf einer Kontur erstellen

Eine der Neuheiten von Illustrator CS6 ist, dass es viel einfacher geworden ist, Konturen mit Verläufen zu versehen. Sie müssen jetzt nicht länger den Umweg über Arbeitsschritte wie Erweitern und Füllen der Kontur gehen.

1. Erstellen Sie ein neues, leeres Dokument.
2. Öffnen Sie das Bedienfeld **Kontur**.
3. Stellen Sie die Stärke auf 50 Pt. und das **Breitenprofil 4** ein. (Das Listenfeld für die unterschiedlichen Profile ist ganz unten im Bedienfeld Kontur angeordnet).
4. Wählen Sie das **Spirale-Werkzeug** und zeichnen Sie drei identische Spiralen. Die Spiralen sollen einen Durchmesser von 30 mm haben. Entfernen Sie die Markierung der Spiralen.
5. Öffnen Sie auch das Bedienfeld **Verlauf**, falls es noch nicht geöffnet ist. Klicken Sie auf das Verlaufssymbol, um das Bedienfeld zu aktivieren.
6. Stellen Sie sicher, dass bei Fläche „ohne" markiert ist. Außerdem muss Kontur markiert sein und im Vordergrund liegen, siehe Abbildung rechts.

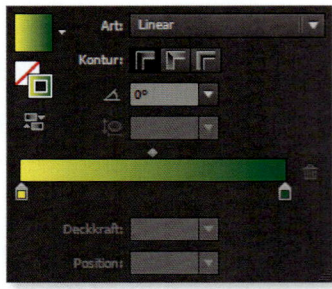

7. Wählen Sie einen hellen Farbton für den linken Verlaufsregler und einen dunklen für den rechten.

Sie können für eine Kontur drei Arten von Verläufen verwenden. Die Schaltflächen sind rechts neben **Kontur** im Bedienfeld angeordnet, siehe Abbildungen rechts.

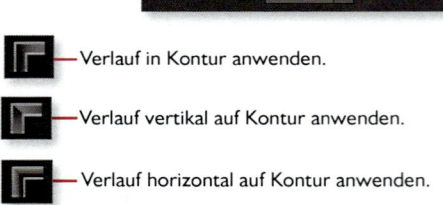

8. Wählen Sie **Linear** neben **Art** im Bedienfeld.

9. Achten Sie darauf, dass die Schaltfläche **Verlauf in Kontur anwenden** markiert ist. Klicken Sie danach auf das Verlaufsfeld, ziehen Sie den Verlauf zur ersten Spirale und lassen ihn los.

10. Testen Sie die beiden verbleibenden Schaltflächen bei den beiden anderen Spiralen. Wenn Sie alles richtig gemacht haben, sollte das Ergebnis der Abbildung unten gleichen.

Durch Verwendung der Schaltfläche **Verlauf umkehren** können Sie das Aussehen noch weiter verändern.

11. Speichern Sie das Dokument als **Spiralen** und schließen Sie es.

Verläufe in einem Textobjekt erstellen

Sie können einen Text mit Verlauf füllen, so dass jeder Buchstabe einen kompletten Verlauf erhält.

1. Erstellen Sie ein neues, leeres Dokument.

2. Wählen Sie das Text-Werkzeug und geben Sie mit Arial, bold (fett) 48 Pt. **Nordlicht** ein. (Achten Sie darauf, dass Kontur nicht aktiviert ist.)

3. Klicken Sie mit dem Auswahl-Werkzeug auf den Text. Klicken Sie mit der rechten Maustaste und wählen Sie **In Pfade umwandeln**.

4. Entfernen Sie die Textmarkierung.

5. Öffnen Sie das Bedienfeld Verlauf, falls es noch nicht geöffnet wurde. Wählen Sie Violett als Start- und Türkis als Endfarbe.

16 Verläufe

6. Klicken Sie auf das kleine Verlaufsfeld, damit es aktiviert wird. Ziehen Sie es über einen der Buchstaben und lassen Sie es anschließend los.

Nordlicht

Wie Sie sehen, hat jetzt einer der Buchstaben einen Verlauf erhalten. Wie müssen Sie vorgehen, damit das ganze Wort einen Verlauf erhält?

7. Machen Sie den letzten Schritt rückgängig.

8. Markieren Sie das ganze Wort.

9. Klicken Sie auf das Verlaufsfeld. Im Werkzeugbedienfeld ist die Fläche mit Verlauf aktiviert, siehe Abbildung rechts.

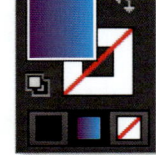

Der Text sollte ungefähr so aussehen wie auf der nachfolgenden Abbildung. Jetzt sind alle Buchstaben mit dem Verlauf gefüllt.

Nordlicht

Verläufe über mehrere Objekte erstellen

Wenn Sie möchten, dass das ganze Wort nur einen Verlauf erhält, müssen Sie einen weitere Schritt ausführen.

10. Markieren Sie das Wort. Aktivieren Sie anschließend das Verlaufwerkzeug im Werkzeugbedienfeld.

11. Klicken Sie in der Zeichenfläche direkt links neben das Wort, d. h. dort, wo Sie den Anfangspunkt des Verlaufs setzen möchten, und führen Sie den Cursor mit gehaltener **Alt-Taste** bis zu dem Punkt rechts neben dem Wort, an dem der Verlauf enden soll. Siehe nachfolgende Abbildung.

Das Ergebnis sieht ungefähr so aus:

Nordlicht

12. Speichern Sie das Dokument als **Nordlicht** und schließen Sie es.

Pinselstriche mit Verläufen versehen

Genau wie bei einem Text muss auch ein Pinselstrich zuerst in ein Objekt mit Pfaden umgewandelt werden, bevor Sie diesen mit einem Verlauf versehen können.

1. Öffnen Sie das Bedienfeld Verlauf, falls es noch nicht geöffnet wurde. Nehmen Sie Einstellungen vor wie in der Abbildung rechts zu sehen.

2. Öffnen Sie das Pinsel-Werkzeug und wählen Sie **Künstlerische Pinsel**, **Künstlerisch_Künstl._Kr.Koh.Bleist.**, **Kohle - Federleicht**, 5 Pt. Ziehen Sie einen Strich.

3. Markieren Sie den Strich mit dem Auswahl-Werkzeug und wählen Sie **Objekt**, **Pfad**, **Konturlinie**.

Die Linie wird nun in eine Form mit einem Pfad umgewandelt, d. h. in ein Objekt, das gefüllt werden kann.

4. Ziehen Sie anschließend den Verlauf zum Pinselstrich.

Jetzt haben Sie den Pinselstrich mit einem Verlauf versehen!

5. Schließen Sie das Dokument, ohne es zu speichern.

Verläufe in Objekten erstellen

Jetzt sollen Sie versuchen, ein Objekt mit einem Verlauf zu versehen.

1. Öffnen Sie die Übungsdatei **Glühbirne**.

2. Lassen Sie das **Verlaufsbedienfeld** offen.

In dieser Übung sollen Sie die Farbe der Glühbirne von einfarbig orange auf einen gelbgrünen Verlauf ändern.

3. Stellen Sie ähnliche Werte ein wie im Verlaufsbedienfeld rechts. Hinweis: Markieren Sie nur die Flächenfarbe.

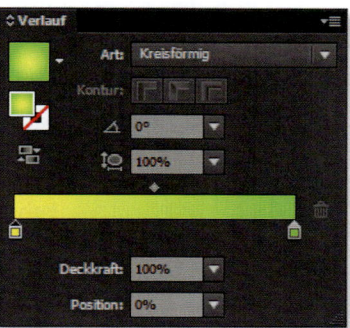

4. Markieren Sie das Objekt mit einem beliebigen Auswahl-Werkzeug.

5. Markieren Sie die gesamte Glühbirne, bevor Sie auf das Verlaufsfeld klicken und den Verlauf über das Oberteil der Glühbirne ziehen.

6. Speichern Sie das Bild unter der Bezeichnung **Grüne Glühbirne** und schließen Sie alle offenen Dokumente.

Übungsaufgaben

Mit den Verlaufsreglern arbeiten

Öffnen Sie die Bedienfelder Kontur und Verlauf. Zeichnen Sie verschiedene Spiralen mit unterschiedlichen Linien, Profilen, Endpunkten, Arten und Linienstärken. Sie können ähnliche Farben verwenden wie die, die im nebenstehenden Verlaufsbedienfeld zu sehen sind oder eigene Farben wählen.

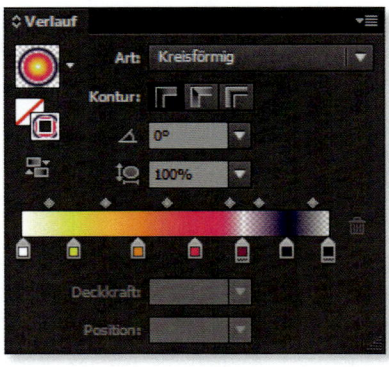

Achten Sie darauf, dass bei zwei der Farbschieber, Nummer 5 und 7 von links, bei Deckkraft 0% angegeben ist. Drucken Sie das Ergebnis aus.

Mit dem Verlaufwerkzeug arbeiten

Sie sollen blaue Weintrauben zeichnen, die der Abbildung rechts ähneln. Zeichnen Sie ein Oval in Form einer Weintraube. Erstellen Sie einen „weintraubenblauen" Verlauf.

Arbeiten Sie mit dem Verlaufwerkzeug und fügen Sie Lichter ein. Zeichnen Sie weiter, bis die Traube fertig ist. Variieren Sie die Größe der einzelnen Weintrauben.

Speichern Sie das Ergebnis unter **Weintrauben** und drucken es aus.

17 Ebenen

Eine Ebene kann mit einer transparenten Zeichenfläche verglichen werden, auf der Sie Ihre Objekte erstellen. Bislang haben Sie nur mit einer Ebene gearbeitet. Die Funktion Ebenen wird erst dann aktuell, wenn Sie damit beginnen, detaillierte Bilder zu erstellen. Ein solches Bild kann aus unterschiedlichen Ebenen bestehen, von denen eine den Hintergrund und eine weitere ein Detail eines größeren Bildes und wieder eine andere ein anderes Detail enthält. Zusammen bilden die einzelnen Ebenen das komplette Bild. Mit Ebenen zu arbeiten, macht es viel einfacher, einzelne Teile eines Bildes zu bearbeiten. Wenn Sie bestimmte Details eines komplexeren Bildes ändern möchten, können Sie dies auf der Ebene tun, auf der sich das betreffende Detail befindet, ohne dass sich die Änderungen auf die anderen Ebenen auswirken. Außerdem können Sie Text und Effekte hinzufügen, Transformieren, die Deckkraft ändern, Bilder austauschen usw.

Nehmen wir einmal an, Sie arbeiten mit einem Bild, das ein Bergpanorama vor blauem Himmel zeigt. Sie fügen eine weitere Ebene hinzu, auf der Sie einige grasende Rentiere zeichnen. Danach zeichnen Sie ein Mädchen mit einem Lasso in der Hand. Was sehen Sie? Richtig, ein Bergpanorama mit einem Mädchen und ein paar Rentieren. Mithilfe der Funktion Ebenen können Sie die Reihenfolge der Ebenen verändern und diese z. B. so anordnen, dass das Mädchen vor oder hinter den Rentieren steht. Sie können das Mädchen oder die Rentiere auch seitlich oder nach oben bzw. unten verschieben. Wenn Sie Teile verschieben, arbeiten Sie auf der aktiven Ebene und müssen somit keine Rücksicht auf die umliegenden Objekte nehmen. Genauso können Sie eine Ebene kurzzeitig „ausblenden" (z. B. die Ebene mit den Rentieren) um sich eine andere Ebene genauer anzuschauen.

Das Bedienfeld Ebenen

Um zu sehen, aus welchen Ebenen ein Bild besteht, arbeiten Sie mit dem Bedienfeld **Ebenen**. Sie öffnen es über **Fenster**, **Ebenen**. Die aktive Ebene, d. h. die Ebene, mit der Sie gerade arbeiten, ist im Bedienfeld blaugrau markiert.

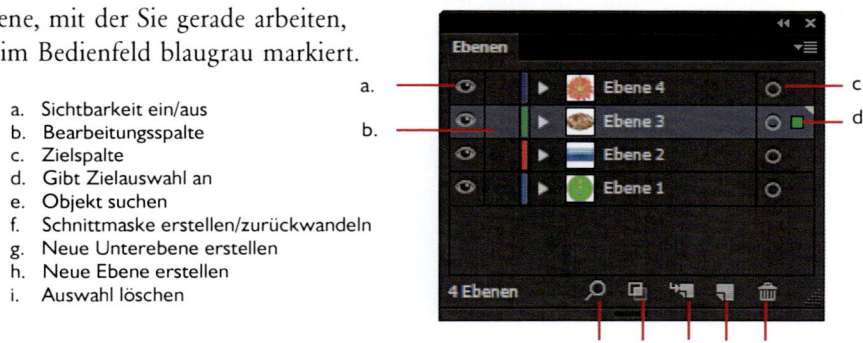

a. Sichtbarkeit ein/aus
b. Bearbeitungsspalte
c. Zielspalte
d. Gibt Zielauswahl an
e. Objekt suchen
f. Schnittmaske erstellen/zurückwandeln
g. Neue Unterebene erstellen
h. Neue Ebene erstellen
i. Auswahl löschen

Mit Ebenen arbeiten

1. Öffnen Sie die Übungsdatei **Sommer**. Klicken Sie im Dialog zur Schriftart auf **OK**. Das Bild besteht aus mehreren Ebenen.

2. Öffnen Sie das Bedienfeld **Ebenen** (über **Fenster, Ebenen**), falls es noch nicht angezeigt wird.

Klicken Sie hier, um das Bedienfeld Ebenen anzupassen.

Das Bild enthält sechs Ebenen (jede Ebene besteht aus einer Gruppe von Ebenen, hierzu mehr weiter hinten im Kapitel). Jede Ebene hat einen Namen, damit es leichter ist, zu erkennen, auf welcher Ebene man sich befindet.

Sie können die Miniaturen im Bedienfeld in der Größe verändern, indem Sie im Kontextmenü des Bedienfeld Ebenens Bedienfeldoptionen und die Alternative Groß wählen.

Ebenen sperren und entsperren

Das Schloss, das neben der untersten Ebene angezeigt wird, weist darauf hin, dass die Ebene gesperrt ist und der Inhalt in diesem Modus nicht geändert werden kann. Um die Ebene zu entsperren, klicken Sie auf das Schloss. Um die Ebene wieder zu sperren, klicken Sie das Schloss erneut an.

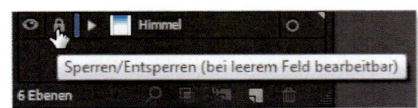

Ebenen sichtbar und unsichtbar machen

Links neben jeder Ebene im Bedienfeld Ebenen ist ein Symbol angeordnet, das einem Auge gleicht. Dies bedeutet, dass die Ebene „eingeschaltet" und somit sichtbar ist. Um eine Ebene sichtbar bzw. unsichtbar zu machen, klicken Sie auf das Augensymbol.

1. Blenden Sie sämtliche Ebenen bis auf die Ebene **Blumen** durch Anklicken der Augensymbole aus. Nun ist es wesentlich einfacher, die Ebene Blumen zu bearbeiten.

Jetzt haben Sie einen Überblick über das Bedienfeld Ebenen erhalten und wissen, was es mit der Funktion Ebenen auf sich hat.

2. Schließen Sie das Bild, ohne die Änderungen zu speichern.

Grundlagen zum Arbeiten mit Ebenen

1. Öffnen Sie ein neues, leeres Dokument.
2. Erstellen Sie ein Rechteck, das über die gesamte Zeichenfläche geht.
3. Füllen Sie es mit einem hellen Farbton oder einem hellen Verlauf.
4. Öffnen Sie das Bedienfeld **Ebenen** (Fenster, Ebenen), wenn es noch nicht geöffnet ist, siehe Abbildung rechts.

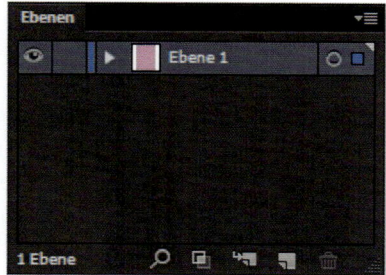

Im Bedienfeld Ebenen ist also schon eine Ebene abgelegt, die die Bezeichnung **Ebene 1** trägt. Ändern Sie den Namen entsprechend um.

5. Doppelklicken Sie im Bedienfeld Ebenen auf das Feld links neben **Ebene 1**. Darauf wird der unten abgebildete Dialog angezeigt.

Wie Sie sehen, können Sie in diesem Dialog die Ebene **fixieren** und **abblenden**. Die Alternative **abblenden** funktioniert nur bei bitmap-Bildern und ist hilfreich, wenn Sie ein Bild nachzeichnen möchten. Illustrator gibt jeder Ebene eine **Farbe**, damit leichter zu erkennen ist, in welcher Ebene Sie gerade arbeiten. In diesem Beispiel ist der **Hintergrund** hellblau angelegt.

6. Im Feld **Name** geben Sie **Hintergrund** ein. Klicken Sie auf **OK**.
7. Erstellen Sie eine neue Ebene, indem Sie im Bedienfeld Ebenen auf die Schaltfläche **Neue Ebene erstellen** klicken.

   Alternativ können Sie im Kontextmenü des Bedienfelds **Neue Ebene** wählen.

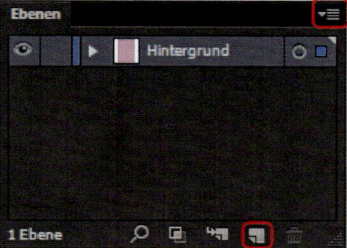

223

Wenn Sie lediglich den Namen einer Ebene ändern möchten, gibt es einen einfacheren Weg. Doppelklicken Sie auf den Namen der Ebene und ändern Sie den Namen direkt im Bedienfeld Ebenen.

8. Geben Sie der neuen Ebene die Bezeichnung **Sterne**. Achten Sie darauf, dass die Ebene aktiv ist, dies erkennen Sie daran, dass sie blaugrau unterlegt ist.

9. Zeichnen Sie einige Sterne.

10. Erstellen Sie eine neue Ebene, der Sie die Bezeichnung **Ovale** geben. Achten Sie darauf, dass die Ebene aktiviert ist und zeichnen Sie einige Ovale, die Sie mit unterschiedlichen Farben, Mustern oder Stilen füllen.

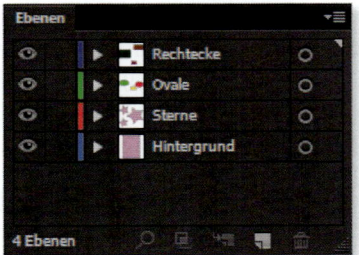

11. Erstellen Sie noch eine Ebene, der Sie die Bezeichnung **Rechtecke** geben. Zeichnen Sie ein oder mehrere Rechtecke ein.

Ihre Zeichnung besteht jetzt aus vier Ebenen. Einem Hintergrund, einer Ebene mit Sternen, einer mit Ovalen und einer mit Rechtecken. Ihr Bedienfeld Ebenen sollte nun so aussehen wie auf dem Beispiel oben.

Die Ebenen werden immer in der Reihenfolge angeordnet, in der sie erstellt werden, wobei die zuletzt erstellte Ebene ganz oben liegt. Wenn eine Ebene weiter unten im Bedienfeld aktiviert ist, wenn Sie den Befehl **Neue Ebene** ausführen, wird die neue Ebene direkt über der zuvor aktivierten abgelegt.

Ändern der Ebenenreihenfolge

Sie können die Reihenfolge, in der die Ebenen (im Bedienfeld Ebenen) angeordnet sind, ändern, indem Sie diese mit Klicken & Ziehen verschieben. Alternativ können Sie eine Ebene unter die ursprüngliche Ebene, d. h. den Hintergrund legen.

1. Arbeiten Sie mit dem Dokument der letzten Übung weiter. Klicken Sie auf die Ebene **Sterne**, klicken und ziehen Sie diese über die Ebene **Ovale**.

Ebenen löschen

Um eine Ebene zu entfernen, klicken Sie diese im Bedienfeld Ebenen an, halten die Maustaste und ziehen sie in die Mülltonne. Alternativ können Sie die Ebene auch markieren und auf das Mülltonnensymbol klicken.

Ebenen kopieren

Sie können einfach und schnell eine Kopie einer Ebene erstellen, indem Sie diese anklicken, die Maustaste halten und die Ebene zu dem Symbol für neue Ebene ziehen. Die neue Ebene erhält den gleichen Namen wie die Originalebene, jedoch mit dem Zusatz **Kopie**.

2. Kopieren Sie die Ebene **Sterne**.

Als Nächstes sollen Sie die neue Ebene mit den Sternen (**Sterne Kopie**) verkleinern. Hierzu müssen alle Objekte auf der Ebene markiert werden. Dies erreichen Sie, indem Sie auf den kleinen Kreis rechts neben **Sterne Kopie** klicken.

Klicken Sie in den Kreis einer Ebene, um sämtliche Objekte auf der Ebene zu markieren.

3. Verkleinern Sie die Objekte auf der Ebene **Sterne Kopie** und ziehen Sie die Ebene auf der Zeichenfläche nach unten. (Sie können markierte Ebenen mit den Pfeiltasten oder durch Klicken & Ziehen verschieben.)

4. Verschieben Sie die Ebene mit den **Ovalen** (im Bedienfeld Ebenen) so, dass sie zwischen den beiden Ebenen mit den Sternen liegt.

5. Schließen Sie das Bild nicht, Sie benötigen es für den nächsten Abschnitt.

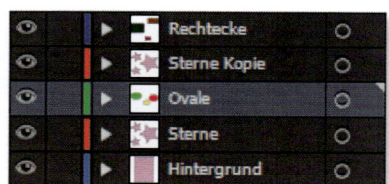

Objekte zwischen Ebenen verschieben

Häufig möchte man einzelne Objekte auf eine andere Ebene verschieben, oder das Objekt von einer Ebene auf eine andere kopieren.

1. Klicken Sie mit einem der Auswahl-Werkzeuge auf ein Objekt, z. B. ein Oval.

Im Bedienfeld Ebenen wird jetzt die Ebene markiert, in der sich das Objekt befindet. Rechts neben dem Namen der Ebene im Bedienfeld Ebenen ist ein kleines Quadrat zu sehen. Es ist das von Ihnen markierte Objekt, das Oval.

Das Quadrat ist mit einem oder mehreren Objekten im Dokument verknüpft.

Wenn Sie das Quadrat 1x anklicken, können Sie das Oval auf eine andere Ebene verschieben, z. B. auf die Ebene **Rechtecke**. Ein blaues Quadrat gibt an, dass sich das Oval nun in einer Ebene zwei Stufen weiter oben befindet, siehe Abbildung rechts.

Wenn Sie sicher gehen möchten, dass das Oval wirklich in der Ebene Rechtecke abgelegt ist, können Sie dies kontrollieren, indem Sie die Ebene Ovale mithilfe des Augensymbols neben der Ebene **Rechtecke** ausblenden. Sind Ovale und Rechtecke aus dem Bild verschwunden? Wenn Sie das Quadrat doppelt anklicken, werden sämtliche Objekte der jeweiligen Ebene markiert. Wenn Sie ein markiertes Objekt von einer Ebene auf eine andere kopieren möchten, halten Sie die **Alt-Taste**, während Sie das Objekt ziehen.

Unterebenen und Ebenengruppen

1. Arbeiten Sie mit derselben Übung weiter und erstellen Sie eine neue Ebene, indem Sie die Schaltfläche **Neue Ebene erstellen** anklicken, die unten im Bedienfeld Ebenen angeordnet ist.

Die neue Ebene wird im Bedienfeld Ebenen direkt über der aktiven Ebene abgelegt. Die Ebene erhält den Namen **Ebene 6**, siehe Abbildung rechts. Im Gegensatz zu den anderen Ebenen wird bei **Ebene 6** keine Pfeilspitze angezeigt. Dies bedeutet, dass die Ebene keine Objekte enthält.

2. Klicken Sie auf die Pfeilspitze der Ebene **Sterne**.

Darauf wird der Inhalt dieser Ebene im Bedienfeld angezeigt. Jedes Objekt liegt auf einer eigenen Unterebene.

Die Unterebenen können im Bedienfeld Ebenen durch Klicken und Ziehen innerhalb der Ebene verschoben werden. Alle Unterebenen einer Ebene bilden eine Gruppe.

Mehrere Objekte in Untergruppen markieren

Um nacheinander mehrere Objekte einer Gruppe zu markieren, halten Sie die **Umschalt-Taste**. Wenn Sie z. B. das erste und letzte Objekt der Gruppe markieren möchten, halten Sie beim Klicken die **Strg-Taste**.

Unterebenen benennen

Wenn Sie den einzelnen Unterebenen Namen geben möchten, doppelklicken Sie auf die jeweilige Ebene und ändern deren Namen direkt im Bedienfeld Ebenen.

3. Ändern Sie den Namen der ersten und zweiten Unterebene auf **Stern 1** bzw. **Stern 2** um, siehe Abbildung rechts.

4. Schließen und speichern Sie das Dokument.

Aussehen-Attribute zwischen Ebenen verschieben

Bisweilen möchte man keine Objekte, sondern bestimmte Attribute zwischen den Ebenen verschieben. Im Bedienfeld Ebenen haben Sie die Möglichkeit, Stile oder Effekte von einer Ebene oder einem Objekt auf eine andere Ebene/ein anderes Objekt zu kopieren. Hierzu müssen Sie im **Bedienfeld Ebenen** zuerst das Objekt als Ziel angeben. Wir werden diese Funktion nur kurz beschreiben.

Hier wurden den Sternen in unserem Bedienfeld Ebenen unterschiedliche Effekte zugewiesen, um zu veranschaulichen, wie die Funktionen für diese Einsatzmöglichkeiten im Bedienfeld Ebenen aussehen.

a. Zielobjekt- Aussehenspalte
b. Markierungsspalte
c. Objekt mit Attribut
d. Zielobjekt, dem ein Attribut eines anderen Objekts zugeteilt wurde.

Klicken Sie zuerst auf das **Ziel**, d. h. den leeren Kreis, um zu markieren, dass Sie ein Format oder einen Effekt applizieren möchten. Klicken Sie anschließend auf ein **Objekt mit Aussehen-Attribut** (einen gefüllten Kreis) und ziehen Sie dieses zur Zielauswahl. Jetzt haben Sie das Aussehen eines Objekts oder ein Aussehen-Attribut von einer Ebene auf ein Objekt einer anderen Ebene übertragen.

Ebenen auf eine Ebene reduzieren

Sie können sämtliche Ebenen auf eine Ebene reduzieren, indem Sie das Kontextmenü des Bedienfeld Ebenen öffnen und die Alternative **Auf Hintergrundebene reduzieren** wählen. Denken Sie daran, dass es nach dem Speichern der Zeichnung nicht möglich ist, zu den einzelnen Ebenen zurückzukehren. Daher sollten Sie die Ebenen erst dann auf eine Ebene reduzieren, wenn Sie ganz sicher sind, dass Sie mit dem Bearbeiten fertig sind.

Übungsaufgabe

Übung mit Ebenen

Versuchen Sie, ein Plakat wie im Beispiel rechts zu erstellen.

Öffnen Sie das Übungsbild **Blauer Himmel**. Öffnen Sie das Bedienfeld Ebenen. Geben Sie der Ebene die Bezeichnung **Hintergrund**. Speichern Sie das Dokument unter der Bezeichnung **Reklame**.

Öffnen Sie das Übungsbild **Weizenfeld**. Kopieren Sie das Bild

und kehren Sie zum Dokument **Reklame** zurück. Erstellen Sie eine neue Ebene, der Sie die Bezeichnung **Weizen** geben. Fügen Sie das Bild **Weizenfeld** ein.

Erstellen Sie eine neue Ebene, der Sie die Bezeichnung **Brotscheibe** geben. Gehen Sie zu **Datei**, **Platzieren** und wählen Sie das Übungsbild **Rundes Knäckebrot**. Achten Sie darauf, dass die Ebene mit dem Knäckebrot wie im Beispiel oben platziert wird. Erstellen Sie eine neue Ebene, die Sie ganz oben im Bedienfeld Ebenen platzieren. Geben Sie der Ebene die Bezeichnung **Linien**. Montieren Sie das Übungsbild **Verlaufslinien** im Dokument **Reklame**.

Erstellen Sie eine weitere Ebene mit der Bezeichnung **Transport** und montieren Sie das Übungsbild **Lastauto**. Klicken Sie im darauf erscheinenden Dialog auf die Schaltfläche **OK**. Verkleinern Sie das Lastauto und drehen es wie in der Abbildung zu sehen. Erstellen Sie eine neue Ebene **Text**, in der Sie die Datei **Text zum Bild Reklame** montieren. Klicken Sie im darauf erscheinenden Dialog auf die Schaltfläche **OK**. Justieren Sie den Text, so dass Größe und Platzierung dem Beispiel oben entsprechen. Geben Sie nun in der Ebene Text den Text **Knäckebrotbäckerei Skanör AB** ein.

Beenden Sie die Übung, indem Sie eine Ebene erstellen, der Sie die Bezeichnung **Rahmen** geben. Erstellen Sie eine 8 Pt. breite Linie als Rahmen für das Bild, arbeiten Sie mit dem Rechteck-Werkzeug. Speichern und schließen Sie das Dokument. Schließen Sie die übrigen Dokumente, ohne sie zu speichern.

18 Effekte

Arbeiten mit Effekten

Die Effekte, die Sie mit Illustrator einsetzen können, geben Ihnen ungeahnte Möglichkeiten, Ihre Objekte, Flächen und Konturen im Handumdrehen zu transformieren. Wenn Sie einen Effekt einsetzen, bleibt die ursprüngliche Form des Objekts erhalten. Wenn Sie einen Effekt für ein Objekt verwendet haben, können Sie diesen jederzeit im Bedienfeld **Aussehen** ändern, anpassen, duplizieren oder entfernen. Es empfiehlt sich, das Bedienfeld Aussehen in Ihrem Programmfenster geöffnet zu haben, vor allem dann, wenn Sie mit Effekten arbeiten.

Das Menü Effekt

Wenn Sie in der Menüzeile auf **Effekt** klicken, werden mehrere Alternativen angezeigt. Wie Sie sehen können, sind diese in Illustrator- und Photoshop-Effekte aufgeteilt. Das bedeutet, dass im oberen Teil des Effekte-Menüs (Illustrator-Effekte) *Vektoreffekte* angeordnet sind, d. h. Effekte, die für Vektorobjekte verwendet werden, die Sie z. B. direkt in Illustrator erstellen können.

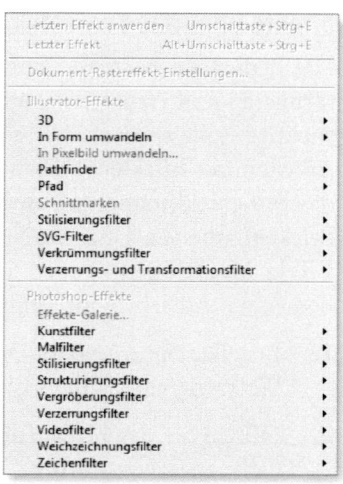

> *Illustrator-Effekte wie 3D-Objekt, SVG-Filter, Verzerrungs- und Transformationseffekte, Schlagschatten, Weichzeichner sowie Schein nach außen und Schein nach innen können sowohl für Vektor- als auch für Bitmap-Objekte verwendet werden.*

Im unteren Teil des Effekte-Menüs (Photoshop-Effekte) sind so genannte *Raster-Effekte* angeordnet, die sowohl für Vektorobjekte als auch für Bitmap-Objekte verwenden werden können, d. h. gerasterte Objekte, die normalerweise in Programmen wie Photoshop erstellt werden. Wenn Sie mit Effekten arbeiten, die auf Pixeln aufbauen, ist es wichtig, mit der entsprechenden Auflösung zu arbeiten. Eine falsche Auflösung kann unerwünschte Auswirkungen nach sich ziehen, vor allem, wenn Sie die Auflösung im Nachhinein justieren müssen. Stellen Sie daher immer sicher, dass die korrekte Auflösung für Web bzw. Druck gewählt ist, wenn Sie das Dokument erstellen, damit Ihnen unerwünschte Überraschungen erspart bleiben.

Sie können die Auflösung über das Effekte-Menü kontrollieren, indem Sie **Effekt, Dokument-Rastereffekt-Einstellungen** wählen. Im darauf erscheinenden Dialog können Sie die Einstellungen der Auflösung kontrollieren und justieren, was jedoch wie gesagt vermieden werden sollte.

Wenn ein Effekt ausgegraut im Effekte-Menü angezeigt wird, ist er nicht zugänglich. Bestimmte Effekte sind nicht mit allen Farbmodi kompatibel. In diesem Fall können Sie versuchen, den Farbmodus im Dialog für die gezeigte Rastereffektalternative zu ändern, die angezeigt wird, wenn Sie **Effekt, Im Pixelbild umwandeln** wählen.

Denken Sie daran, dass viele Effekte am besten bei Flächen zur Geltung kommen und dass die Kapazität Ihres Rechners beansprucht wird, wenn Sie Effekte für Flächen und Konturen anwenden, was dazu führen kann, dass das Programm träge läuft.

> *Bei manchen Effekten werden enorm viele Pfade generiert, falls Ihr Arbeitsspeicher nicht groß genug ist, kann der Rechner im schlimmsten Fall abstürzen und Sie müssen von vorne beginnen. Kontrollieren Sie daher im Vorfeld, ob der virtuelle Speicher Ihres Rechners genügend Kapazität hat.*

Effekte über das Bedienfeld Aussehen wählen

Das Bedienfeld Aussehen kann beim Transformieren und Anpassen eines Objekts eine wichtige Rolle spielen. Dies gilt auch für das Arbeiten mit Effekten. Stellen Sie sicher, dass das Bedienfeld immer geöffnet ist, wenn Sie mit Effekten arbeiten. Über die Schaltfläche **Neuen Effekt hinzufügen** können Sie über das Bedienfeld Aussehen auf sämtliche Effekte zugreifen.

1. Erstellen Sie ein neues Dokument und zeichnen Sie mit dem Rechteck-Werkzeug ein gefülltes Quadrat ohne Kontur.

2. Öffnen Sie das Bedienfeld Aussehen über **Fenster, Aussehen** (falls es noch nicht angezeigt wird).

3. Stellen Sie sicher, dass das Objekt markiert ist und klicken Sie auf die Schaltfläche **Neuen Effekt hinzufügen**, wählen Sie im darauf erscheinenden Menü **Stilisierungsfilter** (unter **Illustrator-Effekte**) und **Weiche Kante**. Klicken Sie im darauf erscheinenden Dialog auf **OK**, um die Einstellungen für weiche Kante zu bestätigen.

Darauf wird der Effekt auf das Objekt appliziert und gleichzeitig zum Bedienfeld Aussehen hinzugefügt. Jetzt können Sie direkt über das Bedienfeld Aussehen auf die Einstellungen des Effekts zugreifen.

4. Stellen Sie sicher, dass das Objekt nach wie vor markiert ist und klicken Sie im Bedienfeld Aussehen auf den Link **Weiche Kante**. Darauf wird ein Dialog geöffnet, in dem Sie Einstellungen für den Effekt vornehmen können.

5. Markieren Sie das Optionsfeld **Vorschau** und stellen Sie sicher, dass im Feld **Radius** 6 mm angegeben ist. Klicken Sie auf **OK**.

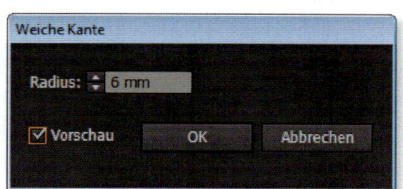

Die Änderungen des Effekts werden sofort umgesetzt.

Effekte über das Bedienfeld Aussehen entfernen

Sie verwenden das Bedienfeld Aussehen auch, um Effekte eines Objekts zu entfernen.

1. Gegen Sie von dem von Ihnen erstellten Objekt aus, das Sie in der vorherigen Übung mit dem Effekt **Weiche Kante** versehen haben. Achten Sie darauf, dass das Objekt markiert und das Bedienfeld Aussehen geöffnet ist.

2. Klicken und ziehen Sie den Effekt in die Mülltonne im Bedienfeld Aussehen, um den Effekt von dem Objekt zu entfernen.

Darauf wird der Effekt sowohl am Objekt als auch im Bedienfeld Aussehen gelöscht. Wenn Sie stattdessen einen Effekt anklicken und zu **Ausgewähltes Objekt duplizieren** im Bedienfeld Aussehen ziehen, duplizieren Sie den eigentlichen Effekt sowie dessen Wirkung auf das Objekt.

> *Wenn Sie einen Effekt markieren und im Bedienfeld Aussehen auf Aussehen löschen klicken, verschwindet nicht nur der Effekt, sondern auch die Flächen- und Konturenfarbe.*

Effekte für Flächen und Konturen

Mithilfe des Bedienfelds Aussehen können Sie sowohl Flächen als auch Konturen mit Effekten versehen. Sie markieren entweder das Objekt direkt auf der Zeichenfläche oder dessen Zeile im Bedienfeld Aussehen und wählen anschließend den gewünschten Effekt über das Kontextmenü direkt im Bedienfeld aus.

1. Erstellen Sie ein neues Dokument und geben Sie das Wort **Hallo**! mit dem Textwerkzeug in 60 Pt, fett, ein. Markieren Sie das Wort mit dem Auswahl-Werkzeug und öffnen Sie das Bedienfeld Aussehen, falls es nicht bereits angezeigt wird.

2. Klicken Sie im Bedienfeld Aussehen auf die Schaltfläche **Neue Fläche hinzufügen**. Darauf wird die Fläche über den **Zeichen** im Bedienfeld platziert, siehe Abbildung rechts. Ändern Sie die Flächenfarbe auf Grün.

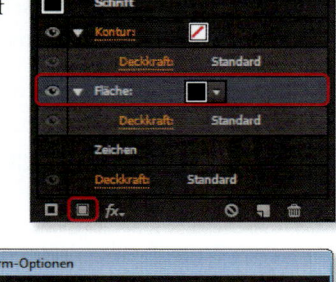

3. Ändern Sie die Reihenfolge im Bedienfeld Aussehen, indem Sie auf die Fläche klicken und diese direkt unter **Zeichen** im Bedienfeld ziehen.

4. Achten Sie darauf, dass die Fläche im Bedienfeld Aussehen markiert ist und klicken Sie auf die Schaltfläche **Neuen Effekt hinzufügen**, und wählen Sie **In Form umwandeln**, **Abgerundetes Rechteck**, um den Effekt hinzuzufügen.

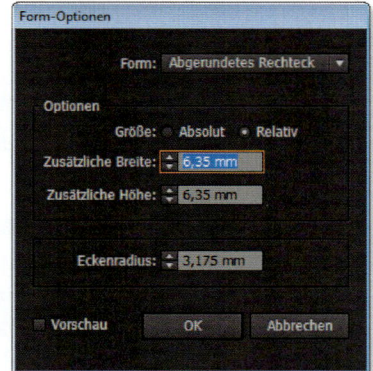

Darauf wird der Dialog **Form-Optionen** angezeigt, in dem Sie Einstellungen für den Effekt **In Form umwandeln** vornehmen können.

5. Markieren Sie das Optionsfeld **Vorschau**, um zu sehen, wie sich die Einstellungen auf das Objekt auswirken. Testen Sie unterschiedliche Einstellungen und schauen Sie sich an, wie sich diese auf die Fläche auswirken. Klicken Sie auf **OK**, wenn Sie mit der Veränderung zufrieden sind.

Sollten Sie später Ihre Einstellungen rückgängig machen wollen, können Sie diese ändern, indem Sie den Pfeil neben der jeweiligen Fläche im Bedienfeld Aussehen anklicken. Klicken Sie auf den orangefarbenen Link für den aktuellen Effekt. Ändern Sie die Einstellungen in dem kleinen Dialog, der daraufhin angezeigt wird, siehe Abbildung rechts.

Der Vorteil beim Einsetzen des Effekts Auf Grundform reduzieren für eine hinzugefügte Textfläche besteht darin, dass diese mit dem Text verknüpft ist. Sie können also den Text und die Fläche gleichzeitig verschieben. Wenn Sie außerdem **Relativ** markiert und die Werte für Extrabreite und -höhe im Dialog **Formalternative** angegeben haben, können Sie den Text bearbeiten und die Fläche passt sich dementsprechend an.

3D-Effekte

Mit dem **3D-Effekt** werden zweidimensionale Objekte in dreidimensionale umgewandelt. Der Effekt benötigt viel Speicherplatz und funktioniert am besten bei Flächen, d. h. gefüllten Objekten ohne Kontur. Wenn Sie **3D** im Effekt-Menü wählen, werden drei Alternativen angezeigt **Extrudieren und abgeflachte Kante**, **Kreiseln** und **Drehen**. Hiermit können unterschiedliche 3D-Effekte gestaltet werden.

1. Erstellen Sie ein neues Dokument und zeichnen Sie mit dem Rechteck-Werkzeug ein gefülltes Quadrat ohne Kontur.

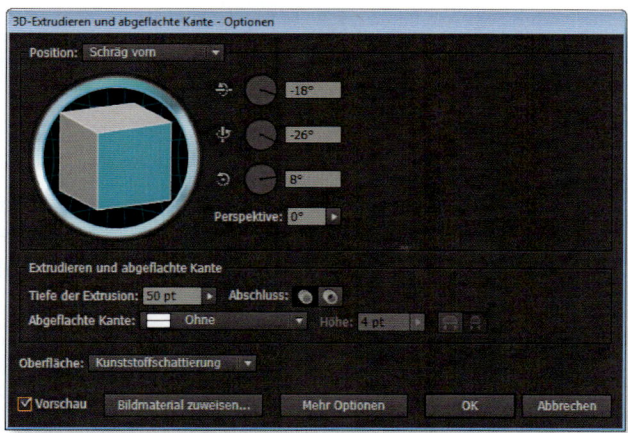

2. Stellen Sie sicher, dass das Objekt markiert ist und wählen Sie **Effekt**, **3D** und **Extrudieren und abgeflachte Kante**.

3. Markieren Sie das Optionsfeld **Vorschau** und verschieben Sie den Dialog, damit Sie das Objekt sehen können.

Im Dialog drehen Sie den Würfel, um die Perspektive zu erhalten, die Sie für Ihr Objekt verwenden möchten. Das Arbeiten mit und das theoretische Wissen über diesen Effekt sind nicht Teil dieses Buches.

4. Klicken Sie auf **Abbrechen**, um das Dialogfenster zu schließen, ohne den 3D-Effekt zu übernehmen.

Weitere Effekte im Effekt-Menü sind:

- **Pfad**, der die Alternativen **Kontur nachzeichnen**, **Konturlinie** und **Pfad verschieben** enthält. Diese Effekte werden vor allem für montierte Fotografien verwendet oder um Pfade im Verhältnis zu anderen Pfaden zu erstellen.

- **Pathfinder** hier sind die gleichen Funktionen abgelegt wie im Bedienfeld gleichen Namens mit dem Unterschied, dass Sie hier die Funktionen für Effekte verwenden.

- **Verzerrungs- und Transformationsfilter** gibt Ihnen die Möglichkeit, ein markiertes Objekt zu transformieren.

18 Effekte

- **Dokument-Rastereffekt-Einstellungen** verwenden Sie, wenn Sie Vektorgrafik in Rastergrafik umwandeln wollen.
- **Stilisierungsfilter** enthält eine Reihe praktischer Effekte wie z. B. **Schlagschatten**.
- **SVG-Filter** (Skalierbare Vektorgrafik) wird für qualitativ hochwertige Webgrafik verwendet und kann mit einer Java-Skriptdatei verbunden werden.
- **Verzerrungsfilter** enthält Effekte, mit denen Sie ein markiertes Objekt auf unterschiedliche Art transformieren können.

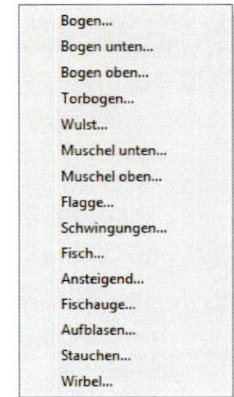

Effekte, die unter Stilisierungsfilter abgelegt sind.

Effekte, die unter Verkrümmungsfilter abgelegt sind.

Für die meisten Effekte kann ein Dialog aufgerufen werden, um Einstellungen zu ändern. Markieren Sie das Optionsfeld **Vorschau,** damit Sie sehen können, wie sich das von Ihnen markierte Objekt verändert, bevor Sie den Effekt übernehmen. Auf den folgenden Seiten wird nur ein Bruchteil der Effekte vorgestellt, die mit dem Programm erstellt werden können. Mit den anderen Effekten können Sie sich bekannt machen, indem Sie sie ausprobieren.

Schlagschatten

Schlagschatten ist ein praktischer Effekt, auf den Sie über **Effekt, Stilisierungsfilter** zugreifen können. Nachfolgend wird der Effekt an einem Stern illustriert.

Für die Sterne wurde der Effekt Schlagschatten verwendet. Der Unterschied besteht darin, dass der Stern auf der linken Seite gruppiert und somit als ein einziges Objekt bearbeitet wird, während der Stern rechts nicht gruppiert ist und somit jedes Objekt einen anderen Schatteneffekt hat.

Objekt mit einem Schlagschatten versehen

1. Öffnen Sie das Übungsbild **Hallo** und markieren Sie das gesamte Objekt.

Hinweis! Der Text wird in ein Pfadobjekt umgewandelt, damit der Effekt besser auf das gesamte Objekt appliziert werden kann.

2. Wählen Sie **Effekt**, **3D**, **Extrudieren und abgeflachte Kante**.

3. Markieren Sie das Optionsfeld **Vorschau** damit Sie das Objekt sehen können, während Sie es drehen. Klicken Sie auf **OK**.

4. Wählen Sie **Effekt**, **Stilisierungsfilter** und **Schlagschatten**. Darauf wird der nachfolgende Dialog angezeigt.

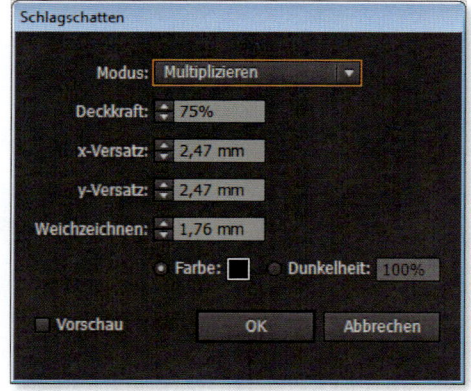

Im Dialog Schlagschatten stellen Sie die **Deckkraft** (Transparenz) des Schattens sowie dessen x- und y-Versatz ein. (Je mehr der Schatten verschoben wird, desto länger wird er.)

Über Weichzeichner können Sie die Schärfe des Schlagschattens einstellen.

Wenn Sie die Farbe des Schattens ändern möchten, klicken Sie auf das Optionsfeld **Farbe**, um zum Farbwähler zu gelangen.

Über **Dunkelheit** stellen Sie die Intensität des Schlagschattens ein.

5. Klicken Sie im Dialog auf die Schaltfläche **OK**.

6. Speichern Sie das Dokument als **Hallo** und schließen Sie es.

Zusammenziehen und aufblasen

Über **Verzerrungs- und Transformationsfilter** gelangen Sie zum Effekt **Zusammenziehen und aufblasen**. Wie der Effekt aussieht, sehen Sie auf der nächsten Seite oben.

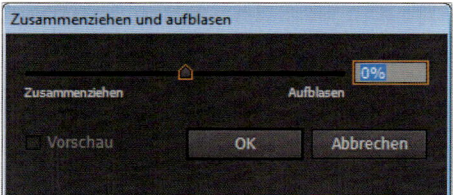

18 Effekte

Ein Kreis, der zusammengezogen wurde. Hier mit gefüllter Kontur und dem Verlaufswerkzeug.

Ein zusammengezogenes Polygon wird zu einer Blüte.

Ein aufgeblasenes Dreieck wird zu einem dreiblättrigen Kleeblatt.

Text mit Effekten

Wenn Sie Texte mit Effekten versehen, sollten Sie bedenken, dass es die Lesbarkeit des Textes beeinträchtigt, wenn zu viele Effekte verwendet werden.

1. Öffnen Sie ein neues Dokument und geben Sie den Text **Guten Tag!** ein.
2. Machen Sie den Text fett.
3. Markieren Sie den Text mit dem Auswahl-Werkzeug und wählen Sie **Effekt**, **Verkrümmungsfilter**, **Bogen**.

Darauf wird der rechts abgebildete Dialog angezeigt.

In diesem Dialog legen Sie fest, ob Sie Ihr Objekt **Horizontal** oder **Vertikal** verzerren wollen. Über **Biegung** legen Sie fest, wie stark der Text gebogen und ob er verzerrt werden soll.

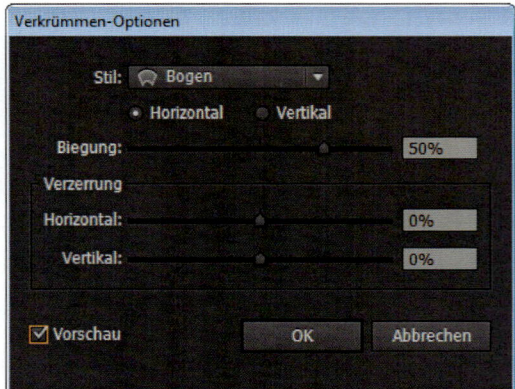

4. Markieren Sie das Optionsfeld **Vorschau** und ziehen Sie an den unterschiedlichen Schiebern, um zu sehen, wie sich der Text verändert. Über **Format-** können Sie das Format des Effekts verändern.

5. Klicken Sie auf **OK**, wenn Sie zufrieden sind.

6. Überprüfen Sie das Ergebnis und speichern und schließen Sie alle offenen Dokumente.

Übungsaufgaben

Die einzelnen Effekte können kombiniert werden, dies sollen Sie in den folgenden Übungsaufgaben versuchen!

Gehen Sie von der vorhergehenden Übung aus und arbeiten Sie mit dem Tex **Guten Tag!** und den Effekten **Verzerrungsfilter, Bogen** und **3D, Extrudieren und abgeflachte Kante**.

Kombinieren Sie die Effekte **Zusammenziehen und Aufblasen** und **Verzerrungsfilter, Bogen unten**.

Kombinieren Sie die Effekte **Verkrümmungsfilter, Bogen** und **Schlagschatten**.

Testen Sie auch den Effekt **Verkrümmungsfilter Fischauge**.

Sachregister

3D-Effekte 233

A
Absatz 186
Abstand verteilen 170
Allgemeine Voreinstellungen 22, 29
Allgemeines 151
Angleichen 159
Ankerpunkt-Anzeige 32
Ankerpunkte 52
Ankerpunkte konvertieren 118
Anpassen, Dokumentformat 27
Applizieren 108
Arbeitsbereich 11
Arten von Verläufen 209
Attribute 227
Aufblasen 235
Auflösung 10
Ausrichten 170
Aussehen 94, 227
Aussehen von Schwarz 38
Auswahl-Werkzeuge 49

B
Basisobjekte 171
Bedienfeld Aussehen 230
Bedienfelder 18
Bedienfeldmenüs 19
Begrenzungsrahmen 60
Benutzeroberfläche 37
Bestandteile der Objektgrafik 111
Bézierkurven 8, 120
Bildnachzeichner 133
Bildschirmauflösung 10
Bogen-Werkzeug 46
Breitenwerkzeug 82
Buntstift 112

D
Direktauswahl-Werkzeug 51
Dokumenteinstellungen 22
Dokumentenformat anpassen 27
Dokumentfarbmodus 23

Druckfarben 25

E
Ebenen 221
Ebenengruppen 226
Ebenenreihenfolge 224
Effekte 229
Eigene Farben 89
Einheiten 33
Ellipse-Werkzeug 43
Entfernen 166
Erneut transformieren 155

F
Farbe 84, 206
Farbeinstellungen 22
Farbfeld 87
Farbfläche 87
Farbmodelle 24
Farbwähler 86
Fläche 78, 231
Flächenfarbe ändern 63
Flächentext 183
Form eines Pfadsegments 126
Formerstellungswerkzeug 164
Frei transformieren 158
Füllfarbe 91, 181

G
Gefüllte Objekte 155
Geometrische Objekte 40
Gerade Linien 46
Gezeichnete Objekte 42
Grafikstile 92, 109
Grafikstile für Text 191
Grundlinie 188
Gruppenauswahl-Werkzeug 54
Größe eines Symbols 201
Größe verändern 151

H
Hilfe-Funktion 21
Hilfslinien 67

I

Importieren, Farbe ... 90
Intelligente Hilfslinien ... 68
Isolationsmodus ... 56

K

Kontextmenüs ... 20
Kontur ... 40, 78, 231
Konturfarbe ... 78, 181
Konturstärke ... 82
Kopieren, Ebenen ... 225
Kreise ... 43

L

Lasso-Werkzeug ... 57
Lineale ... 66
Linien ... 46
Liniensegmente ... 45
Löschen, Ebenen ... 224

M

Markierungen verbergen ... 62
Menü Effekt ... 229
Menüzeile ... 60
Messer ... 129
Mess-Werkzeug ... 88
Muster ... 99, 155
Musterelemente ... 105

N

Nachzeichnen ... 133
Nahtlose Muster ... 102

O

Objekte ... 49, 151, 225

P

Pathfinder ... 172
Perspektivenraster ... 72
Perspektivische Objekte ... 74
Pfad ... 126, 161
Pfade erstellen ... 148
Pfade verbinden ... 128
Pfade vereinfachen ... 136
Pfade verlängern ... 114
Pfadsegmente ... 125
Pinsel ... 141
Pinselformen ... 143
Pinselstriche ... 145
Pinsel-Werkzeug ... 141
Pipette ... 88
Pipette auf Text ... 194
Polygone ... 43
Polygon-Werkzeug ... 44
Programmfenster ... 11
Programmleiste ... 12
Programm-Schaltflächen ... 12
Punkten, Auflösung von ... 10

R

Raster ... 66
Rechteck ... 41
Rechtschreibprüfung ... 193

S

Schlagschatten ... 234
Schrift ... 33
Schriftart ... 181
Schwarze Pfeil ... 49
Silbentrennung ... 188
Slices ... 35
Spalten ... 185
Speicher ... 36
Spezial-Pinsel ... 146
Spiegeln ... 130
Spirale-Werkzeug ... 47
Stern-Werkzeug ... 45
Steuerung ... 20
Stufen ... 159
Symbol ... 206
Symbol-Bibliothek ... 198
Symbol-Werkzeuge ... 198

T

Tastaturbefehle ... 38
Text ... 179
Text auf Pfad ... 187
Text mit Effekten ... 236
Text mit Konturlinien ... 190
Textblöcke verketten ... 184
Textkonturen ... 182
Textobjekt ... 217
Transformieren ... 158
Tropfenpinsel ... 147
Typographische Grundbegriffe ... 180

U

Umfließen 189
Unterebenen 227

V

Vektorbasierte Grafik 7
Vereinfachen, Pfade 136
Verkürzen, Pfade 114
Verlauf 208
Verlaufsregler 211
Verlaufwerkzeug 214
Vertikal ausrichten 169
Vertikaler Text 183
Verzerren 96
Voreinstellungen 22

W

Waagrechtes Ausrichten 168
Weiter Ankerpunkte hinzufügen 117
Werkzeugbedienfeld 14
Werkzeugbedienfeld 78

Z

Zauberstab 57
Zeichen 179
Zeichenflächen 13
Zeichenmodi 177
Zeichenstift-Werkzeuge 115
Zeichenwerkzeuge 111
Zeichnen, Objekte 40
Zeilen 185
Zusammenziehen 235
Zusammenziehen, Symbole 201
Zwischenablage 37